中公文庫

戦争と平和

田中美知太郎 政治・哲学論集

田中美知太郎

中央公論新社

戦争と平和——田中美知太郎 政治・哲学論集

目次

Ⅰ　道徳問題としての戦争と平和

Ⅱ　古典の世界から

Ⅲ　政治的関心

V　政治的関心・続

戦争と平和

田中美知太郎　政治・哲学論集

I 道徳問題としての戦争と平和

道徳問題としての戦争と平和

一

今日の日本人を表むき支配している道徳的な思想としては、戦争を悪とする考えがまず第一にあげられるだろう。これは当り前のことで、いまさら問題にするまでもないとも考えられる。しかしながら、この思想は見かけほど単純ではない。戦争が悪であるというのは、病気や貧乏、失敗、あるいは死が悪であると言われるのと、ほぼ同じであろう。苦痛や苦労、悲惨、損失と喪失、破壊など、われわれが不幸と呼ぶところのものが、それに結びついて考えられるからである。そしてわれわれが一部の論者によって、罪ありとされるのは、そのような不幸に対して、われわれに責任があるとされ、戦争の被害に対して、われわれが加害者の側にあるとされるからなのであろう。

しかしながら、戦争が害悪であり、不幸であるということと、戦争について加害者と被害者を区別し、罪を定めることとは、まったく別のことである。戦争が不幸であり、悪であるということは、比較的単純なことであると言える。そしてその不幸をもたらすものとして、戦争を罪悪とすることも、また比較的単純だと言えるかもしれない。しかしこの二つの考え、この二つの言い方はすでに同じではない。前者は戦争を直接その悲惨と破壊、損失と苦痛のままに捉えているわけであるが、後者は戦争をそのような不幸をもたらす原因として、因果に分けて考えているからである。

ところが、このように戦争を、それがもたらす不幸や悪から区別して考えることが可能になると、戦争と悪という、この二つのものの間に、また別の関係を考える可能性も出てくるわけである。つまり戦争の結果が、いつも必ず悪でなければならないかどうかということが、別に考えられ得るということである。そしてそこから逆に、戦争が直接的に悪であるかどうかということも疑問になり得るわけだ。つまり戦争にも他の面があるということである。具体的に言えば、勝利者にとっては、戦争は栄光であり、利得であるという一面があるとも考えられるだろう。また部分的には、戦争は堂々たる行進や勇敢な行為、あるいは敵陣をおとしいれて、勝ちどきをあげるよろこびなどとともに、思い浮かべられることもあるだろう。戦争が損失と悲惨と苦痛のみであるというのは、正確な考えではないかもしれない。

　戦争を悪とする表むきの思想に対して、戦争もおもしろい体験だったという思想が、敗戦日本の現在においてさえ、裏側の思想として存在することを、わたしたちは否定できないのである。そして戦争にもおもしろいところや愉快な一面があるということは、戦争が直接それ自体で悪なのかどうかを疑わせることになるだろう。少しでもおもしろく愉快なところがあるとすれば、そこによい一面のあることが考えられるからだ。むろん、このように言ってしまうことは、現在のわれわれにとっては、一種のタブーに触れることであるから、わたしたち自身の内心においても、かなりの抵抗を感じなければならない。しかし戦争中の言論を少しでも思い出してみるならば、話がまったく反対になってしまうことに気づかされるだろう。そこでは、戦争を「平和のため」という理由づけで肯定することさえ、アングロ・サクソン流の功利主義思想であるとして非難されたのであって、むしろ戦争そのもののうちに、文化と歴史を創造し、われわれのモラーリッシェ・エネルギーを爆発高揚させる積極的な意味（善）を認めようとする議論も行なわれたのである。現在のわたしたちの感情をはなれて、これを純然たる思想可能の問題としてみれば、このような議論も成り立ちうるわけである。したがって、戦争をただちに悪とすることも、それほど自明に単純であるとは言えないわけである。

　そうすると、われわれの表むきの思想も、戦争中の戦争讃美論と同じように、単なる一時的現象として、いまのところ優勢に見えているだけのものだということになるのだろうか。それとも、なにか他にもっと別の充分な理由をもつものなのだろうか。あるいはしかし、このような設問そのものが、すでに許しがたいことであると感じられるかもしれない。戦争は勝利者に栄光と利得をもたらし、一般参加者にもおもしろい体験をさせる一面があるにしても、それは他の多くの人びとに悲しみと不幸をもたらし、多数の人を殺し、また傷つけるのであるから、断じて容認することはできないと、怒りをこめてわたしたちは答えることになるだろう。われわれのこの感情からいえば、戦争がこれらの不幸を含み、これらの不幸の原因となるかぎり、他にどのような面があろうとも、これを罪悪として告発しなければならないのである。

そしてこれはなにがなんでもという形の絶対主張なのであるから、もうこれ以上は議論の余地がないということになりそうである。しかしながら、もしわれわれがこれらの問題について、単なる感情論を固執するのではなくて、もっとよく考えられた思想をもちたいというのであれば、戦争を告発し断罪するこの主張を、われわれは思想法廷にうつして、そこで反対の弁論とも対質させなければならないだろう。わが国現在の特殊事情を考えると、それはかなりの困難を伴う仕事になりそうであるが、われわれの道徳意識を開発するためには、やはり多少の辛抱はしなければならないのではないかと思う。というのは、われわれの道徳意識には、なお開明を必要とするような混雑があって、それが結局はわたしたち自身の不幸になるのではないかと恐れられるからだ。

若干の現象を指摘すると、例えばベトナム――あるいは他のどこかでもいいのであるが、そこ――に「平和を！」というようなことを言いさえすれば、他にどんな悪事をはたらいても、わたしたちはだれでもひとかどの道徳家になれるし、なにか高尚な気持になることもできるのであって、それは念仏をとなえることが、あらゆる罪からわれわれを救うのにも似ていると言えるかもしれない。しかもわれわれの場合は、自分自身の罪の意識におののくというようなことは無用なのであって、ただ他を告発し、断罪すればいいのだから、なんとも気楽な話だと言わなければならない。しかしただ怒りをこめて、他を非難すれば、だれでも道徳的に高揚された気分になることができるというのは、いったいどういう道徳なのであろうか。

多くの場合、道徳は自分だけのアリバイ証明と自己弁護、そしてただ他を非難するための手段として利用されるにすぎないのである。そしてもっとも多く他を断罪する者が、最大の道徳家ということになりかねないのである。逆に法廷弁論のはでな演出によって、悪徳弁護士に過ぎないような者が、正義を代表するかのように見られることもあるだろう。たしかに、道徳と法律とは大部分において重なるところがあると言わなければならない。

しかしすべての道徳論が法廷弁論に還元されてしまうものではないだろう。わたしたちの道徳意識は、このような狭さから解放され、このような低さを脱しなければならない。わが国の政治論も、多くは法廷弁論の域を脱しないものばかりであるが、われわれは機会あるごとに、その考え不足を指摘し批判して、政治論や道徳論の本来性を回復するよう努力しなければならないのではないか。

二

しかし問題は、かなりこみ入っているから、これを解きほごすことも、そう簡単ではない。戦争の「悪」といっても、その意味は一つではない。これを「罪悪」とすることは、また別の意味なのである。そしてわれわれの生活にからまる価値意識は、これを道徳や倫理に関係するものだけにかぎってみても、もっと多くの方面、あるいは次元をもっている。むかしギリシアのデロス島にレトを祭った社があって、その入口のところに

一番うつくしいのは、ただひたすら正しくあること、
この上なくありがたいのは、健康であること
しかし何にもましてうれしいのは、恋いこがれていたものを手にすること

と記されていたと言われている。アリストテレスの解釈によると、これは美と善と快とが、同じ一つのものに具備されることの困難を言ったものだということになる。はたしてそうであるかどうか、他にも議論が出るかもしれないのであるが、しかしその種の解釈論は、いまここに立ち入る必要はないだろう。

ただわたしたちは、われわれの実生活を支配する価値と反価値は、必ずしも一種に限られるものではないことを注意すればいいのである。正しい行ないはりっぱだと言わなければならない。不正の行ないは、みっともなく、恥ずべきことに思われるだろう。これに対して、とにかく健康が第一だ、たっしゃでいるのはいいことだと思うのは、また別の次元の考えである。病気はありがたくない、悪いということが、これの対をなすわけである。そして快と苦が、また別の対をなす。欲求の満足は、快の代表的な場合ということになるだろう。むろん、これらがどこまでも区別されるだけのものかどうかということは、また別の問題である。例えば快楽主義というものは、快をまた善であると主張するものなのである。そして美も快感に還元することができるなら、レト宮の詩句が区別した三つのものは、快の一元に帰することになるだろう。

しかしながら、快楽主義のそのような一元論には、理論的な弱点のあることが、むかしから知られている。もし快がすなわち善であるならば、苦はまた悪でなければならない。しかしながら、にがい薬をのんだり、痛い手術を受けたりすることは、明らかに苦であり、したがって悪でなければならないのであるが、人びとはすすんでその苦痛を選び、これらの苦を与える医者に謝礼までしているのである。つまり苦は、ありがたいもの、よいものと考えられる場合もあるということである。また逆に、有害の快楽の存在も一般に認められるところであって、われわれが克己とか、節制とか呼んでいるものにおいては、このような快を避け、その誘惑にうちかつことが、よいことだと考えられているのである。そしてこれらの経験は、快と苦、善と悪が無条件に同一視され得ないことを教えているわけだ。また快苦と美醜についても、その同一性の主張は、そう簡単には成功しないことが指摘されている。なるほど美は快を伴うにちがいないが、しかし快がいつも美であるとは限らないからである。すなわち快は時にみっともなく、はずかしいものもあって、いつも美とは言えないからである。

しかし快楽主義の批評は、いまの目的ではない。ただわたしたちは、これによって美醜、正邪、善悪、快苦が、たがいに区別される一対をなし、簡単には一元化され得ないものであることを知るのである。そしてこのような区別の意識は、われわれの問題を解くのに、ぜひとも必要なのである。戦争を悪とする道徳論は、今日の日本の表むきの思想になっているけれども、そこではやはり漠然とした一元化が行なわれているように思われるからである。とくに現在のわれわれの意識では、善悪と正邪の区別がはっきりしていないことは、まるでLとRの発音上の区別がないのと同じではないかと疑われるので、まずその区別が必要になってくるだろう。

もう一度さきのレト宮の詩句にもどって言えば、正しい行ないはりっぱなことであるが、苦労なことであり、損をすることが多いと考えられるであろう。健康がよい、ありがたいと言われる時、われわれは健康を正義であるとは考えていないのである。われわれがいいとか、よいとか呼ぶものは、われわれのためになるもの、利益になるものという意味が強い。しかしそれはわれわれの何のためになるというのかを、もう一度考えてみると、例えばそれはわれわれの健康のためによいと考えられていることが知られる。多くの善は、このような手段的な意味で「よい」と考えられているものなのである。

しかし手段に対する目的の意味で善と考えられているものはなにか。この場合には健康が、そのような善となる。しかし健康が究極の善となり、人間の言行と生活のすべてが、まさにそのためにあるものなのだと言うことはできない。健康も手段であり、他のものの土台、条件として求められているに過ぎないと言われるだろう。身体だけの健康に対して、むしろ心身の両方が良好なことがより望ましいこととして考えられるだろう。あるいはさらにわれわれの意識的な生活の充実、あるいは精神の高揚というようなものが求められるかもしれない。それらをひっくるめて幸福という言葉が用いられ、幸福が目的としての善、直接的に善なるものだと考えられるだろう。しかしそういう善が何であるかを、ここできめてしまう必要はなさそうである。とにかく何かそういう善が求められていて、それに役立つ他のものを、われわれはまた善と呼んでいる事実に注意すればよいのである。そして健康と財産と地位と名声と、容貌と才能と力量と、その他多くのものが、われわれを幸福にするものとしてありがたがられ、珍重されるのであるが、これは健康その他がよきものであり、善であると呼ばれる意味なのである。これに対してわれわれを不幸にすると考えられるもの、病気と貧乏、無力と卑賤、醜さと無能、不具その他が、ありがたくないもの、よくないもの、悪となるだろう。戦争が悪と呼ばれる最も単純な意味は、まさにこの意味だったのである。

　しかしながら、戦争が罪悪であり、犯罪的であるとされるのは、もっと別の意味なのである。それはひろく正邪にかかわることであり、正と不正を問うことなのである。しかし正邪は、すぐに善悪と重なるものではない。例えば正義は多くの場合、あまり利益にはならず、損になるのではないかと考えられるからである。そして正義の人は不幸な目にあう方が多いのではないかと恐れられている。つまり正義は悪かも知れないのである。だから、また逆に、戦争は悪であると言われても、なお正義であり得るのではないかとも疑われるのである。しかし戦争を罪悪であるとすることは、戦争をおよそ不正なるもの、醜悪なものとすることでなければならない。しかしそれは戦争が不幸であるということと、すぐに同じではなく、単純にそこから導き出されることでもないだろう。平和の思想のためには、そこに別の論証が必要になってくるのである。

三

ヘロドトスの『歴史』第五巻（九七節）に、アテナイがイオニアの叛乱を助けるために二十隻の船を派遣したということが記されているが、それについて

「しかしこれらの船がギリシア人にとっても、またペルシア方の人たちにとっても、もろもろの不幸（悪）のはじめとなったのである」

という短かい言葉がつけ加えられている。事実、アテナイがこの二十隻の船を送って、イオニアのギリシア人都市を応援したことがもとになって、ペルシア王はアテナイをこらしめるための軍をおこすことになるのであり、これがペルシア戦争へと発展し、ギリシアとペルシアの両方に多数の死傷者を出すことになったのである。この大遠征に伴う沿道住民の難儀や、都市農村の破壊や荒廃など、いろいろの不幸がそこから結果したのである。だ

から、ヘロドトスのこの説明は適切であると言わなければならない。しかしこれによってヘロドトスは、ペルシア戦争を罪悪であるとして否定したわけではない。もし否定していたのなら、この戦争で「ギリシア人やギリシア人以外の人たちによって行なわれた驚異すべき大事業が、その栄光を失ってしまうことのないように」これを書き留めておくという、かれの『歴史』も書かれ得なかったはずである。

　またヘロドトスは、後にプルタルコスが誤解したように、アテナイ人の戦争責任を追及し、これを断罪しようとするのでもない。むしろかれはアテナイのために、

「もしアテナイ人が迫り来る危険に恐れをなして、自分の国をすてて逃げ出すか、あるいはすて去らずに、自国にとどまるにしても、ペルシア王クセルクセスに降参するとしたら、海上においてペルシア王に敵対しようとする国は一つもなかったろう。(中略)しかし現実には、アテナイがギリシアを救ったのであると言っても、真相を間違えたことにはならないだろう。なぜなら、事態はかれらアテナイ人の向背によって、どちらへでも傾く形勢になっていたからである。しかしかれらはギリシアが自由の国として残る方を選んだのであり、まだペルシアの勢力下に入っていない残余のギリシア人すべてを奮起させ、神明の加護によって、ペルシア王を撃退したのは、まさにかれらだったのである。デルポイからもたらされた神託は恐ろしいものであって、

かれらを恐怖におとしいれたのだけれども、それにもかかわらず、かれらを翻意させ、ギリシアを見すてさせることにはならず、かれらはあくまでも踏みとどまり、侵入者を迎え撃って一歩も退こうとはしなかったのである」（七巻一三九節）という言葉で、その特別の功績をたたえている。だから、かれはあの短かい説明で、アテナイがイオニアの叛乱に際して送った二十隻の船と、後の事件との間の不幸な因果をのべているだけのことで、アテナイの戦争責任を追及しているのではないと言わなければならない。

ホメロスの『イリアス』（五巻五九以下）にも、メリオネスに討ち取られるペレクロスのことで、かれはアレクサンドロス（パリス）のために船をつくったが、この船こそすべてのトロイア人と、かれ自身にとっての不幸（悪）のもとになるものであったと語られている。しかしその意味は、むろんすぐ知られるように、アレクサンドロス（パリス）が船でスパルタへ行き、メネラオスの妻ヘレネを誘惑したのが、トロイア戦争のおこりであるということなのである。これは不幸な因果であるが、船をつくったペレクロスにトロイア戦争の全責任を負わせるような話ではないのである。その不幸は、またかれ自身の不幸なのであって、かれはこの戦争で死なねばならなかったのである。

トロイア戦争にしてもペルシア戦争にしても、戦争は不幸なことであり、悪である。これを避けるためには、アテナイは水と土をペルシア王に献じて、すぐに降参すればよかったかも知れない。しかしかれらはギリシアの自由を死守することを選んだのである。それはかれらの罪であろうか。戦争は悪であり、不幸である。これはかれらの認識でもあった。しかしかれらは侵略者と戦い、自由のために戦うことを不正であり、罪であるとは信じなかったであろう。むしろその戦争を正義であると信じたであろう。つまり戦争において、善悪の区別と正邪の区別とは一致せず、むしろ分裂しなければならないのである。そして人生には、通俗の幸福、利益をなげうつことを決心させるもの、苦難の生涯を選ばせるものがあるということは、ヘラクレスの難業などに見られるところであって、ギリシア人もいわゆる英雄の生涯において、これを認めなければならなかったのである。そして歴史は、国民が時には英雄的であり得ることを示しているのである。

四

しかしながら、正邪の問題はまことにやっかいな問題なのであって、実人生においても裁判に訴えたり、神の告示を仰いだり、あるいは力ずくの勝負できめるほかはなくて、充分納得のいく解決などというものは、なかなか出来ないのである。ギリシアのソフィストの時代以来、正邪と美醜（みよいこと、みっともないこと）は、名目だけのこと、人間同士の約束ごととしてのみ存在するものであって、実体はないのではないかと疑われて来ている。つまり時代により社会によって、良風美俗とするところのもの、正しさとされるところのものが異なるということが、地理と歴史の知識が多くなるに従って、一般に知られるようになったからである。それは法律や風俗習慣の相対性として、今日の常識でもある。

しかしながら、正邪や美醜が時と所によって異なるということは、われわれがそれらなしに生きていくことができるということを意味するものではない。もしわれわれが正邪の区別を全く忘れてしまうことができるなら、最大の不幸である戦争をふくめて、すべての争いごとは人間界から姿を消していたかも知れない。しかしわれわれの自己主張は、いつも自己の正義を主張するものであり、われわれの不和は、みっともないと思われたり、不正なことをしていると思ったりすることにもとづくものが大部分なのである。これはわれわれがいろいろな習慣や掟、あるいは戒律、規則、礼法などを何らかの形でよりどころにしていること、つまり知らず識らずのうちに何らかの法秩序の下にあることを示すものとも解されるだろう。いわゆる無法者が、かえって仲間同士のよりきびしい掟の下に生きなければならなかったりするのである。

ギリシアの詩人は「ノモス」（法と習）が神々と人びとの王であるとうたったけれども、われわれの生活を律するいろいろな定めは、われわれの歴史よりも古く、われわれの国家社会もそのうちから生まれ、その上に成り立っていると言わなければならないだろう。したがって、法律や習慣の定めるところのものが、いかに時と所によって異なるとしても、そのような相対性から、それが全くの無であるとすることは、早急の推論と言わなければならないだろう。人間のことはすべてが相対的で、絶対的な意味はないと言ってよい。しかし相対性の故にすべてを否定するとしたら、まず人間を否定しなければならないだろう。

ところで、戦争を罪悪とし、そこに犯罪を見出して、告発しようとするのは、いかなる正義であり、法なのであろうか。法や正義は人間的相対性の見本として、むかしからプロタゴラス主義者が、手ごろの攻撃目標として、絶えず批判を加えて来たところのものである。だから、戦争を絶対の罪悪とする論告は、案外むずかしいと言わなければならない。戦争が病気や貧乏などと共に、われわれの不幸であるということは、すでに見られた意味において、比較的簡単に認められるであろう。そしてすべて不幸をもたらすものを、悪であると共に、また不正であり、罪であるとすることも、そこから比較的簡単に認められるかも知れない。しかし災厄と罪悪とは、別ものであるという区別に立つ限り、これは自然の推理ではなくて、新しい主張、あるいは独立の定義のごときものであることを注意しておかなければならない。しかし今は一応この定義を認めてもいいだろう。そして不幸をもたらす戦争に罪ありと宣告してもよいのである。しかし戦争を罰するとは、どういうことなのか。戦争そのものは、台風のように過ぎ去って、その後に多大の惨禍をのこしたのであるが、われわれは戦争そのものを捕えて、罰することはできない。

　むかしペルシアの王クセルクセスは、ギリシア遠征のためにヘレスポントス（今日のダーダネルス海峡）に架橋を命じたのであるが、工事なかばに暴風雨が襲って、これを破壊してしまった。怒ったクセルクセスは、その海峡に三百のむち打ちの刑を科し、また一対の足がせを投入させ、烙印師をつかわして烙印させたとも言われている。しかし暴風雨を罰することはできなかったのである。われわれも戦争そのものに有罪の判決を下したところで、これを罰することはできず、せいぜいクセルクセスの真似をして、戦争呪詛、戦争反対の儀式を行なうくらいのところであろう。しかし戦争の惨禍に対して、何らかの補償が行なわれなければ、正義は回復されないことになるだろう。

　クセルクセスは架橋の工事監督たちの首をはねさせたと言われるが、果してそれが当たっているかどうか全く疑問だけれども、やはり罪は誰か人間の上に落ちてくると考えなければならない。戦争の場合には、最も簡単な正義の論理が支配するのである。すなわち罪はすべて敵が負うべきものなのである。戦争は不幸であり、悪であるが、これらの責任はすべて敵の不正にあるということである。かれらが敵の住居を破砕しつくし、男をみな殺しにし、女を奴隷にするのは、この単純な正義の論理によるのであって、戦争の不幸はこれによって償われ、正義は回復されるのである。これは今日の世界においても、形を変えて依然として行なわれている論理なのだとも考えられる。内戦も一つの戦争であるが、その残酷さは古来いくつも例のあることが知られている。内戦が不幸であり、悪であることは、外戦と少しも異なるところはない。しかしすべての罪は賊軍に帰せられ、かれらは国賊あるいは人民の敵として、非道の罰を受けねばならないのである。それが内乱や革命の正義なのである。しかしながら、このような仕方で罪は裁かれ、罪が行なわれ、正義が回復されるのだとすると、戦争の罪悪をどれだけ言ってみたところで、戦争はそれ自らの手で刑罰をも完了するのであるから、戦争そのものは少しも損われることなく、いわば永遠に生きつづけることになるだろう。戦争は悪であり、不幸である。しかしそこに罪と罰を求め、正義を実現させようとするなら、ただ戦争するよりほかはないというような論理になるだろう。戦争はそれ自体で完結し、外からの批評を受けいれないのである。

五

したがって、戦争批判の立場は、ただ戦争の悲惨を訴え、戦争の罪を鳴らすだけでは、まだ充分な理由をもっていないということになる。戦争批判は戦争が、それ自体で解決をつけてしまうことを否定し、戦争に介入できる立場を獲得しなければならない。それは戦争が戦争によって解決されるという、戦争の正義を否定して、もっと別の正義を示さなければならない。というと、何かむずかしそうであるが、現在の国連が紛争の平和的解決のために行なっている活動には、そのような立場が予想されているとも考えられる。

現在われわれが住んでいる社会では、あだ討ちや果し合いは許されない。個人や党派が相対立する正義の主張を、直接このような手段で貫こうとすることは、かえって不正であり、犯罪であるとして罰せられるだろう。国家はそのような争いに介入して、自己の法廷において、その裁きをつけることを、一つの重要な役目としていると言うことができるだろう。そして世界政府や世界国家が、今日の国家間の争いについても、全く同じ役目を果すことができるようになるなら、戦争は全くの不法となり、禁止されるだろう。国連の仕事は、それの先駆としての意味をもつと考えられるだろう。ただ今日までのところでは、国連のそのような活動は充分強力ではなく、戦争の正義に代わる法秩序の確立も、前途なお遼遠であると言わなければならないだろう。

しかし今しばらく実際の効果をはなれて、思想の立場だけで考えるとすれば、国際連盟や国際連合などの成立を通じて企図されたものは、世界的規模の法秩序の確立ということであって、これを国際関係のレベルで考えるか、あるいはさらに世界政府や世界国家の統一の下に考えるか、いろいろ議論が分れるにしても、戦争を犯罪とする別の新しい考えが、そこに現われていることを認めなければならないだろう。この場合には、戦争は不幸をもたらすということよりも、世界の法秩序を乱すもの、法の世界支配に対する叛逆として、形式的に否定されるわけである。このような形式的否定は、何か力よわいもの、影のうすいものとも感じられるが、これは純粋に法的なものの一面とも考えられるのである。純粋に法的な正義の体系というようなものは、レト宮の詩句の言葉をかりれば、まことにりっぱなもの、美しいものではあるが、それ自体の力をもつものではない。このことについては、法と自然（ノモスとピュシス）の対立についての古典的な規定が、今日もなお妥当するだろう。法は美名であって、実体のあるものではないと考えられたのである。有名な古代ギリシアの立法者ソロンは、法律を蜘蛛の巣にたとえ、強力なものは、勝手にこれを破ることができると嘆いている。われわれが国連の活動などについて、いつも感じさせられるのも、同じような嘆きである。

しかしそれが大義名分として、他の力強き者によって利用される時には、強力に作用するとみなければならないであろう。現在アメリカはそのような世界的秩序の擁護者をもって任じているようなところがあるから、その行動もそのような名目を得て、いわば世界の警察官としての行動となり、時に強力な措置を含むことになる。そしてそのような措置は、アメリカ国民の大多数によって支持されているようであるが、そこには世界の法的秩序を守る正義感が大きくはたらいているように感じられる。これに対抗する行動は、いわば一種の犯罪行為なのである。しかしながら、この対抗には世界主義に対する地方的ナショナリズムの反抗という一面があるともみられるだろう。

アメリカの立場は、自国の膨張や他国の占有支配を目ざすものではなくて、むしろカイゼルやヒットラーのドイツ、軍人支配の日本、あるいはスターリン、毛沢東などの支配する共産主義国家の膨張政策に対抗するだけのものだと説明されるのであるが、しかしその世界主義は、地方的ナショナリズムの立場では、他のこれまでの世界征服や世界支配の企てと区別されずに、帝国主義あるいは植民地主義として受けとられることになる。これらの一部左翼的な用語は、いずれも正確なものではないけれども、かれらの反抗心が無差別にこれらを選んだというわけであろうか。いずれにしても、世界主義と地方的ナショナリズムの対立は、他方また共産主義国家の分裂した世界政策との衝突にもからんで、現在の世界情勢を困難にしていると言わなければならないであろう。われわれは世界政策的な見地とナショナリズムの立場とを、あわせ取るような複眼的な見方によるのでなければ、これらの事態を正しく捉えることはできないようにも思われる。しかしそれらのことに今は深く立ち入ることはできない。

もう一度、国連の組織と活動に示されている世界的法秩序の確立を目ざす方向と、これに対する地方的ナショナリズムの抵抗というようなものを考えてみると、後者の立場では、国連の活動も強国の圧制として受け取られることがあるわけで、世界主義に対するナショナリズムの反撥が、反国連の形をとることにもなる。世界的な法秩序の立場が、単に形式的な法律論としてでなく、実際的な力の行使を伴う場合、実際問題として、このような面倒が起こってくることは、今のところ避けられないのではないかとも考えられる。したがって、戦争の正義を超えた新しい正義の考えといっても、それが現実にはたらくためには、やはり力の行使を必要とし、戦争の要素を含まなければならないとも考えられるだろう。だから、この新しい戦争批判の立場も、純粋にそれ自体だけで考えられる時には、美しい名前として通用するけれども、実際に戦争に介入する場合には、必ずしも戦争から自由ではないという困難をもつわけである。第一次世界大戦においても第二次世界大戦においても、連合軍はこのような大義名分の下に戦ったのであり、東京裁判やニュールンベルグ裁判は、一つの世界法廷をなすものと考えられたのであるが、後からは勝利者の一方的裁判であり、戦争の正義を示したに過ぎないのではないかという疑問も出てきている。今日の地方的紛争においても、各国の正義の主張を裁くことは、実際問題として多くの困難を含み、決定的な権威はすでにヘシオドスが見たように、「腕力のうちに」しかないのではないかと悲観されるわけなのである。

六

しかし実際論はしばらくおき、思想の問題としても、世界法廷はいま考えられたような仕方で、いわば社会契約説の方式に従って、諸国家が国家主権を自発的に制限し、これを供出するような形で、連合することによってつくられるようなものしか考えられないのかどうか。

よく知られているようにヘーゲルは、むしろ世界法廷を世界史として考えようとした。カントの法哲学では、公法は国法、国際法、世界市民法という順序で展開され、各国家の上にさらに高い法秩序が考えられて、永遠平和というようなものが、究極的には「全人類の完全な市民的結合」において達成さるべきものとして構想されている。これは教科書的に言えば、十七、八世紀の一種の合理主義の考え方、いわゆる啓蒙思想などの系列に属する考え方だと言われるだろう。そこでは国家や民族、あるいは時代などの特殊性を超えた全人類の立場というようなものが、抽象的理性の普遍性に対応して、優先的に考えられていると言ってよいだろう。また国家社会の構成は、社会契約説に見られるように、アトム論的に考えられ、この面でも国家は個人的な利害や、あるいはもっと高尚な言い方をすれば、個人の人格的尊厳というようなものの前に、従属的あるいは手段的な意味をもつにすぎないと考えられたりする。

フランス革命における人権宣言、あるいはアメリカの独立宣言などから、今日の国連において採択された世界人権宣言まで、その根本の考えは大体において同じ系列に属するものと言うことができるだろう。そして今日の世界において、この傾向の最も有力なチャンピオンがアメリカであることも、偏見なしに見れば、誰にも明らかであると言わなければならない。そしてまた戦後の日本が、そのアメリカの——ほとんど強制的な——影響によって、同じ系列の思想に接続させられたことも、事実として認めなければならないだろう。新憲法は空想的な世界主義的平和思想と個人主義を強調するだけで、ナショナリズムや国家的な視点を全く欠いていると批評されたりするが、それは本来そのような傾向の思想にもとづくものなのであるから、そういう特色が目立つとしても不思議はないわけである。逆に言えば、その批評もよく当たっているということになる。

しかしながら、このような思想が他からの挑戦を受けずに、独往し得るかのように考えるなら、それは間違いであろう。さきほど言いかけたことをもう一度くりかえすなら、ヘーゲルは世界史が世界法廷であると考えたのである。そしてこの考えは、カントに示された十八世紀の思想に対する反措定をなすと言うことができるだろう。簡単に言えば、法的秩序は内面化されたカント的な道徳法の世界をも含めて、それ自体で独立に存在するものではない。われわれはその具体的な成立を家庭や市民社会のうちに求めながら、ついに国家に至るわけで、すべては国家のうちに究極的に実現されていると考えなければならない。またしたがって、国家の上に更に抽象的普遍的な法秩序というようなものを考える必要もないわけである。国家の上に更に具体的なものを考えるとすれば、諸国家を歴史的発展のうちにとらえる世界史の立場があるばかりだということになるだろうか。『哲学体系』（五四八節）の言葉を借りると、

> 「特定の民族の精神は、時間のうちにある。そして内容的には特殊の原理をもつのが本来であって、それによって特に定められた意識と現実の発展経過をもつものなのである。すなわち民族の精神は一つの歴史を自己の範囲内にもっているわけである。しかしそれは制限をもつ精神なのであるから、自主独立しながらも、下位に立たねばならなくなる。ということは、それが世界史という一般的なものを、より上のものとして、そこへ移行するということなのである。そしてこの世界史の赴くところ、特定諸民族の精神は相互に限定しあって弁証法をなし、世界法廷を現出する」

というようなことになる。世界法廷の考えは、歴史の終りというか、この世の終りというか、そういうところで考えられる最後の審判の考えに由来するものであって、超歴史的な

面をもっているのであるが、これを歴史そのもののうちに見るというのが、ヘーゲル哲学の特色だということができるだろう。歴史のうちに正義を認めることができるかどうか。われわれはむしろ不義と醜悪、愚昧と不合理しか認めることができないようにも思う。しかしヘーゲルは、歴史のうちに神の義が実現されていることを弁証しようとする。かれ自身が告白しているように、かれの立場は歴史のうちに神の摂理を見ることにある。ただその神は、かれの歴史主義の立場では、完全に歴史のうちに内在化されてしまうと見なければならないだろう。かれの哲学体系で考えれば、客観的精神の究極において世界史が現われなければならなかったように、絶対精神の芸術、宗教、哲学という展開においても、哲学史の完結が最後に要求されることになるだろう。かれの「哲学史講義」は、かれの哲学体系のうちにあって、独特の意味をもっているのではないかと考えられる。

　いずれにしても、世界史がそのまま世界法廷をなし、正義は歴史のうちに実現されるのだとすると、このような歴史の現実をはなれて、これの正邪を審判する法秩序を考えたりする必要はないわけである。また歴史の事実はみな充分の理由をもって存在するのであるから、戦争の悲惨に心を乱されて、ただこれを否定するなどということは、歴史のうちに理性を見ることのできない愚かしさであり、安価なセンティメンタリズムに過ぎないということになるだろう。この考えでいけば、歴史において最後の勝利をおさめる者の上に、また正義も輝くということになるだろう。だから、正邪よりも最後の勝利が大事だということにもなる。事が成功すれば、御用哲学者たちは、事後論理のもっともらしさをもって、歴史的必然の正義を論証してくれるからである。

七

このように、正邪の区別を付随的なもの、従属的なものと考えて、実利実益の意味における善のみを求めるというのは、別に珍しい考えではなく、むしろ昔から今日までわれわれを暗黙のうちに支配している最有力の思想であるとも言われるだろう。法秩序をそれ自体で成立し、それ自体で考えられるものとはしないで、これをいつも利害に結びつけて見るということは、プラトンの『国家』におけるトラシュマコスの主張、「正義とは支配階級の利益にほかならず、これを行なうことは他人の益（善）にはなっても、自分の損（悪）である」という考えのうちに端的に示されていると言うことができるだろう。そしてこれは今日においても、いわゆる反体制の考えの基本にあるものと見ることができるだろう。

現体制の法的秩序は、現体制を有利とする者のためにあるのであって、これを不利とする者にとっては、不法不義にほかならないと考えられる。そしてこのような利害の対立を越えて、両方を仲裁するような別の正義はあり得ないとも考えられるだろう。われわれはただ無慈悲に闘争するほかはない。このような戦争の正義が、ヘーゲル亜流であるマルクス主義の歴史哲学からも帰結してくる。それは道徳や正義に訴えることを主とした十八世紀的な空想社会主義に対して、マルクス主義が自己を区別する重要な区別点をなすものとも見られるだろう。そしてそれが現在においても、世界的な規模において法秩序を確立しようとする傾向と激しくぶつかり合い、これを資本主義の世界支配への試み、つまり敵方の利益とのみ見る頑固な考えにもなるわけなのであろう。

　このことはわれわれに悲観的、あるいは絶望的な思いをさせる現実であるとも考えられる。しかしながら、しばらく正邪を言わずに、利害得失だけで考えるということは、かえってイデオロギー抜きの話し合いを可能にするかも知れないのである。キューバの危機を境にして、ソ連の共産主義政権が実質的に共存政策をとるようになったことは、その教訓になるだろう。利害というものは、単なる名目として求められるものではなくて、あくまでも実質でなければならないものである。プラトンがプロタゴラスの名目論に対して、この利害の一点を保留することによって、きわめて有利な批判の根拠を獲得したことは、『テアイテトス』の読者の知るとおりである。

　敵味方にまたがる共通の正義というものはないにしても、敵味方が利害を争うためには、利害に何らかの共通するものがなければならないのである。互いに求める利害が全く別なものなら、利害の衝突ということもあり得ないのである。しかし土地なり、産物なりの獲得を、両者がひとしく利益と考えるから、その獲得をめぐって争いも生ずるわけなのである。つまり利害については、共通の言語（ターム）が使用され得るのである。したがって、利害の争いは戦争や闘争を生むけれども、また逆に利害得失の計算が戦争を回避させることもあり得るわけである。そして現在においては、後者の可能性が次第に増しているとも考えられる。ただ計算のわからぬ愚昧と狂信が、いまもわれわれを戦争の脅威にさらしているとも見られるだろう。だから、熱狂者に対しては、正邪を言わず、ただ利害得失を考えよというのが、平和のための警告となり得るのである。これはプラグマティックな考え方であるが、しかしまたすべての政治的リアリズムに内在するものであり、有能な政治家なら一種の政治的感覚として身につけていることなのである。

しかしながら、利害得失の計算だけですべてを割り切ってしまうのが、最終の立場というわけではない。リアリズムは手段に関するものであって、目的を定めるものではないだろう。いわゆる力のバランスは、現状においてこそ認識されなければならないにしても、それが永久平和の理想を示すわけではない。軍事力と経済の圧力によって、無法者をも話し合いのテーブルにすわらせることができるという自信は、政治的リアリズムに立脚しているが、その目的と理想は世界的な法秩序の確立であり、無法者を法の下に従属させようとする教化の意味をもつとも考えられるだろう。むろん、この理想と現実について、われわれはそのギャップや矛盾を指摘することができるし、具体的には主張される正義が、果して潔白なものであるかどうかを、それぞれの利害の立場から、批判することもできるだろう。しかしながら、原則問題として、利害得失が正義を目的とし、正義に従属する形で、正義に結びつくことの可能性がここに出て来ていることを重視しなければならない。というのは、正義を利害に従属させるだけの歴史主義、あるいは戦争の正義の主張に対して、ここでは逆に利害得失の考慮が、正義を実現するための手段として用いられているからである。

正義は美名であり、健康や富貴は実質的な善であるとして、両者を区別することが、われわれの出発点となっていたのであるが、しかしわれわれがどのような人生を選び、どのような国家社会を取るかという、むかしからの倫理や道徳、あるいは政治の根本問題は、善と美と快との多元のうちに一つのバランス、一つのコスモスをつくることを最終の目的にしていたのである。当面の問題について言えば、正義と幸福を、どうしたら一致させることができるかということが、われわれの思考と実践の課題となるわけなのである。そしてその場合、歴史の終りにおいて歴史を超越して考えられねばならぬ最後の審判を、歴史のうちに完了させようとする無理と不遜を避けようとすれば、われわれは現実の困難のなかで、すなわち多くの利害得失が対立し、からみ合うなかで、秩序と正義の人間的な不完全さを我慢しながらも、とにかくこれの確立に協力していくよりほかはない。

八

しかしながら、われわれは今ここで正義と幸福との一致、正邪と善悪との結びつきについて、簡単な議論をしようとするものではない。プラトンはこの問題のために、『国家』十巻の長篇を捧げなければならなかったのである。われわれはただ当面の問題をはっきりさせるために、若干の区別をするにとどめなければならない。

すでに見られたように、両者の関係については、利害の意味における善悪だけを取って、正邪は空名にすぎないとしてこれを善悪の一元に吸収してしまう考えがある。そしてこのような単純化に対しては、また他の極端が対応させられるだろう。利害や幸福を切りすてて、正義だけで道徳を考える立場である。カント倫理学の志向するところを、これに当てはめてもよいかも知れない。純粋な道徳法秩序の世界が、そこに成立すると考えられる。

これに対してソクラテスやプラトンの立場は、正義に独立の価値を認めた上で、これが幸福な人生、幸福な社会の最も大切な条件となるのではないか、正義が幸福の本質をなすものではないかと問うことによって、この二元を一つにすることを試みるものと見られるだろう。狭義の道徳倫理の問題は、大体において正邪と美醜（りっぱなこと、みっともないこと）の区別につきると考えられるのであるが、われわれの実践と生活は利害や幸不幸、ひろく善悪と呼ばれているものを離れることができず、われわれの実践哲学も正邪を取り扱う法哲学や徳（りっぱさ）を取り扱う狭義の倫理学すなわち徳論の範囲を越えて、政治哲学となり、人生哲学とならなければならないわけなのであろう。哲学体系の構成を考えることは、今のわれわれにとって全く無用のこととも思われるのであるが、しかしわれわれの日常用いる道徳論が、見かけほど簡単なものではなく、関連するところが多いということは、この場合もやはり心得ておく必要があるのではないかと思う。

われわれは戦争が悪であるというところから出発した。それは病気や貧困が悪と言われる意味において悪なのである。しかし戦争が悪であるということは、それだけでは道徳や倫理の問題とはならないのである。われわれが苦を避けて、快を求めるように、われわれは戦争をきらう。これは自然の傾向である。しかしそれが直ちに正邪の問題となるわけではない。わたしたちは戦後の「あまったれ民主主義」のなかで、戦争はいやだ、戦争にまきこまれたくないというような悲鳴をあげれば、それが正義の叫びとなり、誰もがわれわれを救うために馳せつけて来なければならないと、簡単に考えてしまう傾向にある。

しかし正邪を空名にすぎないとする立場の人たちは、われわれの悲鳴を聞いても、これを全く無視するか、あるいは意地悪くこれをからかって、その中へ原子爆弾でも投げこみたくなる誘惑にかられるかも知れない。われわれが無事でいるのは、かれらがそういう気まぐれを起こさないためか、あるいはもっと別の計算や深慮遠謀があるためか、あるいはひょっとして正邪の考えが独立の拘束力をもっているためであろうと考えなければならなくなる。そしてこの最後の場合において、はじめて道徳が意味をもってくる。それは正邪を空名とのみ考える一元説の立場がゆらいだ結果なのである。しかしその道徳は、かれらの意識、かれらの思考のうちにあることであって、悲鳴をあげるわれわれが道徳の立場にあることを意味するものではない。それは乳を求めて泣く赤児が、たまたま侵入して来た強盗を道徳の世界に引き入れるにしても、赤児自身が道徳的行為をしているのではないというのと同じであろう。われわれは戦争を罪悪とし、平和を主張しようと思うなら、われわれ自身がはっきりとした正邪の意識をもち、まず自分自身を道徳の立場におかなければならない。

しかしながら、すでに見られたように、われわれの道徳論は他を非難し、他に罪をなすりつけるためのもの、法廷弁論の手段たるにとどまるのであって、それ以上は道徳について何も知ろうとは思わないものなのである。それは肝心の自分自身を抜きにした道徳論なのである。そしてこのようなことが可能なのは、心の奥底において道徳は無であり、単なる美名であると信じられているからなのであろう。正義はただ利用されるためにある。これがトラシュマコス以来の考え方である。正義を無視して、ただ利益だけを追求するというようなことがすぐに見破られてしまうような者は、きわめて幼稚な愚かしい悪漢である。不正の極は、むしろ正義の仮面の下に不正を行なうことであると、プラトンは規定した。正義とは戦いにおける最後の勝利にほかならないと信ずる者は、戦争のために平和を利用し、他人の正義を自己の不正のために利用するだろう。いわゆる平和運動や反戦運動が、戦争の一部分として利用されていることは、今や明らかな事実であり、歴史上少しも珍しいことではないのである。平和や正義が他を攻撃するための口実である限り、われわれはむしろ道徳論を拒否しなければならない。偽善の風潮のなかでは、道徳を拒否することが唯一の道徳的行為となるのかも知れない。

九

しかしここでわれわれは、そんなにすぐ絶望してしまってはいけないのだろう。何度でも始めにもどって考え直してみなければならない。すでに見られたように、戦争が不幸であり、悪であるということ、そして何びとも好んで不幸を求めるものではないということ、これはほとんど自明に近い命題と見ることができる。しかしそれは一つの前提であって、そこから他の議論を引き出してくるのには、またもっと別の前提を必要とするものなのである。われわれが不幸をきらい、快を求めて苦を避けようとするのは、石が落下すると同じような、自然のことなのである。しかし自然はそのままでは、正でも邪でもなく、道徳や倫理の問題にはなり得ないのである。しかし自然に対する法律や習慣、正邪や美醜の区別は、単に人間の主観的なこと、名目的なこととして、その無実を疑われると共に、人間におけるあらゆる争いのもととして、容易に決着のつけにくい面をもっていたのである。首尾一貫の法律論がもつ空しさ、それは法廷弁論において、どちら側も用意することができるものであり、現実の利害に結びつくことによって活気をもつけれども、それ自体としては空理空論にとどまる。

　われわれは戦争の不幸という単純な認識から、一歩ふみ出して、これに正邪の区別をつけ加えようとすると、もう収拾のできない混乱のうちにおかれてしまう。簡単な結論は出せなくなってしまう。どうすればいいのか。一番簡単な方法は、善悪幸不幸を思わず、正邪美醜も思わないということかも知れない。戦争だ平和だと騒いでいるが、そんなことは大さわぎするほどのことではないのだ。死んだって生きたって同じことではないかと覚悟することである。これは簡単と言えば、簡単この上ないことであるが、必ずしも容易な道とは言えない。平和なら楽しみ、戦争なら苦しめばいいので、余計な小細工は無用だということであろうか。この道に徹するのが、宗教的な生き方の一つとなる。しかしこのような解決は、政治的な解決の放棄であり、選ばれた個人の悟りにかかわるものであるから、すぐにわれわれの問題解決に用いることはできないとも考えられる。政治と道徳の問題が、われわれの悩みなのであって、それを放棄し、それを超越することは、別の見方からすれば、真に根本的な解決と言えるにしても、直接的にはわれわれの求めている解決にはならないとも言われるだろう。しかしわれわれの心の一部に、このような徹底したニヒリズムの可能性を残しておくことは、法廷弁論の空しい対立のなかで、かえってわれわれの救いとなるかも知れない。空しさの自覚が、われわれの固執をやわらげ、われわれに新しく考え直す余地を与えるのである。われわれの祖先は、このような智恵によって、困難を解いてきたようにも思われる。

　しかし問題解決の可能性は、このような問題放棄の方向にだけ求められるべきものではないだろう。われわれはこのような最後の覚悟をもちながらも、なお政治や道徳のうちに解決の可能性をさぐらなければならない。もう一度はじめに帰って言えば、戦争は悪であり、不幸なのである。それは病気や貧困が悪である意味において悪なのである。しかしもしそうだとすれば、病気や貧困と同じように処理する道があるわけである。という意味は、われわれは病気や貧困を罪悪や不正であるとして、法律論や道徳論をもち出すようなことは、今日もはやしていないのである。この不幸と悪を取りのぞくために、われわれは罪人を探すよりも、薬や治療法を求め、施設をととのえ経済政策を研究するだろう。戦争の不幸についても同じことで、それの原因となるものを研究し、これを防ぐための積極的な方策をたてなければならぬ。そうすると、法的秩序というようなものも、罪人をつくるための組織ではなくて、戦争を防ぐための規定となり、問題も法廷から行政、あるいは立法の場にうつされることになるだろう。

本来の政治というのは、司法よりも立法にあるわけで、これは平和で幸福な社会というようなものを目ざして、その必要条件を法的に規定し、法的秩序を築いていく仕事なのである。議会は告発したり、裁判したりする場所ではなくて、建議し、立案し、提案する場所なのである。そしてそれが政治の本領なのである。そしてここにおいて、法というものは人間の幸福、社会の善に奉仕する地位を得、正義と善との結合が、法廷弁論とは逆の積極的な意味をもつことになるのではないか。われわれは政治が、このような政治の本来性を回復することに協力しなければならない。それが恐らく世界平和への最も有効な努力になるだろう。しかしこのことが現実性をもつためには、われわれは新しく文明の視点を加えなければならない。病気や貧困の場合と同じように、平和のためにも、文明度を高めること、文明の進歩が大切な条件となるからである。

一〇

しかしこの文明の視点ということについては、今は簡単にふれておくだけにしなければならない。あるいはそれは唐突の追加のように思われるかも知れないが、これまで考えられたことのうちに、すでに関連はいろいろあったわけである。われわれは戦争や病気や貧困を悪とする時、これとの対照で善と幸福とを考えねばならなかった。そのような生活、そのような社会は、これを原始の生活や原始社会に求めるよりも、まずは文明社会に求めなければならないだろう。

たとえば文明の程度を計るのに、伝染病の有無というようなことを尺度にすることができるのである。絶対的な貧困としての低い生活水準というようなものも、文明の逆として考えなければならない。戦争については、今のところ簡単な議論はできないけれども、やはりその不幸と悪の多少を計る試みはなされ得るだろう。たとえば赤十字の受入れとか、捕虜の取扱いなどによって、われわれは文明の程度を計ることができるのではないか。敗戦の場合の処置にしても、男をみな殺しにし、女をすべて凌辱するような蛮行は、むかしの戦争の正義であったとしても、今日の文明社会にとっては決して名誉ではないだろう。

第一次世界大戦と第二次世界大戦とでは、敗戦国の処置に若干の進歩があったと言われるかも知れない。しかしそれは文明社会だけのことで、新しくひらかれたアジアやアフリカにおいては、原始的な戦争の正義が支配し、日本軍やソ連軍の行動についても、いろいろな批判が出ている。

つまり文明の程度というものは、衛生環境や社会施設、あるいは工業化の程度によって計られるだけでなく、道徳的抑制によっても計られなければならないだろう。このたびの日米戦争において、戦争の正義は、米軍が完全に制空権を掌握してしまった時、日本全土はどこも爆撃可能であり、戦争の正義は、どこを爆撃することをも正当化したはずである。その時もし京都や奈良を爆撃することが、たとえば日本の古い文化の記念物や遺跡を保存したいというような、非軍事的な、むしろ贅沢な考慮によって多少とも抑制されたのだとするならば、そこには文明のある程度の高さが認められるとしなければならないだろう。そして現在の世界において、文明の不均衡があるとすれば、核兵器をはじめとする文明の兵器による武力は、これを抑制する力をもった国にのみ許されなければならないだろう。すなわち文明の兵器は文明の高さによって均衡されるような仕方で、偏在することを認めなければならないだろう。

しかし広島や長崎に投下された原爆の場合、それは決して平和な関係を犯して突然投ぜられたものではなく、無差別爆撃をふくむ苛烈な戦争の最終段階において、日本政府に対する警告を伴って投じられたものであるにしても、やはりなお抑制の余地があったのではなかったかと、後から批判が起こってくる。そして今日においては、このような抑制力を高めること、文明の条件を高めることがますます必要になっていると言わなければならない。しかしこの抑制力は、いつも力のある側、文明の他の条件がととのっている強国の側に求められるのであり、世界の平和も、またその法的秩序の維持も、その掌中にあるのだということを知らなければならない。

　このことは他方において、もう一つの可能性の恐ろしさを教える。奈良や京都が破壊をまぬかれるということは、決して自明なことではなく、制空権を掌握した側のわずかな自制に依存しているということ、これは特例ではなくて、一般的な事実なのである。大人に悪たいをついて、いろいろわがままを言っている子供たちの自己主張は、大人が笑っている限りにおいて可能なのである。文明国が自制を失ってしまうと、シナ大陸やアフリカを破壊し、荒廃のままにしておくことは、別に難事ではなくなる。スエズの事件で、いわゆる新興国家の軍事力などというものが、子供の玩具のようなものであることが暴露された。シナ大陸を占領し、これを統治することは、日本軍にとって大きな重荷であったが、これを荒廃させるだけなら、文明は簡単な手段を供給するだろう。文明のうちには恐ろしい破壊力がかくされていることは、こと新しくいうまでもないだろう。そして文明のうちに形成される道徳的な抑制も、その規則正しく訓練された社会生活、あるいは学問、宗教、芸術などの教養と相まって、次第に強化されるだろうという希望がいだかれるわけである。

　しかし世界は均等に文明化されるのではなくて、大きな落差と多くの不均衡がいたるところに見られるのである。それらの接触と衝突は、われわれの文明が不安定なものであり、誰もが一皮むけば野蛮人にすぎないことを気づかせるだろう。われわれの被占領経験もこのことを教えてくれたのである。だから、美しい名目の正義が、傷つけられて泣く乙女の姿で描かれるのは、ヘシオドスの時代とあまり違わないかも知れないのである。われわれはこのような危険な可能性を、めいめい自分のうちにもっている悪魔や怪獣との戦いから、充分よく知ることができるはずである。われわれは『省察』のはじめにおけるデカルトと同じように、このような内部の悪魔と格闘しながら考えていかなければならない。きれいごとだけをならべて、他人の「善意」や「良心」ばかりを当てにする世上の道徳論は、自分自身が何の良心も善意ももっていないことの証拠なのである。

　しかしわれわれは、文明の視点を入れることで、かえって悲観論を深める結果になってしまったのだろうか。人生において正しいもの、美しいもの、善いもの、たのしいものを一つにすることは難事であると、デロス島のレト宮には記されていた。欲ばりすぎての悲観論というところであろうか。いずれにしても、文明にくみして野蛮と戦う教化のきびしさが、単に不幸をのがれ、快を求めるというだけの、われわれの自然の傾向に、積極的な方向を与えることになるだろう。なぜなら、戦争の否定や平和のねがいは、道徳や政治の一つの前提にはなっても、それの原理にはなり得ないからである。

（『中央公論』一九六六年一月号）

II

古典の世界から

サルディス陥落

一

紀元前五四六年、リュディアの首都サルディスは、ペルシア軍の猛攻撃の前にあえなく陥落して、クロイソス王は捕虜となってしまった。リュディア王国敗れたりの報は、これに隣して住んでいた、イオニアのギリシア人たちをどんなに驚かしたことであろうか。アポロドロスの『クロニカ』は、アナクシマンドロスが、第五十八回オリンピック大会期の第二年（紀元前五四七―六年）に六十四歳であったということを記しているが、これはアナクシマンドロスが、サルディス陥落のことに関連して、自分は当時六十四歳であったというような話をしたことが、何か記録に残っていて、それがアポロドロスに伝えられたものであろうと想像されている。事実、クセノパネスは、冬の日に、炉辺の柔かい寝椅子の上に満腹の身を横たえて、甘い酒を飲み、豆を齧りながら、ひとが話し合う話題のひとつに、「あのメディア人がやって来た時には、お前さんはいくつだったね」（Fr. 22）というような問答を数えている。「あのメディア人」とは、ペルシア王キュロスの生命を救い、メディアに叛いて、キュロスの覇業を助けたハルパゴスのことであろう。ちょうどサルディスの陥落後、彼はキュロスの命によってイオニア地方を平定している。

イオニアの哲学者たちの年代は、ちょうどこのサルディスの陥落を中心に考えることができる。アナクシマンドロスが、この時ちょうど六十四歳であったということは、いま見たばかりである。そしてアナクシメネスのアクメー（四十歳）が、またちょうどこの時になっており、タレスの死がほぼこの頃である。そしてピュタゴラスとクセノパネスのアクメーも、この前後におかれている。しかも五四六年のサルディスの運命は、四九四年におけるミレトスの運命であり、それはまた更に四八〇年のアテナイの運命でもあった。しかも伝説は、自分の祖国として天を指したアナクサゴラスをして、ちょうどその四八〇年に、学問研究のためアテナイへ渡らせているのである。自然観照とか自然研究とかいえば、何か平和と閑暇の産物とも考えられ、また実際そう考えることも決して間違いではないが、それは必ずしも研究者の住んでいた時代が平和であることを意味するものではない。『ディオゲネス・ラエルティオス』（二ノ五）には、アナクシメネスからピュタゴラスに宛てた手紙というのが載せてある。無論、偽作であろうと疑われるのであるが、その中でアナクシメネスは、ピュタゴラスがイオニアを去ってイタリアに赴いたことを、大へん賢明な措置であったと言い、ミレトスにおいては、内に独裁政治の危険があり、外にはペルシアの脅威がある。われらは自由のためにペルシアと一戦を交えなければならないかも知れぬが、もし戦争になったら、破滅か隷属かの危険にさらされて、どうして天上のことを論じていられよう。イタリアにいる君の身の上こそ、羨ましい限りであるというようなことを書きつらねている。手紙は偽作にしろ、中に書かれている時代の情況はうそではないとも言えよう。タレスのごときは、対ペルシア戦にクロイソス王に従軍したとも言われ、後にはイオニア諸都市の大同団結を説いたとも伝えられている。静観を主にするがごとく考えられたイオニア哲学者たちは、いずれも物情騒然たる時代に生きていたのである。しかしかかる時代に生きても、彼等は危険や不安のうちに自己を見失うことなく、そのうちに平和と閑暇を作り出して、彼等の学問を築いたのである。そこに彼等の精神的な強さがある。静観もまたひとつの断乎たる行為であったと言わなければならない。今日にして見れば、クロイソスの敗北もキュロスの勝利も茫として跡形もないけれども、イオニア科学の光輝は燦として今日のわれらを照している。真に世界史を動かすものは何なのであろうか。

二

当時のギリシア人に一大センセーションを与えた、このサルディス陥落は、またヘロドトスの第一巻に、最も興味深く語られている。その繁栄の絶頂にあるリュディア王クロイソスと、アテナイの政治家にして知識人であったソロンとの、有名な幸福問答から始めて、その幸福が次々にくずれて、ついにペルシア軍のために捕えられ、キュロス王の面前で焚殺の刑に処せられようとした時、ソロンとの問答を思い出し、はじめて人生の幸福とは何であるかを覚り、思わず「ソロンよ、ソロンよ」と叫んで、キュロス王のために怪しまれ、その仔細を知るに及んで、この心たけきペルシア王も深く感動し、クロイソスを釈放するに至るまで、一篇の物語としても大へん面白いものである。

　しかしながら、クロイソス王の物語はそれでよいとして、彼の没落、サルディスの陥落、リュディア王国の滅亡は、一体どのような因果によるものであろうかと、もう一度ヘロドトスを読み直してみると、私たちは少し当惑しなければならなくなる。クロイソスの没落は、彼の五代目の祖先に当たるギュゲスが、本来は臣下であったのに、王妃の陰謀に加わり、主人たるカンダウレス王を殺し、王妃と王権とを簒奪した時に、既に定められていたというのである。すなわちギュゲスの乱に、国内の意見が二つに分れた時、彼等は裁断をデルポイのアポロンに仰いだのであるが、神託はギュゲスがリュディア王となることを認めると共に、その罪は五代目の子孫によって償わるべきことを告げた（一ノ一三、一ノ九一）のである。そしてクロイソスがペルシアと戦うに当たっては、戦えば一大王国を崩壊させるであろう（一ノ五三）とか、騾馬がメディア人の王となる時、リュディア人はヘルモス河に沿うて逃れ、卑怯を恥じるに及ばなくなる（五五）とかいうような神託を得るのであるが、それはリュディア王国の滅亡によって、またメディア王アステュアゲスの娘マンダネとペルシア人カンビュセスというような、身分違いの結婚から生まれたキュロスが、メディアをも支配するに至って、いずれも成就される（九一）のである。このほかサルディスの陥落によって、クロイソスの啞の子が不幸の日に口をきくようになるという神託（八五）も実現されるし、サルディスは昔のリュディア王メレスが、妾妃の生んだ獅子を持って城壁を一巡し、サルディス城不落のおまじないをした時に、持ち廻るのを省いておいたところから攻め入られた（八四）とも言われている。ヘロドトスの語る歴史は、神託実現の歴史に外ならず、歴史的出来事はこのような因果のうちに見られることとなる。

ところで、この神託は、無論、神のお告げなのではあるが、しかし神は明瞭な人語をもって告げるのではない。ドドナにあっては泉のわき出る音や槲《かしわ》の葉のざわめきがそれを示し、デルポイにおいては、巫女が神がかりにかかって口走るとりとめもない言葉がそれと解される。いずれにしても、それの解釈者を必要とすることは明らかである。もしそうならば、これは何かダイモンのようなものの合図を感じたソクラテスの場合とも同じである。

否、夢や天変地異やその他の現象に何らかの前兆を見て、それによって未来を卜する占者たちの場合も、これと全く同じだと言わなければならなくなる。啓示者として神やダイモンを考えれば、因果は超越的であるが、前兆の解釈は人間業であり、前兆は歴史的な出来事と同じ世界のうちに連絡する。歴史的事件に対して、その前兆を求め、歴史をこの関連のうちに捉えようとすることも、歴史的因果を追究するひとつの努力と見ることができるであろう。

無論、今日の歴史学は、神託や夢や日蝕の前兆を見て、これでもって歴史的出来事の因果を解こうとはもはやしないであろう。しかしまた案外そういう歴史が、学校や世間で説かれているのではないかとも疑われる。世界史や歴史哲学を説くような場合に、私たちは誇大な新聞記事からインスピレーションを得て、何か前兆を発見したように思い、容易に新時代の予言者になったりする。しかし私たちは、今日の歴史学の方法に従って、果してそれが前兆であるかどうかを吟味しなければならない。今日の統制されたニュースは、史料分析の練習問題としては好適であるとも言える。本当のところ、厳密な史学の方法のみが、今日の歴史的現実が何であるかを私たちに教えてくれるのである。そしてこのいろいろな報告を批判的に取り扱う方法というものは、何よりもまず為政者に必要なのである。近代史学の教養なくしては、どんな情報を集めても、これを本当に処理することはできないであろう。その結果は情況判断を誤り、国政を危くするようなことにもなるからである。一般にわが国の教養のうちには、いろいろな報道を吟味し、批判する教育が欠けていはしないであろうか。そしてそれがまた私たちの哲学的論議を非歴史的なものにしているのではないかとも疑われる。歴史的事実の吟味に全く無関心な歴史哲学的論議というものは、全くの無意味ではないだろうか。

（『倫理学』一九四一年十二月十二日、発表中止）

ソクラテスの場合——愛国心について

一

愛国者としてのソクラテスを考える時、国を愛するということは、人を愛する場合でも、他の何かを愛する場合でも、同じように言えることなのであろうが、単純で複雑、容易でまた困難、いろいろな場合があるということを教えられるように思う。愛国者としてのソクラテスを、プラトンは『クリトン』という書物のなかで、誰でも容易に捉えることのできるような、単純な形で与えている。ソクラテスは、七十年の生涯を通じて、自分の生まれた土地アテナイを愛し、その愛着の故に、アテナイを離れて他の土地へ行ったことは、出征の場合を除いては、一度のイストモス行があるばかりで、ほとんどなかったと言われている。それは跛や盲の人以上であったとも形容されている。否、彼は死刑か追放かのいずれかを選ばねばならなかった時に、むしろ死刑を希望したのである。これは異常な執着と考えねばならぬ。当時の政情にあっては、亡命は日常事であって、人々は刑罰を免れるために、容易に国境を越えることができたのである。今日の事情とは異なり、人々は国土に束縛された存在ではなかった。もし政治が面白くなく、法律や風俗が意にみたぬとすれば、ひとは家財をまとめて、自由に国外に立去ることができたのである。それぞれ異なる法律をもつ他の小国家と植民地とが、地中海沿岸の到るところに彼を待っていたのである。かかる事情のもと、むしろスパルタやクレタの政治をよしとしたとも言われるソクラテスが、別に立身出世の見込みがあったわけでもなければ、手離し難い土地や財産があったわけでもなく、むしろ世間の嘲笑迫害とか、家計の不如意とか、彼を国外に追い立てるような事情がいろいろあったにもかかわらず、なお殺されてもアテナイを離れまいとしたことは、彼の祖国に対する愛着がいかに根強いものであったかを語ると言わなければならない。プラトンの『テアイテトス』ではソクラテスが、自分の一番関心をもっているのは、自分の国のことだという、単純正直な告白をしている。

　しかしながら、彼が愛した国というのは、その風光自然のことではない。プラトンの『パイドロス』は、はじめてアテナイ郊外に案内されて、あたかも異邦人のごとくに、あたりの風物を珍しがり、これを賞美するソクラテスを描いているが、彼はその自分を弁解して、土地や樹木は何も教えない、町に住む人間たちが自分の師匠なのだと語っている。

彼が深い関心を寄せていたのは、国土ではなく、むしろ国民であった。なかんずく、その青年たちのことであった。当時の都市国家においては、国民は原則上アテナイに住む市民でなければならなかった。ソクラテスが愛した国家とは、アテナイ市に外ならなかった。この故に彼は、アテナイの郊外にさえも出なかったのである。そのアテナイは必ずしも住みよいところではなかった。狭い土地には、口の悪い連中が群をなしていて、議会も法廷も劇場も市場も喧騒にみちていた。ソクラテスはそれらから離れて、人々の疑惑や嘲笑を浴びながら、体操場の片隅などで、青少年を主な相手として、人々が役にも立たない無駄話と呼んだような談論を交換していたのである。彼の話題は何であったか。彼が人生の一大事と考えた精神の徳についてであった。精神において、すぐれた人間となることのすすめであった。そしてその点において、彼が最大の関心を寄せていたアテナイ人の生活は、甚だ憂うべきものが多々あったのである。彼の愛国心は根強く、強烈ではあったが、盲目的ではなかった。彼は三十年にわたるペロポネソス戦争を戦わなければならなかったアテナイの宿敵、スパルタの政治にも学ぶべき点が少なくないことを語り得たのである。彼は敵国のものでも、美点は美点として認め、自国のものも、弱点は弱点として語ることを憚らなかった。しかしながら、いかに多くの欠点を自国民のうちに認めたとしても、愛国心は変るものではない。彼は他の住みよい国に逃げ出したりはしなかった。どんなに悪くとも、わが祖国である。愛に変りはなく、関心はかえって深まる。愛する祖国を少しでも、よりよくしようとする熱意はかえって強められる。ソクラテスは忌憚なき批判者であった。しかし批判は愛国心の冷却ではなかった。むしろ彼の愛国心は、憂うべき現実を美辞麗句で飾り立てたりして、国民の低調な虚栄心に阿諛するデマゴーグ的行為を許し得なかったのである。

二

ソクラテスにとって、祖国とはいかなるものであったか。『クリトン』に語られているソクラテスの考えは、極めて単純なものであった。祖国は私たちを生み、養い、育ててくれた親であり、また主人であった。私たちと国家との間には、ちょうど親子の場合と同じように、どんなことをされても、仕返しをすることが許されないような関係が存立していたのである。国家に対しては、ひとは対等の権利をもってはいない。それは両親に対しても同様である。しかしながら、「祖国は母よりも、父よりも、またその他祖先の誰よりも尊いものであり、敬うべきものであり、神聖なものである。ひとはこれを敬い、祖国に対しては、父に対するよりもいっそう従順で、その怒りに対しては、ただただ機嫌のなおるようにと努めなければならない。ひとはこれを説得するか、然らざれば、何ごとにもせよ、その命ずるところをなさねばならぬ。祖国が受けよと命ずるところのことは、打たれることであれ、縛られることであれ、戦争に行って傷ついたり、死んだりすることであれ、平静にこれを受けなければならぬ。それはなすべきことがらであって、かくあるのが正しいことなのである。怯まず、退かず、命じられた持場を守るようにしなければならぬ。職場においても、法廷においても、いかなる場所においても、国家と祖国の命ずることをなさねばならぬ。そうでなければ、正義の本性にかなう仕方で、祖国を説得しなければならぬ。そうしないで、暴力に訴えたりすることは、父母に対する場合でも無道の行ないとなるが、祖国に対してはなおさらのことである。」

ソクラテスにとって、祖国とはかくのごときものであった。そしてソクラテスは、かく考え、かく語り、またまさにかくのごとく行為したのである。彼は三十代、四十代において、出征して、ポテイダイア、アンピポリス、デリオン等に戦ったのであるが、死の危険を冒しても、命ぜられた持場を守り通したと語っている。プラトンの『饗宴』には、ソクラテスがデリオンの敗戦に殿《しんがり》をつとめて、いかに勇敢沈着であったかが語られている。その行為は勇名をもって知られたラケスのそれにもまさるものであって、プラトンの『ラケス』においては、ラケスその人が、もし他の人たちもソクラテスのごとくに振舞ったなら、デリオンの敗戦は生じなかったであろうと述べている。ソクラテスは、ひとたび祖国防衛のために戦う時、実にかくのごとき勇士であった。しかしながら、重要なのは、かかる行為そのものではない。大事なのは、かかる行為がソクラテスにおいては、上述の思想、すなわち祖国の命ずるところに従わなければならぬという忠誠の心から生まれているという一事である。戦場における勇敢な行為に限らず、一般に単なる行為というものは、徳からも、また悪徳からも生じ得るものなのである。競争心、功名心、あるいは恐怖心、社会的束縛、絶望と自棄、無我夢中というようなものまでが、後には栄誉をもたらす行為へと私たちを駆り立てることが少なくない。しかしながら、かくのごときは一時の勇士、一時の英雄を作るに過ぎない。愛国ということが、例えば戦場における特殊な行為のみによって教訓される時、人々は日常生活において、あたかも愛国心なきがごとくに振舞う。大事なのは、個々の行為ではなく、行為を導く思想なのである。ソクラテスは勇敢な戦士であった。しかもそれは心からなる行為においてであり、深い思想と確固たる信念とに裏づけられたものであった。従って私たちは、ソクラテスの祖国への忠誠を、もっと困難な場合においても見出すことができるのである。それは何であるか。

　プラトンの『弁明』にいわれているところに従えば、ソクラテスは例のダイモンの声に警告されて、政治には関係しなかったのであるが、国民の義務として、国民評議会に出席して、その委員をつとめることがあった。ちょうど四〇六年のアルギヌゥサイ島沖海戦において、勝利を収めながらも、犠牲艦船の人員救助に関して、職務上の責任を問われた八人の指揮官の処罰が国民議会に動議されて、違法であったにもかかわらず、個別審理を省略して、一括これを判決に附そうとした時、ソクラテスはこれが原案を準備すべき委員会に属していて、ただ一人最後まで、その違法であることを主張して譲らなかった。そのためにソクラテスは、満場の人々から嘲罵され、自分自身が告発されそうな危険に陥ったのである。しかしそれにもかかわらず彼は、「拘禁や死刑を恐れて、諸君と共に不正の議決をなそうよりは、むしろ法律と正義に従って、飽くまでもこれと危険を共にすべきであると信じた」のである。私たちはここに再びデリオン戦の勇士ソクラテスを見る。戦場においては、恐るべき敵は彼方にあり、周囲にはなお味方があって、社会的制裁や軍律が卑怯の行為を妨げ、栄誉や利益が勇敢な行為をすすめてくれるけれども、この場合には一人の味方もなく、むしろ同胞の大多数から敵視され、拘禁や死刑の屈辱不利益のみを前途に期待しなければならなかった。かかる場合において、誰かなお勇敢であり得るか？　このような困難の場合においてもなお勇敢な人こそ、真に大勇の人と言わなければならない。それはもはや単なる行為として与えられることはできない。祖国に対する真の忠誠なしには生じ得ない行為である。既に見られたように、ソクラテスはかかる忠誠の人であり、かかる愛国心の人であった。

三

従って、四〇四年のアテナイ敗戦直後の社会的混乱のうちにあっても、やはり同じソクラテスを私たちは見つけることができる。三十年にわたるペロポネソス戦争の終局は、アテナイ民主制の一時的停止となり、スパルタの武力を背景とする独裁派政権が樹立されたのであるが、ソクラテスは他の市民と共に呼び出されて、反対派の市民を拘禁するための手先となって働くことを強要された。しかしながら、暴力によって政権を略取した徒党に対する盲従を、ソクラテスは祖国に対する忠誠と混同することはできなかった。彼の祖国愛は純粋であったから、その点にいささかの疑問もなかった。彼は祖国の命ずるところに何なりとも従わねばならぬと信じていたけれども、アテナイ市民を奴隷にしようとした徒党の脅迫に屈して、その犯罪行為の共犯者となることはできなかった。ソクラテスただ一人だけが、その命令を受け取りながら、黙って家へ帰ってしまった。革命動乱の時には、人々はほとんど猜疑の塊である。従って、ソクラテスのかかる行動はほとんど死を意味していた。ただ革命政府は極めて短命であったために、ソクラテスは無事でいることができたと言われている。ソクラテスの弟子であったアリスティッポスは、哲学者に何の長所があるかと問われて、たといすべての法律が廃止されても、平常の生活をかえぬ人であることと答えたと言われるが、ソクラテスは平和の時代においても、革命動乱の時代にも、また戦場においても、終始同じ人として、祖国に忠実であった。

　このことは、彼が不当の罪を問われ、アテナイの大衆から有罪の判決を受け、死刑を待つために投獄されるような不幸に見舞われた時に、いっそうあきらかとなる。ソクラテスの友人たちは、既に万端の準備をととのえ、ソクラテスを不当の刑罰から救うのを自分たちの義務と考えて、クリトンを代表として、早朝獄舎にソクラテスを訪ねさせ、孤児となるソクラテスの子供のことなどを述べて、ソクラテスがアテナイ人の不正な判決に服すべき理由がないことを説き、しきりに脱獄をすすめたのであるが、ソクラテスは少しも動かされなかった。それは国法を破ることになるからである。祖国に対する暴力行為に等しいからである。世人はソクラテスの愚直を嗤《わら》い、ソクラテスの友人たちの無能を軽蔑するかも知れない。しかし、そんなことは問題ではない。大事なのは正義である。そしてその点に彼の迷いはなかった。しかしクリトンたちにとっては、現実の問題として、無実の罪で死なければならないソクラテスのことを考えると、迷わざるを得ない点があった。けれども、「これまでに自分の言っていたことを、こういう災難がわが身にふりかかって来たからといって、今になってこれを棄てることはできない」とソクラテスは語るのであった。「自分が死刑と定められないうちは、それでよいとされた主張が、今となっては当もない議論のための議論に過ぎなかったのであり、実際には不真面目な無駄話に過ぎなかったのだということが暴露する」ような、そんな茶番はソクラテスのことではなかった。彼はクリトンの親切な申出を拒んで、静かに死を待ったのである。私たちがここに見るソクラテスは、かつてのデリオン戦の勇士と同じソクラテスであり、国民議会の違法行為に一人で反対した評議員のソクラテス、独裁派の恐怖政治にも屈しなかった一市民ソクラテスとも、全く同じ一人の人間である。ソクラテスは、このように一貫せる忠誠の人であった。その勇気はその忠実から生まれている。それは常に死に直面していた。そして恐らくソクラテスにとっては、どの場合の死も同じことであったろう。しかし私たちにとっては、戦場のソクラテスはあるいは真似られるかも知れないが、その他のソクラテスに近づくことはなかなかであると思われる。つまり、国を愛するのにもいろいろの場合があり、私たちは個々の場合の特殊な行為そのものよりも、むしろその根源にある忠誠の心を学ばなければならぬと考える。ソクラテスはそのような愛国者だったのである。

四

かくて私たちには、愛国者ソクラテスは、少しも疑えない単純な事実として与えられている。しかしながら、ここに私たちを当惑させる他の事実がある。それはソクラテスが、ちょうどその正反対の理由で訴えられ、アテナイの法廷は彼を有罪と認めて、死刑に処したという一事である。ソクラテスは国家の認める神々を認めず、別に新奇の宗教を開き、青年に害悪を及ぼす者であるというような理由で訴えられ、二八一票対二二〇票で有罪と判決され、彼を死刑に処すべしという決定には、投票数が更に三六一票に増加していたのである。無論、私たちはかかる判決を不当と考える。そしてかかる結果は、ソクラテス側の手落ちによるものと既にクリトンも認めているところであるから、もっと上手にやりさえしたら回避し得たであろうとも想像する。事実、この訴訟の名義人たるメレトスは、まだ年少で名もない者であり、その言うところも支離滅裂で、ソクラテスの罪について、何らの事実も挙げていない模様であるから、私たちはソクラテスが無実の罪に問われたものであることを容易に推定し得る。『弁明』のなかでソクラテスは、メレトスだけだったなら、全体の五分の一の投票を獲得することもできずに、かえって千ドラクマの罰金を取られたであろうと述べている。メレトスの理由が薄弱であったことは明らかである。しかしながら、その薄弱な理由にもかかわらず、メレトスが勝ったということは、かえってそれだけ問題となる。そこにはいかなる事実があったのであろうか。

　実をいえば、ソクラテス訴訟事件の主要人物は、メレトスではなくて、アニュトスなのである。メレトスは、いま言われたように、名もない者であった。ただ同じ年にアンドキデスという弁論家を、やはり同じような不敬の罪に陥れようとした訴訟者の一人ではなかったかと疑われるので、もしそれが事実なら、一種の狂信家、あるいは職業的愛国者の類であろうと想像される。しかしながら、かかるメレトスにアテナイ法廷を動かすだけの実力がなかったらしいことは、上述のソクラテスの言からも明らかである。メレトスが勝つことのできたのは、その背後にアニュトスがいたからなのである。アニュトスは当時政界有力者の一人であった。当時のアテナイは、三十年にわたるペロポネソス戦争の失敗と、その直後における反動革命の時代を過ぎて、再建された民主制の下にペリクレス時代の昔を復活しようとしていた時で、戦争と革命との悪夢のような思い出が今なお人々の記憶に生々しい時であっただけに、人々は二度とあのようなことを繰りかえしたくないと考え、あのような不幸の責任者はいったい誰であろうかと、疑わしげに周囲を見まわしていたと言えるような時代にあった。そしてアニュトスはちょうどそのような時代を代表する人物なのであって、彼は反動革命派と戦って、民主制を回復し、新生アテナイの再建に最も功労のあった一人と考えられている。そのアニュトスの眼に、ソクラテスは疑わしい人物と見えたのである。そしてその疑惑はアニュトス一個の主観に止まるものではなかったらしい。なぜなら人々は、ペロポネソス戦争の失敗に最も大きな責任を負うべき者と考えられているアルキビアデスや、敗戦直後に独裁主義革命を起こして、ソロン以来のアテナイ民主制を否定し、殺戮と掠奪とを恣《ほしいまま》にしたクリティアスのごとき者が、その青年時代にソクラテスと交渉をもった人物であることを知っていたからである。のみならず、ソクラテス自身が敵国スパルタの政治に心を寄せていたとも噂されていた。アニュトスは、アテナイ民主政治に安定を与えるためには、この際ソクラテスのごとき危険人物を追い払ってしまわねばならぬと考えた。それにはしかしながら、民主制回復の際に公約された「既往をとがめず」（アムネスティア）の原則が邪魔になるので、狂信家メレトスをして別に架空の不敬事件を訴えさせることとしたのである。メレトスの訴状において、その眼目となる点は、「青年に害悪を及ぼす」という一事であって、その理由を推定によって「国家の認める神々を認めざる」悪思想を抱くが故にと断定したものである。しかしこれは主観的な架空の想像であるから、メレトスもソクラテスの質問によく答えることができなかったのである。

五

事実、ソクラテスは青年たちを主な相手として、何をしていたのであろうか。私たちはソクラテスが、国家に対して、その命ずるところには、何にでも従おうとし、また実際に従ったことを既に見た。しかしながら、これはなお消極的、受動的な立場とも見られるであろう。ソクラテスの祖国愛はこれに止まり得なかった。彼は更にすすんで、アテナイを立派な国にし、アテナイ人をすぐれた国民にしたいと希っていた。すなわち国家のあるがままを愛しつつ、更にこれをよりよくしたいと思っていた。しかしながら、よきものとはいったい何であるか。人々は富や健康や美貌をよきものと考え、ここに幸福を見、国家に対しても、富国強兵というようなことを第一義とする。しなしながら、人間にとって、最も重要なのは精神である。精神がすぐれてよくなければ、富も力もかえって害をなし、人をも国をも不幸にするだけである。しかし人々は容易にこのことを忘れる。アテナイの帝国主義的発展は、かえってかかる危険を増大しつつあった。ここにおいてソクラテスは、アテナイが大きいために動作が鈍く、これを覚醒させるには虻《あぶ》の刺戟を必要とするような馬であって、自分は神によってまさにその刺戟のためにくくりつけられた者であると考えた。彼はアテナイ人に呼び掛けて、「精神をすぐれてよいものにするように心がけることだ。肉体や金銭のことを精神以上に心配してはいけない」と忠告し、「アテナイという偉大な都市、智力においても他の力においてもすぐれた栄誉を担っているところの都市、その都市の市民で君はありながら、いたずらに財貨の多からんことにのみ心を労し、名声や名誉にのみかかわって、思慮や真実をかえりみず、精神をできるだけよくすることに意も心も用いないでいるが、それを君は恥かしいとは思わないのか」と警告することを止めなかった。そして精神の向上、精神の卓越に人々を導くためには、精神の不足を感じさせるのが一番であると考えて、人々にこのことを思い知らせもした。しかし人々は、自己満足の夢が破られることを恐れ、ソクラテスの余計な世話を怒った。個人的には、アニュトスもメレトスも、かかる事柄に関してソクラテスに怨恨を抱く者であった。プラトンの『メノン』には、アニュトスとソクラテスとのかかる出会が描かれている。

ソクラテスが、このような仕事に使命感をもつようになったのは、特にその後半生においてなのであるが、それはちょうどペロポネソス戦争の時代であり、戦後の革命と混乱の時代であった。人心は険悪となり、寛容の徳は失われつつあった。ソクラテスの仕事が理解されないことは昔も今も変りはなかったが、昔はそれが実際の役に立たない無駄話と考えられる程度であったに反して、今はそれが危険なものと見られるに至った。無論、それは誤解である。ソクラテスはスパルタの長所を認めたからとて、それがために祖国を忘れるような人でなかったことは既に明らかである。またアルキビアデスやクリティアスは、ソクラテスの教えと全く無関係の人物である。そして既にソクラテスその人の実例によって見られたように、戦場と法廷とを問わず、ソクラテスが祖国に忠誠であったのは、その精神がすぐれていたからである。ソクラテスはかかる精神の徳の上に祖国の富強が築かれることをねがっていたのである。かかる徳によってのみ、愛国は戦場や法廷の局所のみに限られず、外的条件の偶然に支配されることのない、心からの行為となるのである。しかしアニュトスは、テミストクレスやペリクレスのような人もその子の徳育には成功しなかったという事実をソクラテスが問題としただけで、ソクラテスは祖国の偉人を誹謗して、青年たちに悪い影響を及ぼすと推断してしまったのである。アニュトスも一個の愛国者であった。彼は祖国のためにソクラテスの言論が危険であると考えたのである。しかし彼の判断は主観的で、個人的な好悪に支配されていた。のみならず、彼は自分の党派や自分たちの政治のほかに国家を見ることができなかった。メレトスに至っては、最も熱烈な愛国者であったかも知れない。しかしその熱烈さは、個人的怨恨の熱烈さであり、無智の産物であったのではないかとも疑われる。神社のような神聖な場所には、かえって罪人が逃げ込んだり、乞食が宿を取ったりする。私たちは愛国心のかげに悪徳が忍び込むことを自分自身に対して警戒しなければならない。『クリトン』において見られたように、ソクラテスは死の危険においても、私の利害を国家的利害のごとくに錯覚することはしなかった。私利私欲と知って、これを追求する人間はまだ救われる。それを国家のためであると信じ込む人間は、国の災であり、呪いである。このことを区別するためには、私たちはソクラテスと共に自己批判を厳にしなければならぬ。国を愛するということは、かくて容易とも見えるが、また容易ならぬことであるとも知られる。

（『学生叢書』一九四二年三月、発表中止）

公共体国家としてのポリス

一

時代は移るというのか、同じヨーロッパの歴史でも、古代と中世と近世では全く異なると思われるものが少なくない。古代ギリシアの都市国家（ポリス）というようなのもその一例で、そこには今日のヨーロッパの政治や文化につらなる多くのものが見出されると共に、また今日のヨーロッパ人には容易に理解し得ないような点も少なからず残されているように思われる。そのうちいわゆる義勇奉公の精神とか祖先崇拝の風習とかいうものは、むしろわが国のそれに近いものがあると思われる。従って、かの地の人々によって書かれたもののうちには、わが国を例に取ってそれらの諸点を説明するものも少なくなく、特に日露戦争後わが国が世界の人気者であった頃には、その傾向が著しかったように思われる。またこれに対して、わが国の学者中にもこれに気づいた者が少なくなかったらしい。フュステル・ド・クーランジュの名著『古代都市国家』は、古代都市国家のかかる特色を強調するものなのであるが、この著書は明治四十四年、大正八年それぞれ宮中御講書始めに進講書として選ばれ、進講者穂積八束《ほづみやつか》、穂積陳重《のぶしげ》の両博士は特に祖先崇拝の習俗に関して、わが国と上代ギリシア・ローマの法制道徳が全く同じであったことを強調し、八束博士のごときは、西洋にこの風習が失われたのは全然キリスト教の力によると断定している。

無論、今日の私たちは、クーランジュの語るところをそのまま取って、わが国の法制道徳と古代ギリシアの都市国家のそれとが全く同じであるというようなことを論ずるわけにはいかない。クーランジュの名著は今日もなお教えるところの多い書物ではあるが、しかしそれは古代都市国家成立の与件とも目すべきものを捉えて、これを都市国家そのものと混同するのきらいがあり、その主要命題は、今日の学問から見て、無条件に認め難いとされている。古今東西の歴史には、互いに相似したところもあり、また無論いろいろ異なるところもある。私たちの歴史的感覚は、同じと見えるものの中に異なりを発見し、異なると思われるものの間にも同一性を見出す。いわゆるわが国独特などと称する主張のうちには、東西の歴史や土俗を知らぬ無智の言論が少なくない。これと同じく、二三の類似点を捉えて、特定の国、特定の時代の歴史から、現代の歴史を類推したりするのも危険なことである。いわゆる歴史的教訓というものは、厳正な批判によって、何よりもまず歪められない歴史的事実に立脚し、それの特殊な条件や制約を明らかにした後に、これを学ぶべきであって、我田引水、自己の主張に都合のよいような教訓のみを引き出すのでは、私たちは幾度歴史をかえりみても、本当には何も学ばないことになるであろう。

二

いまから数年前、正確にいうと一九三九年に、アメリカで出版されたギリシア関係の書物のなかに、都市国家の説明にソヴィエット・ロシアを引き合いに出しているものがある。その大意を紹介すると、

「ギリシア人の古い国家観念に対応するものを現代に求めるとすれば、われわれは今日のロシアに行かなければならない。ロシアでは、ギリシアと同様、社会生活の統合が目《もく》ろまれ、一切の個人的活動は国家目的に従属せしめられている。そしてこれに伴う国家の統制は精神界にも及ぼされて、正しい政見はただ一つしかなく、これと異なる意見を抱くことは叛逆と見なされる。芸術や文学なども、ペリクレス時代のアテナイでもそうであったように、国家目的に奉仕しなければならない。つまりわれわれがソヴィエット・ロシアに見るところのものは、既に過去となってしまった原始的な政治的思想への奇妙な逆行である。しかし両者の間には重要な相違がある。それはロシ

アでは、国家が積極的にかかる思想を宣伝し、異端に対しては仮借なき闘争を行なっているに反し、スパルタやアテナイでは、国民大衆が国家の要望を始めから妥当なものとして受け容れ、少しもこれを疑うの余地なき忠誠と赤心とをもってこれを支持していたという事実に、最も明らかに示されている。このような差異の生ずるゆえんは、ギリシア都市国家（ポリス）の共同性というものは、歴史的諸条件の自然の産物であったけれども、現代ロシアの国家体制は革命の産物であって、その革命たる少数の空論家が国家大衆の上にその意志を強行しようとするものであった云々。」

　ロシアの政治がどういうものであるか、事実を私は知らない。またギリシア人の国家観念が果してすでに過去となった原始的な政治思想に過ぎないかどうか、私はこのアメリカの著者と必ずしも意見を同じくすることはできない。また革命が歴史的条件の自然の産物ではないかのごとき口吻に対して、恐らく疑義を挿む人も少なくないであろう。しかしそれらの問題には今は立ち入らないことにする。ただもしソヴィエットの政治や文化がこのようなものだとすると、それは古代都市国家の類例としてよりは、むしろ相違対照のために引用さるべきものではないかと思われる。

　ペリクレス時代のアテナイ人にとって、国家とは何であったろうか。それは何よりもまず彼等自身のものであった。彼等にとって家は夜ねるだけの場所であった。一日の大部分は戸外で過ごされる。彼等はいつでも皆といっしょにいる。議会に法廷に市場に劇場に、いつも顔なじみの連中ばかりである。私たちはアクロポリスの上にのこされたパルテノン神殿の美しさに驚異し、学者の説明によって、アテナイ市の心臓部ともいうべき、このアクロポリスの壮麗雄偉な昔の面影をしのぶ。しかしながら、アテナイ市民の私宅はいかなるものであったかを考える人は少ないであろう。その多くは泥を固めた粗末な小屋に過ぎなかったのである。アテナイ人にとっては、しかしながら、彼等の生活の主な場所は公共の場所であって、私宅ではなかったのである。公共の建物は、彼等の私宅よりも、もっと彼等自身のものに近かったのである。彼等の国家はちょうどこのような公共体であった。彼等自身のものであった。彼等の国家は、彼等の生活の外に超越して、彼等の外部から、彼等の直接理解し得ないような目的のために、彼等の生活に干渉し、彼等の犠牲を要求するようなものではなかった。それは彼等のうちに、彼等と共にあった。それは彼等自身であった。かくて彼等は、トゥキュディデスが記しているように、「国家のために我身をまるで赤の他人の身体のごとくに使役し、わが心意の奥底までも何か国家の役に立てようとする」ことができたのである。

三

私たちはギリシア人の国家が、何よりもまず公共体であったことを知らねばならぬ。この両者が一体をなすことは、事実において必ずしも普通ではない。いわゆる愛国心は熱烈であるが、公共心は乏しいという非難も、社会道徳が国民道徳に平行しないという歎声も、私たちにとって別に耳新しくはない。私たちは愛国心に訴えて、人々の公共心を呼び起そうとしている。しかしギリシア人にとって、愛国心はむしろ公共心の結果であると言うことができるであろう。都市国家というのは、今日の都市もそうであるように、何よりもまず公共体である。無論、古代の都市は近代の都会とは異なる。それは農業中心地であって、産業中心地ではない。朝夕に農業人口が郊外と都心を往復し、町中でも雞の声を聞くことができた。アテナイは大都会として発達し、商工業人口はペイライエウス港に副都市を形成したけれども、しかしアテナイそのものは農業都市たるの特色を失わなかった。アレクサンドレイアに比較すれば、アテナイは田舎町であったとも言える。ヘシオドスという詩人は農事賦『仕事と日々』のうちで、農民の生活には隣のよしみが大切であることを説いている。農業都市国家の公共心は、このような隣近所のつきあいから発達したものとも言える。アリストテレスが述べているように、ギリシア都市国家は村落の統合されたものなのである。しかしながら、隣近所はそのまま公共体ではない。隣近所に気がねしながらも、公共のことには全く無関心な人々を私たちは数多く知っているからである。世間というものが、隣近所や親戚交友の範囲を越えて、都市全体に及ぼされるためには、人々は祭礼や議事や競技や兵役などによって、互いに知り合わなければならない。南国の気候は人々を戸外に誘い、その政体は市民にいろいろな公務を割り当てた。アテナイなどでは、何人も選挙と抽籤によって、順番に政府の要人とならねばならなかった。公共の建物は彼等が不断の居場所となった。かくて、土地も建物も行事も人々も、彼等には親しいものとなり、共通のものとなった。公共性は彼等にとって抽象物ではなく、具体的な所与であった。彼等の国家意識はいわゆる民族意識などを基調とするものではなかった。それはかくのごとき公共心を基礎とするものであって、それが父祖伝来のものとなるに及んで、ますます鞏固を加えて来た。いわゆる祖先崇拝は必ずしも公共心と一つになるものではないが、公共心と結ぶことによって、国家意識を強めるに至ることは疑いない。彼等のうちには、氏族の祖先たちをもひとつの公共性にあずからせるような神話が生まれて来る。

四

しかしながら、古代都市国家のこのような公共性には、狭い限界があったことを知らなければならない。アリストテレスが理想国家成立の重要条件として、国が大き過ぎず、また小さ過ぎないことを挙げていることは周知の事実であるが、彼が国中の人間が選挙をしたり、裁判をしたりするのに、互いに知り合っていなければ不都合であるとして、国の大きさは容易に見渡しがきく程度のものでなければならないとしている。そして実際においても、ギリシア人の愛国心は、狭く限られた国土に結びつく、小国分立の地方的愛国心であった。ギリシアの神々は、彫刻や物語のうちに明確な輪郭を与えられて、既に個性的完成の域に達していたので、ついにその多神教的限界を脱することができなかったのであるが、ギリシア諸都市もまたそれぞれに明確な個性をもち、決して他の都市に混同されて、これと一体をなすようなことはなかった。ギリシア民族の大同団結が一部識者によって唱えられながらも、ついにそれが実現しなかったゆえんもそこにある。

　しかしながら、ギリシア都市国家は他方において、そのような限界に止まり得ない矛盾を含んでいた。人間欲望の複雑化と各種人口の増加とは、次第に小都市を大都市へと発展させていたからである。そしてそれら大人口の複雑な文化生活を維持するためには、もはや狭く限られた国土の産物だけでは不充分となって来るからである。プラトンは『理想国』のうちで、都市国家が自然の成行に委せておけば、そのいわゆる「最も必要なものだけの国家」から、各種の家具、副食物、香油、金銀象牙等の装飾品製造者や猟師、豚飼、絵師、音楽家、詩人、俳優、舞踏家、興行師、衣裳屋、召使、医師、職業軍人など、各種各様の職業人を含むいわゆる「奢侈国家」に推移しなければならないことを認め、これを適当に制限することによって、いわゆる理想国を建設しようとしている。プラトン晩年の作である『法律』においては、しかしながら、もっと極端な方法が考えられている。彼は都市国家の限界を厳重に守るため、人口を五千四十人に限定しなければならなかった。そしてその国家は純然たる農業国家として、生活は陸産物のみに依存し、造船、貿易、旅館、関税、鉱山、金融など、一切の商工業は取り除かれ、海外との自由交通も禁止される鎖国策が取られている。これは都市国家の限界を守ることがいかに絶望的であったかを示すものでなければならない。事実、彼は祖国アテナイの歴史的現実の逆を言っていたのである。

五

のみならず、このような都市国家の限界内においては、人々の生活は必ずしも安穏とは言われないようなものがあったのではないかと疑われる。人々はいずれも、公のことをわが身のことのように思って、うるさく世話をやき、誰でも国事を論じていた。いわゆる言論の自由は、彼等にあっては、公共性の保証であった。ところが、彼等の生活は、戸外的に公共的であって、いわば公私の区別がなく、文字通りの滅私奉公とでもいうべきか、人々はいずれもただ公人であった。従って、うるさく他人から批評されなければならなかった。誰でもが公の論議の対象となった。ギリシア喜劇や法廷弁論を今日から見ると、いわゆる私的（private）なことが公の問題となっているのに驚くことがある。しかし本来は、私的なことは存在しなかったのである。他人のことに立ち入っていろいろ質問するのは、今日では失礼だとされている。しかしギリシア文学のうちには、このような質問が数多く見出される。いずれにしても、これはうるさいことである。いわゆる近所づきあいのうるささからもこのことは想像される。異なるところは、蔭口と公言の相違だけである。ギリシア都市国家の公共性は農村の近所づきあいから発達したものであった。しかし隣近所がそのまま公共体ではなかった筈である。ペリクレスは有名な戦歿勇士追悼演説のなかで、自分たちの日常は互いに他人の生活を猜疑の眼で見るようなことからは自由であると述べて、隣人が好きなようにやっているのを立腹したり、ことさらに渋面を作ったりすることはない。自分たちは個人的な交渉において面倒を避けるけれども、しかし公生活において、違法の行ないをすることはない。一般の法律や政府の命令は無論のこと、特に虐げられた人々のために設けられた法律や、成文法にはなっていないが一般に恥辱と認められているような振舞については行ないをつつしむと語っている。私たちはここに公共というものがいわゆる隣近所から独立し、公私の区別が明らかにされているのを見ることができる。公共的というのは、隣人の生活におせっかいな個人的干渉をすることではなかったわけである。

しかしながら、ペリクレスの述べたような理想が事実となったにしても、公共のことをわがことのように思って誰でも口をきくとすると、意見が分れ、わが事をわが意のごとくになし得ぬ場合には、切歯扼腕して怒ることも生じて来る。プラトンは当時の国家体制を批評して、これは市民の協同体ではなくして、むしろ政争体（stasioteia）であると述べているが、私たちはギリシア・ローマの歴史が政争と内乱の歴史であることを知らねばならぬ。公共体は公共のものである。これを少数が私しても、多数が私しても、人々は許すべからざることとして、これと闘争しなければならなかった。民主制アテナイの市民たちにとっても「デモクラシーのために戦う」というような呼び掛けは、心の真底に触れるものではなかったであろう。それは少数者の暴力的独裁と同じように、ギリシア人の国家観念からは、何か不純なものとして感じられたのではないかと思われる。これに反して、彼等の公共物がいま外敵のために奪い取られようとしているとか、一部の者が公器を私しようとしているとか言われたなら、彼等は憤激して死をかえりみずに戦ったであろう。政争はひとつの災悪であるが、しかし彼等にあっては、それは活潑な国家的関心の現われでもあった。従って、ギリシア・ローマの歴史は政争の歴史であって、同時に海外発展の歴史であった。政争のうちに政治的才能はきたえられたのである。しかしこの海外発展が都市国家の終焉となった。古代史の謎は、小都市国家が全世界国家に発展した事実のうちにある。ローマはギリシアの都市に比べて個性的な輪郭を欠いている。ギリシアの神々がたちまちにローマの神々となることができたのもそのためである。自己の文化を固執して、そこから脱け出すことのできなかったギリシア都市は、ついに帝国（imperium）を建設することができなかった。そしてこの帝国の出現と共に、公共体と国家は分離し、国事は万人の討議を許さぬ超越物となり、広域支配の必要が生んだ絶対専制主義は、人々に政治的関心を失わせ、個人主義というようなものが思想史の上に本当の姿を現わすようになって来たのである。

（『中央公論』一九四二年九月二十三日、発表中止）

自由と独立

一

自由と独立とは一つのことなのであろうか。それとも区別されなければならないことなのであろうか。むかしギリシア人たちは、ポリスの独立と、ポリスの成員たる市民の自由とを、離すことの出来ないものと考えていたらしい。悲劇作家アイスキュロスが、ペルシア戦争に取材した作品『ペルシア人』(四〇二―四〇五)を見ると、祖国の興亡を賭けたサラミスの海戦において、アテナイの将士たちのために唱えられた言葉は、

いざ行け、ヘラスの子どもたちよ、行きて祖国の自由を守れ、
わが子、わが妻のために自由を守れ、
われらが祖先より伝えられし神々の社と

　われらが祖先の墳墓のために守れ、
　　いまこそすべてはこの一戦に賭けられた

というようなものであったと記されている。いわゆる自由のための戦いというものは、既にこの時において、アテナイの人たちが、このようなはっきりした言葉で語り、また考えることの出来た事柄なのであったと言うことが出来るであろう。そして彼等のいう自由も、漠然とした合言葉ではなくて、祖国が独立を失い、女子供たちがペルシア人の勝手な取扱いを受けるかも知れないという、さしせまった危険に対して、そのようなことがあってはならないという、具体的な意味をもっていたと言うことが出来るであろう。ギリシア人にとっては、自由は多くの場合、奴隷となって他の支配を受けるということの否定であった。ポリスの独立は、そのような自由の基本条件であって、またひろく自由という言葉で言いあらわすことの出来る事柄であったと考えられる。そしてペルシア戦争は、ギリシア人にとって、アテナイだけではなく、全ギリシアの自由のための戦いという意味をもっていたらしい。後のペロポネソス戦争において、アテナイが約三十年にわたる長期戦の末、ついにスパルタを盟主とするペロポネソス側に降服しなければならなかった時、同盟軍の諸国はアテナイの徹底的破壊を主張したけれども、スパルタはこれに賛成しないで、アテナイがペルシア戦争当時において、全ギリシアのために尽した功績を認めて、これを破壊から救ったと言われているが、アンドキデスという弁論家は、このことを後から次のような言葉で説明している。

「ラケダイモン（スパルタ）の人たちは、当時敵ではあったけれども、アテナイ市を破壊しないことにきめた。それはかつてのアテナイ人たちが、全ギリシアのために自由を守る指導的な働きをした、そのすぐれた働きによる」(Andocides, De mysteriis 142)

というのである。しかしこれによって見ると、自由という言葉は、民主主義国家だけでなく、スパルタのような国まで含む全ギリシアについても、その独立と非隷属を示すのに用いられたことが知られる。言葉の用法のみに拘泥するようであるが、これについては、また『ヘロドトス』（第一巻九五節）のうちにも、次のような興味ある用例が見出される。

「アッシリアの上部アジア支配が五百二十年に及んだ頃、メディア人がまず第一にアッシリアの支配から離脱することを始めた。彼等は何か勇敢な種族であったらしく、自由のためにアッシリアと戦い、奴隷的な束縛を振り捨てて、自由を獲得したのであった」

というのがそれである。ここでは自由のための戦いは、もはや民主主義のためでもなければ、またポリスの独立のためでもなく、いわば民族の独立のために、アッシリアの強大な帝国的支配から、メディア人たちが離反したという事実について語られているのである。かくてわれわれは、むかしのギリシア人たちが自由というものを、民族や国家の独立についても考えたということを、ひとつの事実として認めなければならないであろう。そしてわれわれは、そのギリシア人たちの心理を、必ずしも不可解とはなし得ないであろう。ひとつの国家社会が、他の国家社会によって外から支配されている限り、われわれは根本において奴隷の状態にあると言わなければならないからである。

二

しかしわれわれは、これを自由本来の意味と考えることは出来ない。国家や民族の独立は、われわれが自由であるための大切な条件であり、それだけで既にひとつの自由であるとも考えられるが、しかし本来の自由は、むしろそのような条件がみたされ、独立が得られた後においてはじめて期待すべきものであって、自由のための条件は、必ずしも自由を約束するものではないようにも考えられる。いわゆる独立国において、かえって全国民が奴隷化される場合も少なくないからである。否、そのような独裁専制の国は、また国際的にも勝手な行動をして、協調的でないことが多いけれども、それがかえって自主独立の観を呈することも少なくない。その意味においては、国家や民族の独立も、かえって専制政治の条件となり、外国の干渉が、かえって専制政治を妨げ、ある程度まで国内に自由を保つ原因になることも認めなければならないであろう。従ってわれわれは、独立が自由の条件になるということも、それ自体がまた条件的であることを知らねばならない。すなわちわれわれは、恐怖政治の下に奴隷的な労働を強いられるような結果になるのでは、自由のために独立をねがうことは出来ないわけである。われわれは国内においても、あくまで自由を守り、専制や独裁を排する限りにおいてのみ、また外国の干渉を排し、民族や国家の自由独立を主張することが出来る。

　この点、プラトンの第七書簡として伝えられているもののうちに、われわれにとっても興味のある提案がなされている。プラトンは年六十を過ぎてから、西方シケリア島のシュラクサイを中心とする、一大独裁帝国の政治改革に関係しなければならなくなる。それはこの独裁帝国を一代のうちに築き上げたディオニュシオスという者の義弟に、ディオンという人があって、その青年時代にたまたまシケリアを訪れたプラトンと識り合いになり、その教えに深く共鳴したが、その後二十年を経て、ディオニュシオスが死んだので、まだ若い後継者のディオニュシオス二世を動かして、政治上の理想を実現しようと思い、プラトンを助けに呼んだからである。この企ては、いろいろの波瀾があった後、ディオンの暗殺をもって挫折しなければならなかったが、その間およそ十四年というものは、プラトンにとっても苦難の年月であったと考えられる。この書簡は、ディオンの死後、その仲間の人たちに宛てて、自分の立場を説明すると共に、ディオンの志がどこにあったかを述べ、いろいろな忠告や提案を試みるものであった。そのうちにおいて彼は、シュラクサイが独裁国であることをやめて、全国民を自由の民としなければならないことを再三熱心に説いているのであるが、それはまた彼がディオンの政治改革に期待したところであったとして、ディオンの政策を次の如きものであったろうと説明している。

「私はディオンをたしかに知っているが、彼がもし政治を支配する地位についたとしたならば、その政治の様式は次のようなものに外ならなかったであろう。すなわちシュラクサイについては、まず彼のこの祖国を奴隷の状態から解放し、これを自由の政体に改めた後、その次には、あらゆる手段をつくして、適切最良の法律をもって、国民の生活を秩序づけ、更にそれにつづいて、全シケリアにギリシア人を居住させ、これをカルタゴ人の支配から自由にすることを熱心に実行したいと望んだであろう」

（三三五E—三三六A）

というのである。すなわちここでも自由という言葉は、全シケリアの独立ということに関して語られているのであるが、しかしそのためにはまず第一に、シュラクサイの政治が自由の政治に改められなければならないことを示しているのである。そして書簡の他の個所（三三四CD、三二四B）によって見るならば、プラトンの教えに従って、ディオンの志したところは、まず主としてこの自由な政治の確立にあったと考えなければならない。それは結局において、「独裁制の解体」（三二七A）を意味するものであった。われわれは民族や国家の独立が、国内におけるわれわれ自身の自由と一つでなければならないことを見たのであるが、それはまたプラトンがディオンとその仲間に、再三勧告し提案したことだったのである。

三

しかしながら、そのわれわれ自身の自由とはどのようなものであろうか。また自由の政治とは何であろうか。この点に関しては、われわれも、またむかしのギリシア人たちも、一応は同じ答をもっているということが出来るであろう。すなわちわれわれが自由であるというのは、われわれが何でも好きなことを言い、何でもしたいと思うことをすることが出来るということなのである。そしてこのような自由を、最大限度まで許す政治が民主政治にほかならないのである。ひとはプラトンの『理想国』第八巻（五五七B）を開いて、民主政治がちょうどこのようなものとして規定されているのを見るであろう。自由は民主政治の根本原理であって、言論の自由がなかったり、すべての行動が監視されていたりするようなところでは、どのような理窟をつけて見ても、民主主義を望むことは出来ないように思われる。デモクリトスの

「民主国で貧乏ぐらしをしている方が、王侯のもとで仕合せと呼ばれるような生活をしているよりも、はるかに望ましい。それは自由の人であるか、それとも奴隷であるかという相違なのである」(Fr. 251)

という言葉は、簡単明瞭にこの間の関係を明らかにしている。無論、われわれは貧困のために、身を売らなければならなかったような人たちの、悲しい身の上をいろいろに知っている。またそのような人たちの存在は、既にソロンの昔から、数多くの記録の上に明示されている。貧困のつらさは、われわれにむしろ奴隷の幸福をえらばせる。しかしそのような幸福は、恐らく個人的な例外に過ぎず、奴隷生活の大抵は、むしろ更に苛酷なものであると考えなければならないであろう。デモクリトスがわれわれの前に示している選択は、自由な貧乏ぐらしか、例外的な奴隷の幸福かという選択なのである。そしてむしろ貧困と自由を取るというのが、デモクリトスの解した自由と民主主義の精神なのであると考えられる。しかしそれは単なる理解のことではなく、ひとつの生活感情となって伝えられている、西欧の自由の精神なのかも知れない。自由は直接には貧困の問題を解決するものでは

ない。従ってわれわれは、いつもデモクリトスの選択の前に立たされていると言うことが出来るかも知れない。いろいろな料理や化粧品、さまざまな乗物や娯楽設備、そういうものがわれわれをいわゆる幸福な生活の幻想へと導く。しかしわれわれは、そのようなものとの引きかえに、われわれの自由と独立を売らなければならないかどうか。そこにデモクリトスの問題がある。またわれわれは、さしせまった貧困だけを唯一の問題のように考えて、それさえ解決すればという性急な気持から、われひと共に全員を恐しい奴隷工場へ売り渡そうとしたりする。ここにもまたデモクリトスの選択が問題になって来るわけである。自由をすてるか、貧困をまぬかれるか、どちらか一つを選ばねばならないような場合に、貧乏は我慢しても自由はすてないというのが、デモクリトスの選択の精神なのである。そしてわれわれは、不断にこのような選択の前に立たされているのであって、問題は決して時代後れにはなっていない。しかし人々は、問題の解決をいわゆる自由主義の成立に関する経済史的説明などにまかせて、自分たち自身の自由については少しも考えようとしない。先走りの好きな人たちは、むしろ身売りを急ぐのあまり、にせ予言者たちの言に従って、愚かな投機を試みようとしている。

　むかしのギリシア人は、彼らのいわゆるバルバロイについて、それらは生まれながらの奴隷であると信じていたらしい言葉をのこしている。われわれはこれをやや異なった意味において、あるいはわれわれ自身の真実なのではないかと、絶望的に疑うことがないではない。生まれつきは知らず、歴史の実際において、われわれは自由の伝統も精神も欠いているのではないか。彼らは既に二千年の昔において、ゼウスを自由の神（Zeus Eleutherios）として祭ることを知っていたし、ペルシア戦争にゆかりの地プラタイアイにおいては、自由祭（Eleutheria）が行なわれたこともある。いわゆる自由の女神（Libertas）も、既にロオマのフォルム（中央広場）に祭られていた。無論、これらは既に見られた自由独立の意味において、国家や民族の独立を守るものと考えられる。しかし自由の意味は、彼らにおいても、それだけに尽きるものではないことをわれわれは見た。アテナイ人たちは、彼らが独裁者たちに支配されていた時に、その一人を暗殺した二人の青年（ハルモディオスとアリストゲイトン）のために、後から立派な銅像を建てた。その模像品は現在もナポリの博物館に保存されている。彼らの暗殺は必ずしも政治的な動機でなされたとは信じられないのであるが、後になって彼らを自由の戦士とする伝説が有力になったためであろう。カエサルの暗殺に関係して「ブルトゥスよ、汝もまた」という悲痛の言葉を投げかけられたブルトゥスも、普通の考えでは、むしろ忘恩を責められなければならないのかも知れないが、後にはやはり自由の戦士として伝説される一面をもつようになっている。そしてこのような感情と伝説とは、このような社会が生んだ自由な学芸と共に、西ヨーロッパの世界に伝えられて、その文明の根幹を形づくったのである。フランス革命は、ひとつの新しい出来事であったに相違ないが、しかしまたギリシア・ロオマ以来の、このような自由の伝統につらなるものがあることも、見落されてはならないであろう。しかしわれわれには、そのような伝統はなかったと言わなければならないであろう。われわれには、むしろその反対の歴史があったとも考えられる。われわれは幾重にも束縛されていたのであって、現在においても、自由のためのわれわれの戦いは、これを守るためではなくて、むしろこれを獲得するためのものでなければならないと考えられる。われわれには、まだ自由の問題はなくて、ただ解放の問題があるばかりだと言われるかも知れない。しかしながら、果して自由の問題が、解放や独立の後までのばされてよいものなのかどうか、はなはだ疑問であると言わなければならない。もしわれわれが内心から自由を求めるのでなかったならば、そしていざという時に、われわれの知性と感情が、決然としてデモクリトスの選択に従うのでなかったならば、われわれは解放の見せかけにあざむかれて、単に一人の主人から他の主人に売り渡されるだけのことになるかも知れない。人々は四つの自由について聞かされても、何も理解することは出来なかったし、また何の感動も示し得なかった。奴隷にとっては、それはあまりに耳遠い話だったのかも知れない。現在においてもわれわれは、いろいろなよい贈物を、ただおどかしに用いるだけで、それらに対して実際は何の理解も、また情熱ももっていないのではないか。われわれは自由をわれわれ自身で学ばなければならないのであって、よその自由を歴史教科書のうちに読んだだけで、もうそれを卒業したように考えてはならないであろう。

四

しかしながら、自由が何であるかということは、必ずしも簡単に解ける問題ではないと考えられる。ヨーロッパの思想史をかえりみるならば、それはむしろいわゆる自由意志の問題などに関係して、形而上学や神学の問題と深いつながりをもつものであることが思い出されるであろう。われわれは国家や民族の自由独立が、それだけでは自由の条件に過ぎないのであって、まだ自由として完全なものではないことを見た。われわれはそのような独立国のうちにおいて、われわれの言論が原則的に自由であることや、われわれが自己の良心に反した行為を強制されないということを要求するであろう。もしこのような自由が得られないならば、民族の独立も国家の独立も、それだけでは何の意味もないと言わなければならない。しかしながら、われわれの市民的自由も、また国民的自由も、単に禁止されないとか、束縛されないとかいうだけでは、「ない」の自由、すなわち消極的自由に過ぎないのであって、われわれはこれに対して積極的な自由というものを考えなければならない。われわれは何でも言い、何でもすることが出来るとしても、われわれはなおその上に、何を言い、何をなすべきかを考えなければならないのであって、このことがむしろわれわれにとって、一番大切なことになると見なければならない。何でも出来るということは、何かをするための条件に過ぎないのであって、それだけで満足すべきものではない。何でも出来るという可能的自由は、いよいよ何かをすることによって、ひとつの現実的自由に変えられる。そしてこのような現実的自由の内容をなすものが、つまりさきの消極的自由に対する積極性なのである。いわゆる政治的自由、あるいは国民的自由というものは、このような積極的自由の大切な条件をなすものと考えなければならないけれども、しかしそれだけでは積極的自由を準備するだけで、ひとつの可能性に止まると言わなければならない。国家社会がわれわれに与えることの出来るものは、この消極的自由に止まるのであって、これを積極化し、これに現実的内容を与えるものは、われわれ自身のはたらきでなければならない。このようにわれわれ自身がはたらき、われわれ自身が実現し、われわれ自身が附加するところのもの、まさにこのものを得てはじめて、われわれの自由は完成するのである。そしてこのような完成のために、われわれは単に外部から束縛されないというような、消極的な自由をもつだけでなく、われわれ自身がわれわれ自身において自由でなければならない。それは政治的自由の外面性に対して、ひとつの内面的自由と考えられるであろう。またそれは消極的自由の所与性（与えられてあるという性質）に対して、その自発性を区別することが出来るであろう。そしてわれわれは、このような自発性の根拠をたずねて、形而上学的な問題に立ち入らねばならなくなる。

しかしながら、今はこのような問題に深く立ち入る場合ではないであろう。ただわれわれは、このような自由についても、先入見なしに考える努力をしたいと思う。つまりそのようにして、自分でものを考える前に、早くも一方的な偏見の奴隷となるというようなことが、われわれ自身における自由の喪失にほかならないからである。いったいわれわれ自身の自由とは何であろうか。さきにわれわれは、それを何でも好きなことを言い、何でもしたいと思うことをすることが出来るということだと答えた。そしてそれがプラトンの考えた、民主政治というものの根本原理であったということものべておいた。しかしこれが果してわれわれ自身の自由であるかどうか、今は疑問であると言わなければならない。メナンドロス劇のなかから取られた言葉で、

「どうかわれわれの願い通りになるのではなくて、私のためになるように」

というのがあるが、ヘラクレイトスもまた

「人間にとって、何でも望み通りになるということは、あまりよいことではない」

（一一〇）

というようなことを言っている。われわれはその時その時の気持で、いろいろなことを考えるけれども、それをそのまま言ったり、行なったりしたらどうであろうか。われわれはそれによって、かえってわれわれが少しも望まなかったような、逆の結果を得ることが少なくないであろう。われわれはそれぞれの場合において、何かを成就しようと望んでおり、全般的には、人生の幸福を願っていると言うことが出来るかも知れないが、気ままの言行によっては、かえって成就すべきものを成就し得ず、気まぐれから、かえって不幸を招くことも少なくはない。プラトンの『ゴルギアス』（四六六DE以下）には、ソクラテスのパラドクスとして、「思い通りにしても、望み通りにしたことにはならない」ということが、問答法によって面白く展開されているが、これもまたわれわれが、思い通りにして行って、かえってわれわれの少しも望まなかった結果を得るという、日常の生活事実をよく見て言われたことだと考えられる。このような矛盾は、いったいどうして起こるのであろうか。それはわれわれが、本来望んでいるものを見あやまるからであって、自ら欺く無知の結果であると考えられる。そして自分が自分に欺かれる、その状態こそ不自由にほかならないのである。われわれは何でも言い、何でも行なうの、消極的可能的自由をもっている。しかしわれわれの実際の言行においては、われわれは不明に蔽われ、自分自身は少しも自由ではなく、自分は自分に欺かれ、束縛されていたことが、そこに暴露されているわけである。真の自由は、何でも言い、何でも行なうことが出来ても、敢えて言わず、敢えて行なわないところに、かえって成立する場合が少なくない。つまり何でも行なうことが出来るという、可能的自由は、そのまま何でも好きなことを言ったり、行なったりしたところで、それだけでは積極的な自由の実現にはならないのである。むしろ何を言い、何を言わないか、何を行ない何を行なわないかという、選択決定において自由が成り立つのであって、何でも言い、何でも行なうことが出来るという可能性は、このような自由のための前提条件たるに過ぎない。いわゆる消極的自由は、自由そのものではなくて、自由の条件であると言わなければならない。

五

それではわれわれは、実際の言行において、どのような場合に自由だと言われるのであろうか。われわれはいま、われわれ自身の不自由が、われわれの思うままと、われわれの本来の希望との矛盾のうちに、実際的に示されるのを見た。それはつまりわれわれが、自己を失って、感情や欲望や偏見の奴隷となっているからである。われわれは無明に蔽われ、無知と盲目によって、われわれが現に何を言い、何をしているのか、自分自身が分からない状態にあるからなのである。このように自分が自分に欺かれているということ、これこそれわれがわれわれ自身において不自由であるということにほかならないのであって、その束縛も決定的であると考えられる。また従ってわれわれの自由も、われわれがこのような情欲や偏見によって支配されずに、自分が自分を支配するところに成立つと言わなければならない。すなわち真の自由は、かえって克己的であり、節制がすなわち自由であるとも考えられる。そしてこのような自由においてはじめて、われわれは偏見や情欲のために盲目となることなく、自分が現に何を言い、何をしているか、はっきりと知ることが出来るであろう。その限りにおいて、われわれ自身の自由は自覚をもつと言うことが出来るであろう。しかしわれわれは、自己を知るだけでなく、また他をも知る。われわれは自分の言行が、究極において望まれているものに対して、いかなる意味をもつかと考えることなしには、自分が何を言い、何をしているのか、はっきり知ることは出来ないからである。すなわちわれわれ自身の自由は、われわれのすべての言行を、このような知識にもとづかせ、われわれの生活を知性に従えることにほかならないと考えられる。そしてこのようなものが、ソクラテス以来、トマス・アクイナスにおいても、デカルトにおいても、またヘーゲルにおいても、それぞれの仕方で見出される、真の自由の原理なのであると考えられる。それは自由の古典的な概念であると言ってもよいかも知れない。そしてこのような克己と自覚の自由において、われわれが自己自身の主となる時、われわれは知性の立場に立っているのであって、われわれ自身が本来において知性であることを自覚しなければならなくなるであろう。

しかしながら、このような自由の原理は、要するに内面的な自由のことであって、はじめにわれわれが問題としていた、国民的自由や政治的自由とは、何の関係もないと考えられるかも知れない。しかし果してそうであろうか。われわれは既に、このいわゆる内面的自由なしには、外から与えられた自由は、それだけでは自由の条件たるに止まり、自由としては満足なものではないことを見た。のみならず、かの政治的自由も、われわれが見たような、何でも言い、何でもすることが出来るというかたちでは、単なる可能性に止まり、現実には成り立たないことが知られるであろう。なぜならば、各人が実際にこのような自由を行使したならば、それは到るところにおいて、人と人との衝突（bellum omnium contra omnes）を引き起こし、その結果は兇悪な腕力家が勝利を占めて、多くの善良な人たちが、その圧制の下に自由を失い、全くの奴隷になってしまうと考えなければならないからである。そしてそのような圧制でも、多くの人々にとっては、たがいに闘争しているよりも、むしろ助けになると考えられるであろう。社会的動物としての人類にとっては、たがいに助け合うことなしには、単なる生存も困難となるからである。従ってわれわれは、実際の社会生活では、何でも好きなことを言ったり、したりすることは出来ない。われわれは法律や習慣や礼儀の許す範囲内において、われわれの好きなことを言ったり、行なったりすることが出来るだけである。これはひとつの束縛であり、自由の制限であるとも考えられる。しかしわれわれは、殺人や放火が許されないことをもって、これを自由の制限であり、束縛であると呼ばなければならないであろうか。ここにおいてもわれわれは、われわれの言いたいと思うこと、したいと思うことを、そのまま言ったり、したりすることによって、われわれの自由が現実になるのではなかったことを、あらためて思い出してみなければならない。われわれの自由は、何を言い、何をなすべきかを、偏見や情欲に支配されないで、われわれの究極の目的からする明察にもとづいて、選択決定するところに成立したのである。われわれは自由が克己であり、節制であるのを見た。それは社会全体についても、同じように考えられてよいのではないか。社会を破壊や混乱から守り、すべての人に生活を保証し、出来れば、これを常によりよい生活に導くためには、われわれは社会の現実と、これを改善するに必要な手段と条件について、偏見や利欲に目を奪われることなく、充分に検討し、その正確な知識にもとづいて、われわれが何をなし、何をなすべきでないかを決定しなければならない。そしてわれわれのそのような努力を妨げ、すべての人々が究極において求めているところのものから、人々を遠ざけるような、無知や気ぐれや我ままにもとづく言行は、強くこれを制限しなければならないであろう。われわれは病気の流行を防ぎ、人々の災悪を少なくするためには、衛生や防火のことなどに関して、厳重な強制を行なわなければならない。これに対して人権や自由を云々するのは、ほとんど無意味である。一部の人たちの利欲追求が、他の人々を不幸にし、その生活を困難にするとしたならば、われわれはその利欲追求を適当に制限したり、また時には禁止しなければならないであろう。青少年の教育のためにも、一般の風教のためにも、低級愚劣な演劇や文芸は、容赦なく禁圧されなければならない。われわれはプラトンに倣って、その関係者を国外に追放することも出来る。それらはいずれも、われわれ自身の自由のためになされなければならないことなのである。われわれの自由は、われわれの生活が知性の指導の下に、確実な知識にもとづいて、人間として可能な限りの、最もよい生活へと進んで行くところに、一歩一歩実現されて行くのである。従ってもし社会主義が、いくぶんでもこのような条件にかなう点をもっているならば、その限りにおいては、われわれの自由は、かえって社会主義社会において実現されるとも言われるであろう。この意味においては、自由と社会主義とは必ずしも矛盾するものではないとも考えられる。

六

しかしながら、このような自由の概念は、また専制政治の哲学的基礎づけにも用いられるということを、われわれは事実として認めなければならない。御用学者たちは、苛酷な専制政治を、それは善政を目的としていると言って、神聖化しようとした。すべての独裁者は、つねに独善家なのであって、彼らは自己の信ずるよき生活に向かって、他の人々を導いているのであると信じているかも知れない。偏見の支配が、時には知性の支配の如くに見えることもある。社会主義というようなものも、よりよい生活を保証する試みとして、多くの人々からいろいろの希望を寄せられているけれども、それは要するに条件的なものであって、社会主義社会がすなわち理想社会であるというようなことを意味するものではない。経済上の平等は、法律上の平等と並んで、われわれの社会生活をよりよくするための、大切な条件であると考えられる。しかしながら、それだけではよい政治の前提にもなれば、また悪政の前提ともなり得るものであることを知らねばならぬ。誰も監獄部屋のなかで、平等の食物を分けてもらったところで、それを幸福な生活とは呼ばないであろう。資本家による搾取が止んだからといって、われわれがあらゆる搾取から解放されたことになるかどうかは、歴史観のアプリオリな論証だけでは解決されないであろう。またもしわれわれが何らかの仕方で、あらゆる搾取から解放されたとしても、それが直ちにわれわれの幸福となるかどうかは分からない。なぜなら、そのような解放は、われわれのよき生活のために、たしかに大切な条件をみたすものと考えられるけれども、それはしかし一つの条件であって、唯一の条件ではないからである。ましてわれわれは、一つの条件に過ぎないものを、究極の目的と混同するようなことは許されないわけである。これは民族や国家の独立が、自由の大切な条件ではあるが、自由そのものと混同されてはならないのと同じことである。あらゆる手段と条件は、究極の目的に照らして吟味されなければならない。それは既にわれわれが、自由の原理を明らかにした時に、学ばねばならなかったことなのである。

かくてわれわれは、自由の制限がかえって自由の実現であり得ることを見たのではあるが、しかしそのことは無論、すべての制限がそのまま自由であるというようなことを意味するものではない。端的に言えば、制限はそのままでは、自由ではないのである。従ってわれわれは、兇悪な独裁政治家たちの御用をつとめないためには、自由の制限が、いかなる場合には自由の実現であり、いかなる場合には圧制であるかを、出来るだけ厳格に区別しなければならない。無論、われわれは既に、それが万人の幸福のためになされているかどうかを、区別しなければならなかった。しかしながら、悪辣な政治家は、いつもそのような名目を掲げることを忘れないし、独裁家たちは、独善的に、そのようなことを信じているかも知れない。極端な言い方をすれば、すべての人は、何らかの意味において、幸福な生活やよき生活を求めているから、その点においては、すぐに一致が見出されるかも知れない。しかし何がよき生活であり、いかにして幸福に至るかということになると、意見も一致しなくなるし、誰も分からないようなことになる。実際また、誰にもすぐ分かるのなら、人間はこんなに多く、こんなに永く不幸ではなかったはずである。それを知ることこそ、われわれの第一の仕事であると考えられるけれども、われわれは誰もよく知らないのである。ただいろいろな不幸に教えられて、あれこれと試みるだけなのである。われわれの自由の努力も、このような試みに過ぎないとも考えられる。われわれは自由の制限が、確実な知識と知性の指導の下になされねばならないことをのべたが、しかしそのような確実な知識は問題であり、われわれが知性の立場に立つというようなことは、一個の理想に止まるとも考えられる。

して見ると、われわれはいつも、いつわりの善を信じて、圧制を試みる危険にあると言わなければならない。われわれが真の自由と信じているものは、根本において、つねに問題であることを知らねばならぬ。あやまり多い人間として、われわれがそのような過誤から救われる唯一の途は、われわれがつねに誤り得ることを忘れないでいることである。われわれはいかなる試みをも、つねに試みとして理解し、これをドグマや絶対的真理にしてはならないのである。しかしこれは別にむずかしいことではなく、誰でも本当に学問を愛する人は、このような心がけを知っているはずなのである。われわれが学問探求者として、つねに痛感することは、われわれに間違いが少なくなく、われわれの知らないことが大へん多いということである。このためにわれわれは、何度でも事実を確かめ、その事実を説明するための理論を、何度でも考え直し、必要に応じて、これを修正することも、また廃棄することも躊躇しないのである。無論、われわれはいつも出発点に止まっているのではなく、あらゆる試みを大胆に行ない、いろいろな帰結を徹底的に追求するのであるが、根本的な心がまえとしては、それらに拘泥せずに、いつでも自由に他の考えを試み得る、精神の自由もしくは思想の自由をもっているのである。これがつまり科学的精神というものであって、にせ科学の主張者のみが、自己主張を固執して、これこそ科学的真理であるなどと宣伝する。かくてまた自由の原理も、われわれがわれわれ自身を知性の立場において、われわれの全生活を、その知性のみちびきに従って、絶えず向上させて行くところに認められたけれども、それはそれぞれの場合のわれわれ自身を直ちに知性そのものとすることではなくて、むしろ根本における知性との一致を求めて、つねに思想の自由と科学的精神を守って生きて行くことにほかならなかったのである。従って、政治的自由の実現においても、われわれは厳しい制限の下に、つねに思想の自由を求め、学問の自由をたずねなければならない。どのような政策も、自由に検討され、公然と批評されるところにおいてのみ、統制や限定が自由の実現となり得るのである。これに反して、政治が科学を支配し、と言うべきである。なぜなら、既に見られた自由の概念に従って考えるならば、知性や科学の指示に政治家が従うのではなくて、かえってその偏見と利欲が知性を支配しようとするのでは、もはや自由は考えられないからである。無論、すぐれた政治家はあらゆるものを、国民生活の向上のために利用し得る才能をもっているし、学者もまた国民の一人として、それを助けなければならない。利用能力の貧しい、あわれな政治家のみが、自分で用い方を知らないために、敵方によって利用されるようになるすべてのものを敵視しようとする。しかしながら、科学から期待したり、支配したりすることではない。それは法律によって神々を支配したり、天体に命令したりするのと同じ愚挙である。従って、政治が科学を支配するなどということは、事実上不可能だったのである。そのような試みは、ただ生活に知性が失われて、愚昧がこれを支配するだけのことなのである。政治指導者が刑罰を受けるのは当然であるが、そのために犠牲となり、終始苦しまねばならぬ大多数の不幸を思えば、学者はどんなにしても、自己自身において、思想と学問の自由を守り、決して知性を失ってはならない。まことに思想の自由こそ、あらゆる他の自由の核心であって、この自由が失われているところには、いかなる解放もあり得ないのである。

七

無論しかしながらこのことは、他の自由はなくとも、思想の自由さえあればよいということを意味するのではない。それは内心の自由だけで足れりとする、一種のストア主義となる。われわれのあらゆる自由は、内心の自由あるいは思想の自由を始源としなければならないのであって、それがなければ、他のいかなる解放も自由もあり得ないということは、以上においてわれわれの見たところである。しかしながら、始源が始源に止まっては、始源としての意味もないことになるであろう。思想と学問の自由を守り、知性を失わないことは、学者の義務であるけれども、学者だけがこのような自由を守っていても、社会全般にわたって、生活が知性の指導に従い、真の自由がそこに実現されるということは、容易に望まれぬことであるとも考えられる。しかし多くの人たちの幸福のためには、是非ともそのような自由が実現されなければならないのである。そのためには、学問の自由が政治の中心となり、思想の自由が社会の隅々にまで行き渡り、各人が自由な心で知性の言葉に耳を傾け、よろこんで公私の生活を知性の支配にゆだねるようにならねばならない。言論の自由はわれわれのために、つねに比較的正しい途を指示し、われわれもまた説得にもとづいて、その指示によろこんで服するようになるであろう。これはプラトンが政治的節制と呼んで、正義の国家社会が成立するための大切な条件と考えたことなのである。無論そのような政治的節制が行なわれるためには、われわれは多くの準備をしなければならない。その点は、世の批評家たちの注意を待つまでもないのである。例えばそのためには、われわれは教育の普及というようなことを考えなければならないであろうし、またそのためには経済上の余裕を一般化しなければならないであろう。われわれは既に、自由実現のための条件となるものを、いろいろと見て来たのである。われわれはそれらの条件を満足させるために、出来るだけの努力をしなければならない。しかしながら、これらの条件はそれらだけでは、また奴隷化や専制政治の条件にもなり得るものであったから、これらの絶対化を警戒し、甘言にあざむかれて、自他を簡単に売り渡すことのないようにしなければならない。そのためには、あくまでも自由の精神を守り、政治的自由や経済的平等も、この自由を実現する手段として、自由への情熱に生気づけられ、自由のための戦いを通して推し進められるようにしなければならぬ。自由は決して自由の条件がみたされた後に始まるのではない。むしろ自由はそれらの始源として、既に始まっているのである。また人類の解放も、何らかの政権獲得の後にはじめて約束されるようなものではない。自由のための戦いは今も、またこれからも、いかなる革命の後においても、またいかなる革命的党派に対しても、人間のうちに愚昧と偏見と利欲が支配する傾向の存する限り、つねにこれらに対して戦われるであろう。現実の自由の精神は、このような戦いのうちに、また抵抗のうちに、最もよく生かされると言うことが出来る。無論これは単なる反社会的言動、あるいは反政府闘争などを言うのではない。いつも反対する者は、いつも賛成する人間と同じように不自由な、党派の奴隷に過ぎない。われわれが戦わなければならないのは、むしろこのような奴隷根性に対してである。そのためにはわれわれは、また集団的脅威に対しても、決して屈服してはならない。街道の雲助を増長させるような気弱さは、多数の人々を不幸に泣かせる、恐るべき圧制を生むであろう。

かくてまた、われわれが国家と民族の独立を求めるのも、このような自由の精神においてであって、それは政治的自由の要求と別のものではない。このことは既に一応は見られたのであるが、自由の意味がいくらか深化された今において、もう一度考え直してみるのも無駄ではないであろう。すなわちわれわれは、かの何でも言い、何でも行ない得るの自由が、真の自由の実現においては、かえって制限されるのを見た。民族や国家の独立においても、同じことが言われるのではないだろうか。しばしば独裁主義諸国は、世界の輿論にそむいて、国内における圧制を強行するために、国家の独立や内政不干渉を唱えて来た。しかしそのような独立は、支配者が国内において、勝手に非道を行なうの自由であって、われわれはこのような自由や独立を決して認めることは出来ない。むしろ世界の輿論が、これに干渉して、その国民を圧制から解放することに、自由と独立を認めなければならないであろう。しかしわれわれが国家や民族に対して、その独立や自由を制限しなければならない場合は、これだけには止まらないであろう。いわゆる国家的利己主義や、民族的利己主義の主張は、たといそれが民主主義国家のものであっても、偏見や利欲に支配されている限り、そのまま認めることは出来ない。われわれは他国の犠牲によって、自国のみの繁栄を計るようなことは、たといその実力があったとしても、よく節制克己して、これを避けなければならぬ。しかしまた他国が、彼らだけの打算に従って、われわれをいつまでも低位に束縛しておこうとするのであるならば、たといわれわれは微力であったとしても、世界の輿論に訴えて、われわれの自由と独立を主張しなければならない。いまや時代は、世界的な見地に立って、諸国家の独立と自由を制限すべき時になっていると思われる。もしこのような国際的正義が確立されないなら、われわれはなお今後においても戦争の脅威にさらされ、世界は軍事的な征服によってのみ一体化されるような、悲しむべき結果を見ることになるであろう。そのようなことを避けるためには、われわれは内外にわたって、節制的自由を守らなければならない。しかし現実は必ずしも楽観を許さない。このうちに一点の光明を保つためには、われわれは真の自由の精神において、思想と学問の自由を守らなければならない。愚昧の支配するところ、そこには暗黒時代が訪れるであろう。

（『世界』一九四七年四月号）

III 政治的関心

理想国家について

一

理想国家とは何か。もし人々の想像するところを、言葉に直して言うとすれば、それは自分に都合のよい国家、そこで自分が幸福に暮せる国というような意味をもつであろう。それは理想の夫、理想の妻、理想の家、あるいは理想的な何々などと言う時に、人々が思い浮かべるものと、大体は同じであると言うことが出来る。試みに、理想の夫について、誰かの胸中を聞いてみるとしよう。彼らはまずさしさわりのないところで、たよりになる人、たのもしい人を求めるであろう。しかし、たのもしい人とは何なのか。誠実な人と答えるのは、そう骨の折れることではない。しかし、それだけでよいのか。もし病弱な人であるとしたら、何時まで頼りにして行けるのか、前途が不安ではないか。無論、健康であることが望ましいと答えなければならない。しかし、健康だけでよいのか。才能がなくてもよいのか。困難の多い世の中に処して行くのに、才能のない人では心細く、たよりないことになりはしないか。せめていくらかの財産があればまだしもである。正直に言えば、誰しも貧乏はきらいなのである。そして欲をいえば、門地が高いとか、家柄がよいとか、何か既に社会の有力者たることを約束されているのも有難いことである。しかしまだそれだけでは満足出来ないものがある。出来るなら、趣味の分かる人、教養の高い人であってほしい。容貌もそう悪くなく、身体つきもしっかりして、男らしい人がよい。そしてまたやさしいところのある人、自分だけを愛してくれる人だったら、どんなにいいだろう。

私たちは、このようにして、もしこれを虫のよい希望だといって、冷笑したり、嘲弄したりしなければ、理想の夫について、まだまだいろいろなことを聞き出せるであろう。しかし、このような理想について、語るのは無論、聞くことも何か気はずかしい感じがしないではない。しかし私たちは、もし人間のことで何か本当のことを考えようとするならば、いわゆる虫のよい話や甘い希望でも、ひとが一番に言いたく思っていながら、しかもなかなか言い出せないでいるようなことがらを、まず第一に注意して、いつもこれを勘定にいれて考えるようにしなければならない。理想国家というと、すぐに道義とか、文化とか言わなければならないように考えられている。しかし、この問題について、十巻十二巻という、長いものを二つも書かねばならなかったプラトンは、どうしたら一番よい生活が出来るかという問題と、どうしたら一番よい国家が出来るかという問題とを、いつも同じ一つの問題だと考えていたのである。妻を幸福にしてくれるのが理想の夫だとすれば、私たちすべてを幸福にしてくれる国家がすなわち理想国家なのであろう。そこでは食物の心配は何もないだろう。私たちは行きたいところへ行き、見たいものを見ることが出来るだろう。私たちはあらゆる贅沢を註文し、空には音楽を響かせ、花園には花を咲かせるであろう。もし出来るなら、そのユートピアに、あらゆる善美を尽そうではないか。しかしよほどの想像力と甘い希望とをもちつづけるのでなければ、それは容易なことではあるまい。これを冷笑し去る力がはるかに安易である。しかしそのような冷笑は、精神的エネルギーの貧困を告白するだけではないか。私たちは私たち自身の胸底を探って、自分が何を考え、何を欲しているかを正視し、これを大胆自由に言いあらわさなければならない。ソクラテスが対話の相手に、「言え、言え」といって、求めていたのは、まさにこのことだったのである。そして言論の自由を楽しみながら、あらゆることを言うことが出来たところに、ギリシア哲学の健全性が見られるのである。

二

かくて私たちは、理想国家の問題を、幸福論の一面として取り扱うことが出来るであろう。ひとは何によって幸福になることが出来るであろうか。富や健康や名誉や才能など、およそひとの羨むようなものを一身に集めることが出来るなら、というのが通俗の一致した答であろう。それらは私たちに、あらゆる欲望の満足を与えてくれるであろうと考えられるからである。そしてこのような私たちの幸福に、あらゆる便宜を計ってくれる国が、すなわち理想国家なのであると考えられる。それはどんな国でなければならないであろうか。私たちは細部にわたって、いろいろ贅沢な註文を出すことは出来るけれども、それがどんな国家組織をもたねばならないのか、甘い空想の範囲では、何とも急にはきめられない。自分の幸福のために、あらゆる便宜を計ってくれるなら、絶対専制の国でもかまわないわけである。なぜなら、もし自分が絶対専制君主になれるなら、専制君主国家こそ私たちの理想国だとも考えられるからである。私たちの幸福の希望は、多くの場合、無邪気に利己的である。ひとの羨むような生活を人々は夢想している。幸福の願望のうちには、ひとよりも沢山とること、あるいは自分だけに独占することなどが、むしろ当然期待されている。もし余分にとること（プレオネクシアー）が不正だとすれば、幸福を希う者は、ひそかに不正をねがっているのである。もし刑罰や後難の懼《おそ》れがないならば、ひとは幸福のために、正義をかえりみないであろう。すなわちもし私たちが、絶対専制君主となるならば、全国を自分の所有と化し、あらゆるよきものを自己に独占するため、他の者どもを押しのけ、ほしいままにこれを殺したり、追い出したりすることが出来るであろう。しかもその不正によって、自分は罰せられずに、かえって相手の方が、罪名を負わされるであろう。専制君主として、先制国に君臨することこそ、幸福の極致であるとも考えられる。むかしマケドニアにアルケラオスという王があった。彼は先王ペルディッカスの子ではあったが、その母はペルディッカスの兄弟アルケテスの奴隷に過ぎなかったから、正統の王位継承者たるべき者ではなかった。しかし彼は、王位継承の好餌をもって、アルケテス父子を招き寄せ、その酩酊に乗じてこれを殺し、さらにペルディッカスの正嫡の子で、わずか七歳の童子であった者を、井に陥れて殺し、これを過失死のごとく言いつくろって、その母を欺き、ほかに人がないため、マケドニアの王位に即くことを得たのであると言われている。またリュディア王室の先祖に当たる、ギュゲスという者については、次のような奇怪な話が伝えられている。彼はもと国王に召使われている、賤しい牧夫に過ぎなかった。ある年、豪雨についで地震があり、たまたま彼が牧畜していたところに、大きな地割れが出来たので、好奇心にかられて、その中へ入って行ってみると、銅製の馬が見つかった。内部に開く口があったので、なかを覗いて見ると、屍体があって、手に金の指輪を嵌めていたから、それを取って、外に出て来た。たまたま牧夫の集まりがあって、彼も出席したが、嵌めて行った指輪をいじっていて、石のはまっているところを内部に向けたら、自分の姿が急に見えなくなってしまったらしく、仲間の者たちが自分をいない者のように言っていることから、指輪に姿をかくす魔力のあることを知った。そこで彼は、国王に牧畜事情を報告する一員となって、都に上り、指輪を利用して、王城に忍び入り、王妃を犯し、これと協力して、国王を弑し、ついに国王の位に即いたというのである。もし絶対専制君主たることが、幸福の極致だとするならば、私たちもまた、このような指輪を見つけた時、果してギュゲスの如くに振舞わないであろうか。

三

しかしながら、専制君主たることが、果して幸福の極致であろうか。むかしのギリシア人にとって、ペルシア王は絶対君主の代表的なものであった。そして古代の幸福論が好んで取り扱った論題のひとつは、ペルシア王は幸福なりやというのであった。デモクリトスが、「自分にとっては、ペルシア王の地位を手に入れるよりも、何か一つものの理由を明らかにする発見のある方が、むしろ望ましい」と言ったのは、このような幸福論議を念頭においてのことであったろうと思われる。まことに、ペルシア王は、通俗的幸福観念の権化ともいうべきものであって、人々がひそかに夢想している幸福のすべては、ペルシア王としての生活のうちに具現されていると考えなければならないであろう。そしてペルシア王として君臨する時、ペルシア国こそ理想国家でなければならない。しかしながら、幾重もの城壁と衛兵とに囲まれた、その生活が果して幸福であろうか。プラトンは王者の孤独な生活を、牧童の山住いにも比すべきものであると語っている。すべての者がペルシア王たることを希っているとすれば、王の地位は決して安全ではないであろう。機会さえあれば、万人がアルケラオスたらんとし、ギュゲスたらんとしているからである。古来、絶対専制君主のうち、何人が正気であり得、何人が非業の最期を免れ得たであろうか。しかしひとは、幸福になるために、そんなに多くのものを必要とするのであろうか。ひとは天下を取らなければ、幸福にはなれないのであろうか。

ヘロドトスを読んだことのある者は、ソロンとリュディア王クロイソスとの会見の一節を忘れることは出来ないであろう。ギュゲスの末裔たるクロイソスは、アテナイの立法者で、七賢人の随一といわれるソロンが、外遊の途次、リュディアの都サルディスを訪れた時、これを客として迎え、一日その家来に命じて、ソロンを宝蔵に案内させ、自己の富を誇示したのであった。そしてちょうどよい折を見て、あなたはひろく世界を見てこられたようであるが、あなたがこれまでに会われた人間のうちで、誰を一番幸福だと思われたかとたずねるのであった。彼は人々から幸福を羨まれたばかりでなく、自分でも自分を至福者と信じていたからである。しかしソロンの答は意外であった。なぜなら、彼はアテナイの平凡な一市民、テロスの名を挙げて、この者がそれであろうと答えたからである。何でテロスが至福者なのかといえば、それもまた平凡な理由によるのであった。すなわちテロスは、国運隆昌の時にあい、立派な子供を授かり、孫が生まれて、丈夫に育つのを見、最後に、エレウシスでの戦争に出征して、祖国防衛のために戦い、大いに敵を破って、名誉の戦死をとげたというのである。クロイソスは、幸福の第一位を断念して、その第二位を期待し、それでは、テロスの次に幸福だと思われる者は誰かとたずねたが、その答もまた予期に反したので、怫然《ふつぜん》色をなし、あなたはわたしのところの幸福を敢えて無視しようとするのかと詰め寄った。これに対してソロンは、人生の無常を説き、ひとは長い間に、見たくないことを見、経験したくないことを経験しなければならないとて、ソポクレスの傑作『オイディプス』の終幕にもうたわれている、最期の日の見きわめを待たずに、何人をも幸福とはいうまい、とする自己の人生観を語るのであるが、クロイソスはこれを理解せず、ソロンを噂ほどもない馬鹿者であると考えて、そのまま別れてしまう。しかし後になって、彼はソロンの教訓が真実であったことを思い知らねばならなかった。彼の国はペルシア軍の侵入にあい、都は占領され、彼自身は捕虜となり、ペルシア王キュロスの面前に引かれて行って、火炙りの刑に処せられようとしたのである。その時、彼はソロンの言葉を思い出し、ソロンの名を三度呼んだ。その真実のひびきは、勇猛キュロスの胸をうたずにはおかぬものがあったのであろう、キュロスは聞きとがめて、その仔細を問い、その訳を知るに及んで、自分もまた同様の人間であることを覚り、クロイソスの刑を中止させ、かえってこれを客友として優遇したということである。

四

絶対専制君主は果して幸福なりや。私たちはソロンと共に、その幸福を疑わなければならない。テロスの例は、私たちが幸福に生きるのに、それほど多くのものが必要なのではないことを示している。世の多くのよきものは、それをもたぬ時には、それさえあればきっと幸福になれるのに、それがないばかりに、こんなみじめな思いをするのだと考えられるけれども、いざそれを手に入れてみれば、何のことはなくて、満腹後に食いあらされた食卓を見るが如く、私たちは幸福をどこかに見失って、こんなはずはなかったと思うだけである。贅沢奢侈の生活の唯中において、かく絶望する時、ひとはこのような生活を渇望した昔を、むしろ幸福だと感ずるであろう。自分だけ余計に分前を取ったり、自分にすべてを独占したりしてみても、ひとは所有だけで幸福になれるのではない。贅沢がすなわち幸福なのではない。幸福には、外から取るばかりでなく、自分の方から持ち出さなければならない、何ものかが入用なのである。そしてそのようなものを自分にもっていれば、外から取る所有は、いかに少なくとも、ひとは充分幸福になれるのではないか。エピクロスの快楽主義は、胃袋中心の快楽主義として、反対派から嘲られたのであるが、彼は食後の満足感をもって、人生最上のものと考え、その他の虚偽の欲望によって欺かれることを戒めたのである。すなわち無用の妄想によって心を乱されることがなければ、何人もこの満足に与《あず》かることが出来るのであって、私たちは何も人より余計の分前を取るために、無駄な苦労をするには及ばないのである。もし私たちがエピクロスと同じように、まずしいわずかの食物で満足するならば、私たちを幸福にしてくれる理想国家は、既に私たちの足下にあると言わなければならない。

　否、私たちは、そもそも理想国家などというものを必要とするであろうか。幸福は外物によるのではなく、私たち自身の力によるのである。このことをアンティステネスは、幸福には、徳だけで足りるという命題で言いあらわした。徳はすなわちそのような力なのである。かくて、彼の弟子であるディオゲネスは、アレクサンドロス大王から、「何かいるものはないか」と問われて、「何もいらない」と答えなければならなかった。ひとは自分のもっている徳だけで幸福になれる。アレクサンドロスの世界的大帝国も、これに対して何の寄与も出来ないのである。ディオゲネスは、一枚の衣と一袋の食糧だけで生活して、世間の人はペルシア王の幸福を羨むけれども、幸福はそんなところにあるのではないことを、身をもって示していたのである。そしてこの犬儒派の考え方が、またストア派の考え方となった。もし私たちが何ごとにも動じない、強い心をもつならば、浮世の有為転変に、心の痛むこともなく、私たちは不幸を知らないであろう。貧乏が不幸なのではなく、貧乏を辛いと思うから、私たちは不幸なのである。富も名誉も健康も美貌も欲しいといって得られるものではなく、偶然の気まぐれによって、あるいは与えられ、あるいは取り去られるのである。そんなものを当にしていては、私たちの生活はいつも不安で、始終不幸に泣かなければならないであろう。私たちは自分でどうにもならないような、そんな外物については、はじめから何の望みも抱かず、ただ自分の心を見つめて、それが外から乱されることのないように、修養工夫すればよいのである。花は紅、柳は緑、明鏡止水の如き心に流転の世界をそのまま写して、しかも何ものにも執着せず、来る者は拒まず、去る者は追わず、悠々自適すれば、日々好日、人生の幸福はそこに極まるとも考えられるであろう。

五

しかしながら、ストア主義の幸福論に対しては、アリストテレス学派が、早くから疑問を出していた。いかに有徳の人といえども、悪政の下に暮さなければならないとしたら、その幸福は完全ではないであろう。自分の住む社会のよしあしは、哲人の好日にも、晴天の曇日の如き影響をもつであろう。もし私たちが、悪政の下に、あるいは獄舎につながれ、あるいは拷問に掛けられるとしたら、どうであろうか。またもし妻子ある身が、家族の侮辱され、虐殺されるのを見なければならなかったとしたら、どうであろうか。私たちの幸福は、これらの不正を冷然と眺めることにおいて、その極致に達するのであろうか。かくの如き幸福のためには、ひとは尋常の心をすてなければならない。何人がこのような修行に堪え得るであろうか。しかも自分はよく平安の心を保ち得たとしても、それは自分だけのことであって、彼が平然としていたところで、妻子の不幸は救われないであろう。無論、妻子などをもつのが、そもそも間違いかも知れない。私たちは孤独に徹し、外界には眼を閉じて、何ごとも見て見ぬふりをしていればよいのかも知れない。しかし、そんな我慢に精力を傾けるよりも、何かもっと簡単な救いの途はないのであろうか。眼を閉じて、悪臭を我慢するよりも、立ち上って窓を開くとか、戸口から外へ出るとかする方が、もっと簡単な解決になるであろう。精神主義には、この種の気軽さが欠けている。それは始めから絶望してしまう。そして自分自身の孤独のうちに立て籠ろうとする。しかし私たちに、絶対の孤独は果して可能であろうか。アリストテレスは、それを人間のことではないと考えた。

　なるほど、もし私たちが、ディオゲネスのように、一切の欲望を節して、出来るだけ、何もいらないように生活するとしたならば、私たちは他人に依存することが少なく、私たち自身の独立を最大限度に保つことが出来るであろう。しかしながら、その独立には限度があって、私たちは社会から全く孤立して、生活することの出来る者ではないことを知らなければならない。ディオゲネスは、何もいらないと言ったけれども、それでも一枚の衣と一袋の食糧は必要だったのである。それは最小必要限度の生活であったかも知れない。しかし、その最小必要限度の生活必需品を通じて、彼は全社会に結びつけられているのである。なぜなら、その衣服と食糧を、彼はどこから得て来たのであろうか。彼はそれを自分で作ったのであろうか。たとえ自分でそれを作ったとしても、衣服の原料と工具はどこから来たのであろうか。その製法は誰に学んだのであろうか。何の種子を誰の土地に蒔き、耕作の農具をどこから手に入れ、耕作法を誰から学んだのであろうか。そして私たちは工具の製作や原料の入手についても、また同じような質問を繰りかえさなければならないであろう。すなわちディオゲネスの簡易生活といえども、これを維持するには、数多くの他人の手を必要とするのである。私たち人間は、誰も自給自足の出来る者ではなく、生きて行く限りは、人手を借りなければならないのである。孤独は人間の生きる途ではなく、互いに助け合うのが、人間自然の本性であると言わなければならない。そしてそこに私たちが、国家社会のうちに生きなければならないゆえんのものがあるのであろう。この故にアリストテレスは、人間を社会的動物であると言い、生まれつき国家社会を知らない者は、人間以上の者であるか、あるいは人間以下の者であると説いたのである。無論、神に似ることを求めたディオゲネスは、出来るだけ他人に依存しないように努めたし、孤独を哲学者の徳と考える者は、ニイチェと共に、アリストテレスのいう例外的な場合を、哲学者のために考えようとするであろう。しかし要するに、それは例外であり、人間生活の極限的な場合なのである。

六

かくて私たちは、私たち自身の幸福のために、再び理想国家を求めることの出来る立場に帰って来たわけである。しかし私たちはもはや、私たちが君臨すべき、絶対専制の国を求めるのではない。ペルシア王は、すべてを自己に独占し、犬儒派の哲人は、何もいらないと言った。彼らは国家を全く無用とするか、あるいはこれを私有化せんとした。彼らは自分だけ幸福になろうとしているのである。しかし私たち人間は、互いに助け合って、幸福を共有する方がむしろ自然なのではないか。すなわち私たちを幸福にしてくれるはずの理想国家は、何か私たちの共有するところのものでなければならない。それはいかなる国家であろうか。既に見られたように、私たちの幸福願望には、他人よりも余計に取り、出来れば、自分だけに独占しようとする、不正の要求がある。そしてこの要求を徹底する時、私たちは絶対専制君主となって、すべてを自己に独占するよりほかはない。それは他人を不幸にしても、自分だけは幸福になろうとする途である。正直のところ、これは万人の心にひそむ要求なのかも知れない。しかし経験の教えるところでは、ひとはこの行き方によって、幸福になるよりも、不幸になる方がむしろはるかに多い。すべての人がペルシア王の地位を望んでいるが、ペルシア王には一人しかなれないからである。しかもペルシア王の地位は、決して安全ではなかったのである。すべてを独占する者は一人しかなく、余計に取る者は、余計に取られる者よりもはるかに少ないから、少数のいわゆる幸福者は、不平不満の多数不幸者に対して、いつも警戒をゆるめることが出来ず、疑心暗鬼に驚かされねばならないであろう。

かくて私たちは、人間の本性に従って、幸福を共有しようと思うならば、自分だけ余計に取るという、不正のやり方を断念しなければならない。私たちが共有すべき理想国家は、誰も余計な分前を取ろうとしない、正義公平の国でなければならない。実をいえば、私たちの共同生活は、たとい盗人の団体であっても、公正を基調としなければ、永きにわたって存続することが出来ないのであって、人間には誰にも、余計に取りたい欲と並んで、平等の分前を要求し、不公平を憤る心があるものなのである。ギリシア人はこれをネメシスと呼んだが、もとは余計に取りたい心と異なるものではないかも知れない。しかし原理的には、そこから違ったものが生じて来る。すなわち一方は、弱肉強食の無政府状態か、あるいは絶対専制政治を生むであろうが、他方からは、互いに制し合って、何とか公平を保とうとする、一種の共同体国家が生まれて来るであろう。無論、公平も微妙な一面をもっていて、それの実現は必ずしも容易ではない。異なった体力の者に、同じ重量を負担させるのは、決して公平ではないであろう。自力によって、もっと余計に取ることが出来ると信ずる強者は、世のいわゆる正義をむしろ不正と感じなければならないであろう。ギリシアの昔から、世俗の道徳を否定して、自然の正義を高唱する声は、なお依然として絶えないのである。事実、正義が凡俗の嫉妬と怨恨の別名にほかならないところでは、正義の国の風景はむしろ憂鬱で、私たちはそこに理想国の魅力を少しも感じないであろう。正義がいつも余分の所有を取り上げようとする、司直の形を取り、峻厳な刑罰となって発動するだけだとしたら、正義の国はいかにも寒々とした国だと言わなければならない。しかしながら、正義がただ正義としてあるだけで、私たちを少しも幸福にしてくれないならば、それは無意味の正義だと言わなければならない。プラトンは、そのような正義を否定して、正義はひとを幸福にするものでなければならないと考えた。すなわち私たちは、むしろ不幸の平等を望むが如き、復讐の正義ではなく、理想国の建設原理として、もっと明るい立法的な正義を考えなければならない。

七

それでは、私たちがそこにおいて幸福を共有すべき、理想国家の建設原理は何なのであろうか。否、理想国家における、正義の役割は何なのであろうか。簡単にいえば、誰でも正直に暮していれば、きっと幸福になれるような国が、すなわち理想国家なのである。これに反して、ストア派の哲人のような強い心をもたなければ、誰も幸福にはなれないような国は、最悪の国と言わなければならない。無論、正直に暮すということも決して容易なことではないと言われるであろう。しかし正直が困難だというのは、その国が不正の国だからという意味をもっている。正義の国においては、正直は哲人だけの徳ではなく、万人の近づき得る徳となっているのである。無論、徳というからには、決して容易なものではない。少なくとも私たちは、胸底にひそむ、余計に取りたいという強欲には負けないだけの、克己心をもっていなければならない。しかし、このような克己心は、安易に得られるものではないにしても、なお万人の近づき得る徳なのであって、必ずしも哲学的修行を要しないのである。そしてその故に、幸福もまた、この途による限り、万人に解放され、万人に共有され得るのである。しかし、正直にしていれば、誰でも幸福になれるという政治、誰でも容易に正直になれるという政治、それはなかなかの難物であって、人類の最高の知性が、そのような政治体制をつくり出すために、最強の政治力と協力しなければ、その実現はほとんど不可能であろう。しかし私たちは、一朝にしてではないにしても、永い人類の歴史のうちに、もし政治の進歩を認めることが出来るならば、必ずしも前途を絶望するには及ばないであろう。私たちはそのような進歩を認めることが出来るであろうか。

私たちはこのことについて、まず私たちの国家が私たちの作り出した人為物であることを認めなければならない。それは自然に対する、いわゆる文化なのである。しかし両者の対立を、文化は不自然なもの、反自然的なものという意味に解してはならないであろう。人間が自然の本性において、自給自足の出来ない者であり、互いに他人の手を借りなければならない者である以上、家族をなし、同族相扶《たす》け、隣保相依り、村をなし町をつくり、国家社会のうちに住むようになるのは、もとより自然であると言わなければならない。アリストテレスも、人間は生まれつき——自然の本性において——国家社会を必要とする動物であることを主張しているのである。しかしながら、人間が家をつくるのも、蜘蛛が巣をつくるのも、ひとしく自然ではあるが、しかしそのつくり方が違う。蜘蛛は本能によって、はじめから完全な巣をつくり、後から改良工夫する余地をのこさないように思われるが、人間は技術によって家をつくり、技術の改良進歩に従って、家のつくり方をいくらでも変えて行くことが出来る。プロメテウス伝説によれば、人間は裸身裸足、わが身を養い、わが身を護るのに、何ら有利の武器も身につけないで、この世に生まれて来てから、そのままでは直ちに滅亡するより外はなかったのであるが、プロメテウスが火と共に技術を、ヘパイストスとアテナのところから盗んで来て人間に与えたので、人間は衣食住のすべてを、自分で工夫し、自分でつくって生きて行かねばならないことになったのだということである。つまり、技術によってものをつくるのが、人間の自然なのである。従って、いわゆる機械文明は、人間にとって最も自然のものなのである。それは技術進歩の極致をなしているからである。同様にして、私たちの国家もまた、私たちの自然の本性にもとづいてつくられ、進歩改良の余地を多分にもつものなのである。それは家族や村落などの、他の社会よりもいっそう人為的であると思われるが、それだけかえって人間的にいっそう自然なのである。

八

国家のこの人為性については、昔のギリシア人の方が、私たちよりもいっそうはっきり知っていたように思われる。彼らは彼らの都市国家がつくられたものであることを、建国説話によって教えられていたし、彼らの同時代にも、新しい都市国家が続々建設されて、その国民となる者が各地から募集され、新しい国法を定めるために、知名の学者が招かれて行くのを見なければならなかったからである。プラトンは、単なるユートピアを描いたのではなく、このような世界に生きて、どんな都市国家が一番よいかを、実際問題として真面目に考えていたのである。彼の学校アカデメイアは、立法の相談に応じて、学員を数多く実社会に送り出していたとも言われる。すなわち国家の人為性は、国家が立法をもって始まり、法律の上に組織されるに及んで、最も明らかに見られると言わなければならない。法律（ノモス）は、人為の代表的なものとして、昔から自然（ピュシス）に対立させられていたからである。デモクリトスは真実にあるのはアトムと空間だけで、色とか味とかいうものは、人間だけの約束（ノモス）として存在するに過ぎないと主張した。しかし既に見られたように、文化は不自然なものではなくて、かえって人間的に最も自然のものなのである。この意味において、法治国家は他の社会よりも人間的であって、会社組織のような国家の方が家族国家よりももっと自然であり、人間的であると言わなければならない。家族や民族の血によって、暗黙のうちにつながるよりも、明瞭な意識をもって、よく前後の利害得失を考えた上で、はっきりした約束によって結ばれる方が、知性と技術を特質にもつ、人間自然の天性によりよく適合するからである。

　それはとにかく、歴史上、国家は既にいろいろな変遷を経ている。私たちはいつも同じような国家を、蝸牛の殻のように身につけているわけではない。君主制、貴族制、民主制、独裁制などの生起消滅については、プラトン以来、既に多くの議論がなされている。国家は私たちのつくったものであるから、いろいろにつくり変えられたのである。そして新しい体制が工夫されると、それは他によって模倣され、いろいろな制度や法律が外国から輸入され、学得される場合も少なくない。それは他の学問や生産技術の場合と全く同じである。国家はもと私たちが生存する必要から生まれ、私たちの生活をよりよくするために存在するのだと、アリストテレスはのべている。人為物としての国家は、互いに他人の手を借りなければならない私たちが、どうしたら一番よく生活出来るかの、ひとつの工夫としてつくったものだと言うことが出来る。そしてその工夫が、永い歴史の間に、経験として蓄積され、今日においては、技術に転化されていると言ってよいであろう。否、プラトンの昔から、政治は技術として考えられて来たのである。そしていろいろな工夫改良が考案されて来たのである。従って私たちは、正直に暮していれば、誰でも幸福になれるような政治を、政治技術の工夫に委任することが出来るわけなのである。

九

無論私たちは、なおいろいろな困難がそこに伏在することを忘れてはならないであろう。

個人的な欲望や家族的な利害が、また民族的な感情が、私たちの計算を狂わせ、私たちの工夫を無にする場合も決して少なくはないのである。国際関係の合理化が、民族感情の抵抗に出会って、いかなる困難を経験しなければならなかったか。また例えば、東ヨーロッパにおける、諸小国関係がいかに複雑なものであるか。私たちはいろいろな場合を思い出すことが出来る。そして一国の立法についても、私たちはプラトンと共に、「人間は誰も何の立法者でもないのだ。むしろ偶然のまわりあわせが、いろいろ様々にあらわれて、私たちのすべてを、あらゆる仕方で立法しているのだ。すなわち何か戦争でも起これば、国家組織の変革や法律の変更が余儀なくされるし、またあるいは貧困の絶望的状態によっても同様の変化が生ずるであろう。また悪疫が流行して、病人が出たり、何年もの永い間、気候不順が続いただけでも、革新が必然となる。従って、これらのすべてを予見する者は、死すべき定めの人間が何かの立法者となることは誰も出来ないのであって、人間のことはほとんどすべてが偶然であるという、過激の主張に傾くことであろう」と見なければならない。しかしながら、困難は果して絶望的なものであろうか。難病や難航や難戦において、私たちはほとんど人力の限界に達する。恐らくそこにおいて私たちを救うのは、偶然だけかも知れない。しかし偶然に助けられるためにも、私たちは出来るだけの手を尽さなければならない。はじめから絶望して、万事を偶然にまかせたのでは、助かるはずの者まで殺してしまわなければならないであろう。今日の技術の進歩は、あらゆる困難と戦った先覚者たちの、不撓不屈の努力の賜物なのである。理想国家の実現についても、私たちは困難を忘れてはならないが、また絶望してもならないであろう。私たちは人間の知性と技術をもっと信じてよいのである。

しかし私たちは、技術がいかに進歩しても、それが悪用されたのでは、不幸はかえって大きいことを知っている。政治技術は、大衆を組織し、動員して、能率的に働かせることにおいて、既にいろいろ研究され、非常な進歩をとげているものと見られる。宣伝技術だけでも大へんなものである。これが悪用されて、偏見を吹込まれた国民が、邪悪な目的のために、強力に動員されるとしたら、その結果はどうであろうか。プラトンはトラシュマコスをして、すべての法律は支配的勢力の利益のためにのみ存在するものであることを主張させている。完備した政治組織は、国民を搾取して、一部一党派の利益のみに奉仕する、一種精巧の機関と化しはしないであろうか。私たちはその危険を否定することは出来ない。しかしながら、いかなる技術も、悪用の危険があるとはいえ、そのために技術そのものを否定することは出来ない。悪用は必然ではないからである。否、ためになる知識、役に立つ知識としての技術は、本来また善に奉仕するの意味をもっているのである。生産技術の進歩は、政治の欠陥にも拘わらず、大体においては、人類の福祉に貢献して来たし、今もまた貢献しようとしている。私たちは同様のことを、政治技術の進歩にも期待してよいであろう。社会の合理化が進む時、人間はそういつまでも騙されてはいないであろう。

一〇

しかしそれにしても、技術の進歩は、人間相互の協力に待たなければならぬ。私たちは他国の先例を学ぶと共に、自分たちでも、どうしたらよいかを真面目に考えて行かねばならない。そのような考案に、私たちの最高の知性が、相協力して働かなければならない。プラトンが、哲学と政治の結合がなければ、人類の救いは不可能であるとして、哲学者に協力の義務を課したのは、まさにこの故であったと思われる。そしておよそ知識ある者は、自己の思うところを、敢えて言うの勇気をもたなければならない。人々は有識者のいろいろな発言によって啓発され、よき判断力を養うようになるであろう。大衆の多くは、ひろく遠く見ることが出来ず、意見の発表においても、よく言うことが出来ないけれども、しかしなおよく判断することが出来るであろう。そしてこの判断力に、政治の進歩は依存しているのである。彼らにいろいろな場合を知らせ、遠き未来を考えさせるのは、そのような能力をもつ知識人の仕事でなければならない。発案し、発言せよ。それが理想国家建設のために、欠くことの出来ない、知識人の大切な任務なのである。これまでのいわゆる知識人は、自己のこの任務を知らずに、いわれなき劣弱感に溺れ、知識階級排斥の暴論にさえ雷同していた。しかし生産技術の進歩に最も必要だったのは、究理考案する科学者だったのである。理想国家の実現も、政治の進歩も、どうしたらよいかを徹底的に考えてくれる、一種の技術者がなくては不可能である。ユートピアは笑うべき空想ではない。それを考えつづけることは、常人の及ばぬところである。私たちはそのような考案と思索に感謝し、これを尊敬しなければならない。

それにしても、私たちが徹底的に考えなければならない根本の問題は、何が人生の幸福かということである。私たちは幸福の共有を語り、誰でも正直に暮していれば、幸福になれる国が理想国家なのだと規定した。幸福が何であるかは自明であり、既知の事柄であるかのようである。しかし私たちは、まだそれについて何も明らかにはしていないのである。ただ私たちは、贅沢がすなわち幸福なのではないと知っただけである。産業革命以来の生産技術の進歩は、少しばかりの政治的工夫で、ある程度の贅沢を万人に許すだけの、生産力を既に開発しているのである。しかし、贅沢の共有がすなわち幸福の共有なのではなく、それだけで理想国家が成るとは言われないのである。私たちは理想国家だけで幸福にしてもらうのではなく、私たち自身の力によって幸福になるのでなければならない。理想国家は、私たちのそのような努力を助けて、いろいろな便宜を計ってくれるだけなのである。

その助力はむしろ教育的なものだと言わなければならないであろう。もし一人の哲学者が徳によって幸福であるとしたら、その徳を万人に共有させる方途が、国家によって工夫されなければならない。自分ひとりで幸福になれる人と、どうしたら幸福になれるか分からない人々と、この両方を結びつける仕事が、国家にのこされた教育の仕事なのである。しかし哲学者は、それらの仕事をひろい意味の教育啓蒙家に任せて、万人の志向する幸福の本質が何であり、正直がいかにして幸福への道となるかを、大胆自由に考えなければならない。それは哲学の根本問題であると共に、理想国家実現のための先決問題ともなるわけなのである。しかし人々は、閑人のこの種白日夢を理解し得るであろうか。それに何らかの意味を容認し得るであろうか。無論、哲学者はいかなる悪政の下にも、ディオゲネスの如く生き、大胆自由に考えることをやめないであろう。人々の無理解も政治の暗黒も、思想の自由を放棄する口実にはならない。しかし、この種閑人の純粋思惟にも、寛容の微笑を送る人々を見るのが、恐らくユートピアの一風景なのではないか。

（『人間』一九四六年三月号）

自主性の問題

一

『アンナ・カレニナ』の書き出しに、幸福な家族というものは、どれも似ているが、不幸な家庭は、それぞれに違った仕方で不幸であるというような意味のことが言われていたかと思う。プラトンもこれと同じ意味のことを、よきものは唯一種であるが、あしきものは無限に多いという言葉で言いあらわしている。そして唯一つの理想国に対して、不完全な国家は無限にいろいろあるとしながら、その代表的なものとして、武断政治、金権政治、愚民政治、独裁政治の四つを挙げて、これを批判している。われわれがこの数年間に経験した不幸は、あしき政治というものが、いかなるものであるかを現実に教えたということが出来るであろう。そして今その不幸と失政との原因が、いろいろに議論されている。君主制をはじめ、わが国のこれまでの政治上の習わしが、それぞれ批判の的にされ、簡単な結論を必要とする政論家たちはその一つを取って、これに百悪の根源を見ようとしている。

しかしながら、原因はそのように簡単であるかどうか。歴史家トゥキュディデスは、古代ギリシアの世界大戦ともいうべき、かのペロポネソス戦争の渦中にあって、つぶさに戦争と内乱の不幸を経験したのであるが、このような出来事は、それの人間的な側面に関する限り、いつかまた起こるかも知れないから、それの真相をはっきり知っておきたいと思う人たちのために、何か役立つものをのこしたいとねがい、そのペロポネソス戦争記を、一時の喝采をかち得るための語りものとしてではなく、人類永遠の所得に加えようとして書いたということを、自分自身で明言することが出来たのである。この度の世界大戦を、われわれはそれぞれの仕方で体験したのである。われわれはあらゆる邪悪と不幸を見たといってもよいかも知れない。われわれはこれをわれわれだけの経験に止めないで、後代の人たちのために何か役立てる工夫をしなければならない。政治哲学と社会科学のためには、ほとんど無限に複雑豊富な材料が与えられている。もしわれわれがこれらについて自由にまた徹底的に考えることが出来るなら、われわれの不幸な経験をもって、やがて人類の幸福に寄与し得るが如き、何か実質的な知見のいくらかを購い得たであろう。しかしもしわれわれが、そのような努力を嫌って、事後論理による安易な哲学的基礎づけや、一方的政論への附和雷同をもって満足しているならば、われわれの犠牲も全くの無駄になってしまうであろう。あしき政治は武断政治の代りに、民主制をもって来れば、たちまちのうちに解消してしまうような、そんな簡単なものではない。君主制も民主制も、人間の工夫したものであり、人間の組織である限りにおいて、人間的な弱点をもち、いろいろな悪政の可能性をもっている。二三の国の歴史は、いわゆる民主制の成功を実証しているかのようである。しかしそれらの成功が何に由来するかは、単なる国家体制の外形のみによっては理解されないであろう。われわれは過去の悪政の主要な原因となっていると思われるものから、出来るだけ早く、また根本的に脱却しなければならない。またわれわれに提供されている政治方式が、比較的危険の少ないものとして、既に試験ずみであるならば、われわれはそれがわれわれに与えられたことを、ひとつの好運と考えて、出来るだけ上手にそれを使いこなす工夫をしなければならない。しかしこれを使用するためには、われわれは自主性をもたなければならない。しかしわれわれにとって、自主性とはいったい何なのか。恐らく人はかく疑うであろう。

二

もしも民主制なるものが、敗戦の結果われわれに課せられた刑罰であって、それの採用はわれわれにとって、ただの苦しい義務の履行に過ぎないならば、われわれにとって有意味なのは、その義務履行の行為だけであって、それはあるいは一個の厳粛な道徳的行為としての意味をもつかも知れないが、民主制そのものは別に何の値打もないことになるであろう。われわれはただおつとめに、それを採用しているに過ぎない。一般に行為や実践だけを絶対化して、何のために何をするのかは敢えて問おうとしないのが、いわゆる形式主義、精神主義の倫理なのであって、彼らは何でも割り当てられたものを受けいれて、それへ行為を合わせることに、われわれの道徳を限ろうとする。その結果は、兵士が上官の命令に従って、内心の苦痛を忍びながらも、悪逆の行ないをするのが、かえって至高の道徳的行為ともなるであろう。かくてまた人々が民主政治について語るのを聞いても、結局はそれの実施が神聖な義務であるというに止まり、それ以上は何も考えようとはしないかのようである。すなわち降伏条件履行の義務を離れては、民主制そのものに何の意味もないかのようである。パラドクスのかたちで言えば、民主制の採用は有意味であるが、民主制そのものは無意味であるということになる。そしてこの無価値なものが、厳粛な義務感から、神聖化の余光を受けるというわけである。生真面目な顔つきをしなければ、何ごとについても語り得ない道義的思想家の好みには、ちょうどまたお誂えむきであると言わなければならない。しかし彼らのその厳粛なポーズが、「またかの戦争をも神聖化したのではなかったか。われわれは、しかしそのような神聖観念から解放されなければならない。

無論、国民としては国法を守り、兵士としては上官の命に従い、めいめいが自分の本分をつくすということは、国制の如何を問わず、どこの国でも要求される大切なことだと言わなければならない。もしも兵士が上官の命に従わないとすれば、作戦を計画通りに行なうことが不可能となり、多くの場合、それは戦局を不利に導き、ひいては敗北をもたらし、国民を不幸に泣かせることになるかも知れないからである。無論、兵士が上官の命令に従わなかったために、かえって戦局が有利に展開するという場合もあり得る。しかしそれは偶然なのであって、われわれはそのようなまぐれ当りを期待して、兵士の不服従を一般に認めることは出来ない。それは計画もなしに、出鱈目に作戦することにほかならない。そのようなやり方は極めて危険であって、兵士をもまた国民をも、不必要に死地へ追いこむ結果ともなるであろう。すなわち兵士は上官の命令に従わなければならない。しかし形式主義や精神主義の倫理では、このような考え方は功利的であるとして軽蔑し、排斥される。上官の命令は、それだけで絶対神聖なものとされ、無条件にこれに服従しなければならないということだけが強調される。それがどんな不幸を生むかは、既に今日われわれがいろいろと思い知らされていることなのである。無論、このような不幸は初めにおいても、全く予見されなかったわけではない。しかしそのような不幸は、上官の命令がもつ神聖な威厳の前には、何でもないことのように無視されて、少しも問題にされなかったのである。

つまりこれが絶対化というものであって、上官への服従が、それの目的関連から引き離されて、何のためかを問うことなしに、絶対不可侵とされるに至ったのである。上官の命令は絶対であれ、そのためには国も亡びよ、国民も泣けというのが、その本音である。このような本末顚倒が起こるのは、何ごとにも何のためかを考える、いわゆる功利的な見方が忘れられてしまうからである。しかしソクラテスやプラトンの昔から、究極における何のためかを考える考え方が、ものの全体的な見通し（シュノプシス）を可能にし、われわれの思想に健全性を与えているのである。国法は自分の勝手で破ることは出来ない。もしそのような不法が放任されるならば、兵士に命令不服従を認めるよりも、もっと不幸なことになるであろう。しかしまた個々の法律がそれぞれに絶対化されて、法規のための法規となり、少しの融通も利かないものとなれば、これまた大へんな不幸である。法律はそれだけで絶対的な価値をもつものではない。それは世のため、人のためになればこそ、よきものであり、尊いものである。それは国民生活を立派にするための、手段的な意味をもつだけであって、決して絶対至高のものとして存在するのではない。しかし多くの法律関係者はこのことを忘れ、法規によって自分までも何か一段と高い、神聖な存在であるかのように錯覚してしまう。しかし神聖なものがもしありとすれば、それは善美なる目的だけであり、万人の幸福だけであろう。われわれはこの目的によって立法し、この目的によって与えられた法律を批判し、またこの目的のために法律を運用しなければならない。そうすれば、窮屈に見える法規も忽ちに融通を得て、善意正直の人が法律のために苦しめられるようなことは、ほとんど見られないことになるであろう。われわれは法律の奴隷ではなくて、むしろ主人なのである。法律はわれわれのよき生活のために、いつもわれわれに奉仕しようとしているのである。そしてかく考え、かく用いるところに、われわれの自主性というものが見られるのでなければならない。

三

この自主性は、敗戦の結果、外部からわれわれに課せられているかのように見える、いわゆる民主制の採用においても、当然また保持されなければならない。むかしプラトンは、ソクラテスの口を借りて、ひとから不正を受ける方が、不正をひとに加えるよりもよく、もし不正なことをしたならば、そのために正しい裁きを受けて、罰を課せられる方が、それを免れているよりも望ましいという、一個のパラドクスかとも疑われるような主張を公にしたことがある。しかしその意味は、見かけほど奇異なものではなかった。われわれは不正を受けることによって、財産の上に損害を蒙り、心身に苦痛を感じなければならないかも知れない。しかしわれわれが正しい心をもっている限り、不正を受けることによって、われわれのたましいが傷つけられることはないであろう。われわれの心は、自己の不正その他の悪徳によって、必然に悪くされるけれども、他人の悪徳によって、自分のたましいが悪くなることはない。しかもこれを傷つけられることだけがわれわれの本当の不幸なのであって、病めるたましいは、いかなる富いかなる名声を得ても、そのような外物によっては、決して幸福になることが出来ない。それは肉体の病人といえども、その所有物のみによっては、どんな気ままが許されても、決して幸福にはなれないのと同じである。されば、ひとは不正によって自己のたましいを傷つけるよりも、むしろ金銭の損失や一時の苦痛を忍ぶべきである。そしてもし自己の不正によって、すこしでも心に病を得るようなことがあったならば百方手をつくして、それが治療につとめなければならないのであって、正しい裁判によって刑罰を受けるということも、それの一途なのである。プラトンは司法官の仕事を医者のそれに比較している。すなわちわれわれが、真の幸福をこいねがい、よりよい生活を目標にする時、われわれは何の不正を受け、何の刑罰を受けても、自己に確乎たるものをもつなら、それらの苦難もみなこれを身のため、人のために役立てることが出来るのである。無条件降伏により、敗戦により、われわれは何を失ったというのか。ひとはわれわれから物を奪い、われわれの身に危害を加え、時にはわれわれの生命を取ることが出来るかも知れない。しかしよき人のたましいは、それによって何も失うことはない。

不正の仕方によって、よき人があしき者のために不幸にされるということは決してないというのが、かの『弁明』におけるソクラテスの確信であった。いわゆる民主制の採用が、われわれに課せられた刑罰であるにせよ、またないにせよ、われわれはわれわれの自主性を失うことはないのである。われわれは単なる義務として、おつとめにそれを取り上げるのではなく、われわれの真の幸福のために、それを徹底的に利用しなければならない。もしそれが二、三の国の政治実験において、よきものであることが証明されているならば、われわれはその成功の条件を検討して、われわれのために役立ち得るすべての点を学ばなければならない。ただし民主制がそれ自体でよいものか、どうかは分からないのである。それをよいものにしたのは、むしろ、これを実際に用いた人たちの自主性であると言わなければならない。従って、われわれが学ばなければならない第一のことは、むしろこのような自主性の確立にあると見なければならない。否、それは外から学ぶというよりも、自己のうちに呼びさますべきものなのであろう。すべての学習はむしろ想起であり、覚醒であるとは、プラトンの有名な教説である。

四

かくて今もしわれわれが、われわれの自主性を確立して、民主制をわれわれのためにも、また隣人のためにも、真によきものであらしめようとするならば、まず第一に民主制の絶対化を警戒しなければならない。民主制の確立が急務であるというのはよい。また民主制の採用がわれわれの義務であるというのもよい。しかしながら、民主制がわれわれの究極目的であり、民主政治がわれわれの理想であると考えるのは、民主制絶対化の危険を多分にふくんでいる。われわれの目的は万民の幸福であり、世界の平和なのであって、民主主義も社会主義も、それを実現するための手段として、試験的に採用されているのであり、また採用されようとしているのである。従って、この目的を離れては、民主主義の徹底も社会主義の徹底も、何らの意味も有し得ないのである。民主主義なり、社会主義なりの立場を、そのあらゆる帰結にまで徹底させて、これに合致せぬ一切を排除して行くことは、矛盾のないように理論体系を整備して行くのと同じで、ある種の頭脳にとっては極めて快適で、ものごとはある程度まで事務的にてきぱきと処理され、すべてが簡単に割り切れてしまう。それは不都合なものを机上において、すべて切り捨ててしまうからである。しかし実際には、何ごともそう簡単に切り捨てられてしまうものではない。このことは何を意味するかといえば、このような体系的整合の根本に予定された民主主義なり、社会主義なりの立場が、必ずしもすべてを包括し得るものではないことを示すだけである。すべての学問は、皆いずれも根本の仮定をもっていて、理論はそれを出発点として展開され、整備される。数学はこれを自覚的に行ない、数学的自然科学もこれに倣っている。われわれが教科書において学ぶ学問は、いずれもこのような形において見られる。しかし実際の学問研究者は、すべてがそのように簡単に割り切れるものではないことを知っている。あらゆる事実をひとつの理論に包括しようとする時、われわれは常に理論の不備を反省させられる。われわれはより包括的な理論をもとめて、根本の仮定をも自由に動かしてみることを忘れない。かく根本の仮定を自由に動かして考えることが、すなわちプラトンのいうディアレクティケーなのであって、学問が原理的に更新されて、つねに新しい生命を保っているためには、あらゆる学問の根底に、このようなディアレクティケーの精神が予定されなければならない。しかしながら、与えられた原則に従って、ひとつの整合的な理論体系を帰結させるだけの頭脳には、原則にさかのぼって原則を越えることは困難である。またしかし、個々の事実を取り扱う人たちも、他のすぐれた人たちのために、絶えず理論的反省の機会を提供しながら、しかも自分はそれについて、いわば何も知らないのである。ディアレクティケーは、両者を交互関連において、全体を綜合的に把握することから始められる。しかし専門学の立場においては、真の全体的見通しはついに不可能である。その根本仮定を越えるのには、専門の外に立たなければならない。それはしかしかの絶対無の如きものによるのではない。プラトンは数学や自然科学の根本原理を越えるところに、かえって善のイデアを認めたが、これこそ真に意味深いことなのである。科学の根本は善美なるものにある。科学理論の選択が便利か否かによって決定されるという説も、この真理の一部を捉えたものであって、必ずしも、一部に考えられているように浅薄なものではない。あらゆる政策と制度との選択決定には、世のため人のためを思う心が大切であって、何のためかという究極目的が、われわれに全体的な見通し（シュノプシス）を可能にしたのである。しかも、この全体的把握というものは、またかのディアレクティケーによってはじめて可能となるのであった。従って、またプラトンも万有の究極目的たる善のイデアにさかのぼって、そこから万物を理解することに、ディアレクティケー本来の仕事を見ようとしたのである。

五

かつて支那の才人が、論理に拘泥しないことをもって、支那人とイギリス人に共通する、ひとつの実際家的特質であると語ったことがあるのを記憶している。論理に拘泥しないというのは、論理を無視したり、神秘を信じたりすることではない。ただ論理の徹底をそれだけ取って、最高至上のこととはしないというだけである。論理の徹底とは、ひとつの前提が与えられると、どこまでも、その帰結を追求することであって、それだけでは別に何の不都合もなく、むしろよいことだと考えられるのであるが、しかし前提そのものには何の吟味も反省も加えずに、帰結を追うことだけに夢中になると、とんでもない結果になってしまう。すべてをひとつの立場だけで律しようとするのは、すべてをひと色に塗りつぶそうとするようなもので、当然いろいろな抵抗に出会わなければならない。それらの抵抗は、われわれを前提に引き戻して、われわれに再考の機会を与えるわけなのであるが、もとにかえって考えることが出来ないと、われわれは無理にそれらの抵抗を無視しなければならなくなる。ちょうどそれは必勝の信念あるがために、敗北の個々の事実を認めることが出来ないようなものである。しかし事実の抵抗を無視した、そのような甘い考え方は、当然手ひどく罰せられなければならないのである。ドイツの体系哲学も、またそのような甘い考え方をすると言われる。それは一種の観念論であって、体系癖と徹底性とはドイツ的思惟の特長であるとも考えられ、その観念論的傾向は、その現実主義や唯物論においても指摘される。ドイツ人は、たくましい精神的、身体的エネルギーをもちながら、何故にあのような政治的失敗をたびたび重ねなければならなかったのであろうか。無論、これは軽々に答えられない問題である。しかしこの疑問には、またドイツ的思惟についての疑念をも深からしめるようなものが、何か結びついていることを忘れてはならないであろう。

しかしそれでは、われわれはどうなのであろうか。われわれのところでは、これまで何が最も熱心に論じられたであろうか。無論、論題は時々変ったのであるが、しかし論点はいつも同様であった。すなわち人々は、それぞれの事物について、それが日本的であるかどうか、国策的であるかどうか、国体に反するかどうかというようなことを、互いに言い争ったのである。そして人々は、特定の先入見に従って、問題の事物がそれに一致するか、否かを判決しようとした。それは法律の解釈や適用を論争するところの、法廷弁論を思わせるものであった。しかしながら、何かひとつの日本的でないものを摘発して、それが自分のもっている日本的の先入見に一致しないことを論証するのが、いったいどんな意味をもっているのかということになると、彼らは何の反省も示し得なかったのである。いわゆる日本的でないものの存在を認めることによって、われわれは自己の先入見を訂正する機会を得たのであり、その非日本的なものが、かえってわれわれのためになるかも知れないと考えて、そのような利用の途を探し求めることも出来たのである。しかし彼らは、日本的であるか否かの判決をもって、すべては決したかのように考えて、それ以上のことは何もしなかったのである。そして一つの名目がすべてを支配し、枝葉末節がこれによって律せられるようになったのである。それはドイツ哲学の深刻さを欠いているけれども、法律体系と官僚組織に見られるような、一種の整合性と細目規定を含むものであった。われわれの悟性は、法規の適用以外に何も考えようとしない、属僚的悟性なのである。そこには原理についての反省が全く欠けている。それは哲学的精神の欠如であると共に、また政治的実際的な智慧の欠乏を語るものであった。

六

われわれはこの点に関して、むしろ支那人やイギリス人に学ばなければならない。彼らを論理への拘泥から救ったものは何であったろうか。それは恐らく実際的考慮というようなものであったろう。実際的考慮が支配する時、われわれは実利実益を目指し、何のためになるかを考え、すべてを目的手段の関連において捉える。論理の徹底も、それだけでは何の値打もないことになる。帰結は、われわれの生活をよくするために役立ち得るか否かという、実利的な見地から検討される。いわゆる功利主義や実利主義は、これまでのわれわれにあっては、公然と真面目な考慮が払われることなく、偽善的に黙殺され、軽蔑されて来た。しかし実利主義こそ、市民的精神の精髄なのではないか。われわれは功利的に考えることによって、名目やイデオロギーの束縛から解放されるのである。すべての人間を利己的であると考えて、人々の納得が行くように、何ごとも計理に訴えて運ぶ方が、人間とはかくあるべきものであるというような自分だけの理論を用いて、自分の欲するところを他人に強要しようとするよりも、はるかに健全である。利害得失を離れては、人間社会も政治もないのである。われわれは公然とこれを論議し、政治の問題をこの一点に集中しなければならない。戦争は引き合わぬものだという打算の方が、悲壮な戦争哲学よりも、はるかに深刻であり、理性的であると言わなければならない。ひとつ理論の徹底は、属僚的悟性の仕事なのである。これを何のためになるか吟味して、われわれのよき生活のために、適宜に利用するのが、政治的理性の仕事なのである。最高の政治は哲学的理性を必要とし、ディアレクティケーは、一切を善美なる目的の下に把握すると言われた。実利的な見地に立って、利害得失を考えるということは、決して安易なことでもなければ、また低級浅薄なことでもない。身のため人のため、国のため世のためには、まことに深慮遠謀を要するのであって、人類最高の知性が政治のためにはたらかなければ、人類の不幸はついに止む時がないであろうという、プラトンの言葉もこの事実から理解されなければならない。

しかし立場はそれぞれに異なり、その前提からはそれぞれの帰結体系が成立する。それはいろいろな事実、いろいろな感情、いろいろな利害を反映している。これらの綜合、これらの全体的把握は、それぞれの体系によっては不可能である。それはつねに全体の平面化である。論理を徹底させても、体系を整備しても、一面的把握たる事実を脱することは出来ない。全体的把握には全く別の原理を要するのであって、プラトンはこれを善のイデアに求め、すべてをこの目的関連の下に把握することをもって、ディアレクティケー本来の仕事となしたのである。一切の材料をまとめて、これを立体的な全体に綜合するのは、家の場合なら、心地よい住家を工夫して、われわれの生活を安全にし、またよりよくしたいという、善の目的によるのである。神の世界創造は、より高く、より包括的な、至高善の目的下に、あらゆる思慮をつくしてなされたとも考えられる。ためを思うこころは、われわれの一身一家を思う心から世のため国のためを思う心を経て、全宇宙のためを思う神の愛にも連なるということが出来るであろう。このような原理を離れて、果していかなる綜合が可能であろうか。人々のいう弁証法的統一の如きものは、プラトンのディアレクティケーの精神から甚だ遠いものであって、われわれはドイツ的思惟の不健全性を疑わなければならないであろう。

七

しかしながら、ためを思う心は、神の愛にも連なれば、またわれわれの偏狭な利己心にも局限される。政治には最高の知性が協力するよりも、おろかな野心や策動の結びつく方がはるかに多い。われわれは自主性を守ることによって、単なる名目の神聖視や手段の絶対化から来るような、もろもろの悪政を防止するために、なんらかの希望をもち得るであろう。しかし打算が眼前の小利害に束縛されては、われわれの自主性も大した助けをなし得ないであろう。われわれは利益の仮象に欺かれ、いつわりの善を信じて、かえって身の不為を計ることにもなる。何が真にわれわれのためであり、人のためであるかは、まことに容易ならぬ問題なのである。このためには、大打算（マクロロギアー）をなし得るように、われわれの実際智が、純粋知性の協力を得て、開明されなければならない。われわれは自己の利害をかくす必要もなければ、他人や相手方の利己心を指摘して、みだりにそれのみを非難攻撃するわけもないのである。むしろ自他の利害をよく弁別して、互いに我慢し満足し得るような、何らかの解決を見出すべきである。それがまた政治というものなのである。政治が妥協であると言われるのも、恐らくこの意味であろう。

しかしながら、安易な妥協苟合《こうごう》は、またひとつの危険であるとも考えられる。いわゆる政党政治においてわれわれが経験しなければならなかった種々の事柄は、その危険がどんなものであるかを容易に想像させるであろう。それは実際的な、あまりに実際的な政治である。しかしその危険は、これまで一方的に誇張され過ぎて来たとも言える。いわゆる疑獄事件などによって暴露された醜事実は、決して愉快なものではないが、しかし、われわれがそれによってどれだけの損害を受けたかといえば、これに対する反動として起こった、いわゆる革新の空想的、非実際的な強行によって生ぜしめられた被害の大なることに比較する時、それはほとんど言うに足りないものであったとも考えられるであろう。実利実益を主とする実際政治には、安全性があり、健全性があると言われるであろう。しかしその安全性には限界があり、革新や戦争がそれの反動として生じなければならなかったことを忘れてはならないであろう。人々は小打算に捉われ、小規模の綜合に満足して、いわばその日その日の安きを偸《ぬす》んで暮しているうちに、もっと大規模な綜合ともっと根本的な解決を要する幾多の矛盾と対立が見過ごされてしまったのである。第一次世界大戦から第二次世界大戦に至るまでの、実際政治の動きもまたかくの如きものであったと考えられる。根本的な解決には、矛盾と対立とが根本的に掘下げられなければならない。いわゆるラディカリズムと理論の徹底とが必要とされるのは、まさにこの点においてである。われわれは理論家がひとつの立場を取って、それの帰結を徹底的に追求し、その理論体系を整備してくれることを歓迎しなければならない。それは思想実験の意味をもち、政治的理性に対して、綜合さるべき局面の存在を明示するの役割を演じているのである。われわれは過激極端の主張を、それが理論の徹底である限りにおいて、決して封殺すべきではない。かくの如き刺戟によってのみ、安易な妥協は警戒され、われわれの実際的考慮は、偸安《とうあん》の眠りから覚醒せしめられて、ひろく深く考えることが出来るようになるのである。われわれがドイツ的思惟の影響下にあり過ぎたことは、いろいろな意味において反省され、訂正されなければならないが、しかし過去におけるわれわれの勉強が全く無駄だったのではない。われわれが自主性を確立し、全体的把握を学び取るようになれば、理論的徹底はわれわれの強味となり、われわれの綜合を浅薄と安易とから救うであろう。

いわゆる民主政治には、いろいろな悪政の危険がある。民主主義でありさえすれば、何でもよいというようなものでは決してない。われわれは病気には上手な医者を求め、料理には上手な料理人をよろこび、絵画や音楽においても、上手な芸術家を歓迎する。社会のあらゆる方面において、すぐれた人が尊重されなければならない。政治においても、すぐれた識見が重んじられなければならない。われわれの理想社会は、すぐれた人たちの活動しやすい社会で、その活動が万人のよろこびとなり、利益となるような社会でなければならない。いわゆるデモクラシーは、すぐれた人の優位（アリストクラシー）を実現し得ることによってのみ、真によき政治となるであろう。しかし人民の政治というものの観念化、各目化は、かえって劣悪者の優位（カキストクラシー）となるの危険を含んでいる。才徳いずれも劣悪な人間が敢えて指導者となるということが、いかに恐るべきものであるかは、われわれが戦時中の各種動員において、それこそ血と汗と涙とをもって体験したことなのである。それは最悪の政治である。しかも、この最悪政治は観念的な人民至上主義の帰結としても生じ得るのである。また事実、かの最悪の政治形態たる独裁制は、既にプラトンが観察したように、低調拙劣な民主政治の産物なのであって、独裁家はいつも民衆政治家として出発しているのである。われわれは単なる名目に欺かれてはならない。劣悪者にあらゆる恣意を約束するが如き、民衆煽動（デマゴギー）の危険を警戒しなければならない。このためには、われわれは手段的なるものの絶対化や、地上的なるものの神聖化、至上化から解放されなければならない。われわれはひとつの立場の徹底によって、人生の事実や実利実益が無視されていないかどうかをいつも吟味し、警戒しなければならない。しかしながら、何が身のため人のためになるかを知ることもまた難事であって、われわれの健全なる実際的考慮は、つねに理論によって開明されなければならない。ためになるよきものが、金銭や快楽の形でしか考えられないようでは、民主政治は観念化の危険を免れても、依然として悪政の危険をもつと言わなければならない。われわれはこの点に関しても、もっと深い洞察をもたなければならない。

（『新生』一九四六年九月号）

今日の政治的関心

一

ソロンの立法として知られているもののうちで、ちょっと奇異な感じのする法律がある。プルタルコスの『ソロン伝』（二〇）によって見ると、それは内乱の際に、どちらの党派にも与《くみ》しなかった者は、市民権を失うというのである。これは少しひどい法律だと言わなければならないようであるが、プルタルコスの伝えるところによれば、ソロンがこのような法律を定めたのには、次のような考えがあったのだということである。すなわち公共のことがらに対して、情を動かすこともなければ、関心を寄せることもなく、ただ自分たちのものを安全地帯におきさえすれば、あとはもう涼しい顔をして、祖国と苦悩を共にしようとはしないというようなのは、決して許されないことだというのである。むしろ少しでもよいこと、正しいことを行なっている者たちの側へ、直ちに身を寄せて、その人たちを助け、その人たちと危険を共にすべきであって、どちらが勝つかを待つというような、危険回避は許さるべきではないというのである。いわゆる傍観者的態度については、非難の声がしばしば挙げられるのであるが、ソロンもそのような傍観者を罰しなければならないと考えたわけである。しかしながら、このような法律が果してどこまで実際に効果をもつかということは、少なからず疑問であると言わなければならない。人々を傍観者的立場に追いやる事情は、必ずしも単純ではなく、そのいわゆる利己的動機は、人間性の深いところに根をもっているように思われるからである。アテナイ民主政治の基礎は、ソロンによって築かれたと言われるのであるが、しかしソロンの次に現われたものは、ペイシストラトスの独裁政治だったのである。ソロンはこの独裁政治の危険について、いろいろアテナイ人に警告したけれども、市民たちはソロンの忠告に従おうとしなかったと言われている。そしてペイシストラトスが、その親衛隊を率いて、暴力的にアテナイの政権を奪取した時に、ソロンの法律がどんな効果をもったのか、われわれはほとんど何も聞くことは出来ないのである。無論、プルタルコスの所伝が、果して正確なものであるかどうかについても、問題が生じ得るであろう。しかしそれが正確であって、実際にそのような立法がなされたとしても、内乱や革命の実際にあたって、法律がどれだけのことをなし得るかは、改めて言うまでもないであろう。

しかしながら、問題は法律そのものにあるのではない。むしろソロンに、この立法をなさしめたものが、またまさにわれわれの問題とならねばならないのである。変動のはげしい世の中に生きて、ひとは誰しもまず、わが身の安全を思い、わが家の利害に心を労しなければならない。公共のことは、わが身わが家のことにくらべると、どうしても切実には感じられず、これをおろそかにするというのが、普通の人情であると言わなければならないであろう。しかしながら、わが身わが家の利害といっても、それは世の中のことなのであるから、国家社会の実情と無関係に成り立つものではない。人々は公共のためを思うことはないにしても、社会の動きに対しては、なかなか敏感なのである。彼らはいろいろな噂に一喜一憂し、早耳につかんだことを、すぐ行動に利用しようとする。もしこれらを政治的関心と呼ぶことが出来るならば、政治的関心はかなり広範囲の人々のうちに見出されることになるわけである。いわゆる傍観者も、どちらが勝つか、大勢はどちらへ決するかということに対して、決して無関心ではなく、むしろ普通以上に緊張した注意を払っているとも見られるであろう。自国が戦争の渦中にあるとか、革命の危険に立っているとかいう場合には、事実上、何びとも高みの見物をしていることは出来ないのである。戦争や革命の経過は、功名や栄達を思う戦争指導者や、野心と憎悪に狂う反乱指導者たちの最大関心事であるばかりでなく、家族や家財のために心配する一般市民のためにも、この上ない心配の種なのである。しかしながら、ソロンが市民権剝奪の刑罰をもってのぞむことを宣告しているのは、この種の政治的関心をもたぬことについてではないのである。この種の関心は、法律の世話を待たなくても、自然に人々を捉えるのである。否、多くの場合、この種の関心は、かえってソロンの求めている政治的な関心に対立し、これの妨害にさえなっているのである。すなわちわれわれは、ここに二つの政治的関心を区別しなければならない。その一つは、いま見られたように、わが身わが家のために打算するに当たって、国家社会の動きも勘定に入れておかねばならぬところから生じて来る、一種抜け目のない政治的関心なのである。もう一つは、しかし何であろうか。それは言うまでもなく、世のため人のためを思う政治的関心である。あるいはソロンの考えたような、公共のための政治的関心である。

二

無論、このような区別が、厳密な意味において、果して成り立ち得るものかどうかについては、恐らく疑問の余地が多分に認められるであろう。いわゆる利他主義と利己主義の論争において、古くから用いられている主張を借りれば、公共のためと言ったところで、結局は自分自身のためなのである。無論、このような主張を極端に押し進めるならば、すべてが利己心から説明される代りに、利己心そのものの意味が不当に拡大されて、ほとんど無意味に至る場合のあることを認めなければならないであろう。しかしまた、国家のためとか、人民のためとか言いながら、実際は私利私欲のために働いている者の少なくないことも、疑うべからざる事実である。しかもいっそう悪いことには、それらの人間は、自分が私利私欲のために働いていることに気づこうともしないで、国家のためとか、人民のためとかいう美名に、まず自分たち自身がすっかり夢中になってしまって、自分たちの言動を何か神聖なもの、絶対に正しいもののように思いこみ、これに敵対する者に対しては、どんな残虐非道も許されると考えたりする。これは一種原始的な宗教心理なのである。あるいは疑似宗教感情と言ってもよいであろう。このような宗教感情は、かえって宗教的に未熟な人たちを捉え、宗教に無縁と見えるような人たちを熱狂させる。しかも人生の不幸は、このような未熟の宗教心理から生まれて来るものが少なくないのである。いわゆる聖戦もまた、このような宗教心理の産物であると言うことが出来るであろう。戦争犯罪人として訴えられている人々の言い分を聞いていると、この度の戦争は、侵略戦争として、あらかじめ計画されたようなものではなかったということになりそうである。ある意味において、彼らの言い分は本当なのかも知れない。なぜなら、彼らにはそのような大仕事をする、知力も意力も欠けているように思われるからである。彼らは君国のために働いていると信じながら、実際には個人的な功名心や利欲に動かされて、いつか知らぬ間にあのような大戦争へと、捲きこまれて行ったのだとも考えられるであろう。軍人や官吏は国家公共のために働く職業なので、自分のすることには何でも、無神経にそのような名目を用いる傾向があって、自分自身の利己心については、とかく反省をきらうふうがある。かくて職業軍人は、軍縮や平和主義の外交方針が、自分たちの立身出世のさまたげであり、大多数の下級軍人にとっては、それが失業の脅威ともなるので、利己的動機からこれを嫌悪しなければならなくなるけれども、しかしそのような利己心には気づかないように努めて、そのような職業的利害を国家的利害の如くに錯覚し、かえって憂国の情を燃やしたりしながら、自分たちに都合のよい政変や革新を望むようになる。職業軍人にとっては、国際的摩擦が激化し、いわゆる非常時や戦時状態の永続することが、何よりも望ましいわけで、彼らはこの願望を百年戦争という言葉で言いあらわしたこともある。無論、既に栄達の目的を達し、やがて職業軍人としての現役を退く日も近いと思われるようになれば、多少客観的に事態の困難も見え、このままでよいかも不安に思われて来るかも知れない。しかし彼らの背後には、同じような栄達と、より大なる功名をねらう少壮の中堅軍人と、将来の立身を夢みて発足したばかりの青年将校がいて、いずれも君国のためにという名目を熱烈に信仰しながら、自分たち自身の利益のために、何かよい機会が与えられることを、性急に求めて、強力な推進力を形づくるようになると、同じ弱味をもつこれらの巨頭連には、大勢をどうすることも出来ず、いわゆる下剋上の風潮が全体を支配するようになる。そしてそのような盲目的の推進力が、たしかな見込みもないのに、戦局を次々と拡大して行って、ついには祖国を救うべからざる破局に押しつめ、彼ら自身も身を亡ぼす結果となったわけである。無論われわれは、この度の戦争を、このような見方だけで、簡単に説明しようなどと考えているのではない。ただ国家公共のために働くことを職業とする人たちに、彼ら自身の都合のよいことだけをやらせておけば、どんな結果になるかの一例をここに見ると共に、いわゆる公私の別が極めて大切なものであって、しかもいよいよ困難なものであることを知るのである。そしてこのような混同の危険が、戦後においても、また名目を変えて、いろいろの方面に現われているのを見る時、われわれは公共のためというような名目についても、いきおい懐疑的とならざるを得ないのである。

三

しかしながら、公共のためと言っても、結局は自己自身のためではないかという疑いについては、そのような事実のあり得ることを認めながらも、他方またわれわれは、この点に関してあまり神経質になり過ぎることを警戒しなければならないであろう。人々は自分自身のためを思うのが、人間の自然であることを知らなければならないのに、これを何か罪悪のように思いこんで、自分の利己心はひたかくしにし、出来るだけこれには気づかないようにして、他人の利己心を摘発し、これに非難を浴びせようとする。しかしわれわれは、この点に関してもっと正直でありたいと思う。ひとが自分のためを計るということは、それだけでは少しも悪いことではないのである。幸福は万人の求めるところであると言ってよいであろう。だから、自分のためが、また世のため人のためにもなって、万人の幸福に寄与することが出来るなら、これほど結構なことはないのである。しかし無論、いつもこのような一致が簡単に得られるとは限らない。自分自身のためになることは、必ずしも世のため人のためになるとは言われないような場合もあるかも知れない。ある種の幸福は、他人を不幸に陥れて、その犠牲の上に築かれるものだと考えられるかも知れない。多くの場合、このような矛盾は、大局を見ないで、小打算にとらえられるところから生ずるものであって、その幸福は仮象であり、自分のためと思われたものは、かえって自分のためにならないものなのだったと知られるようになるであろう。しかしまた社会の実際を見れば、自他の利害がそう簡単に一致するものでないことも、疑うべからざる事実である。このような場合に、自分の利益を犠牲にして、公共のために奉仕するということは、無論、大へん立派なことである。そしてこのような美しい行為に比べるなら、自分の利益のみを主張するのは、決して立派だとは言えないであろう。しかしながら、このような比較から、簡単に自己主張を罪悪視して、絶対にこれを否認しなければならないかどうかは、なお疑問であると言わなければならない。既に見られたように、自分のためを計るということは、これは人間の自然なのであって、生きて行くためには、われわれは自己のためを計らなければならない。もしこれが絶対の悪であって、直ちに否定されなければならないものならば、われわれの生も既に悪であって、直ちに否定されなければならないであろう。われわれは他人の生存を否定するのでなければ、そう簡単には他人の自己主張を否定し得ないであろう。しかし他面また、各自の自己主張が絶対の善であるとか、絶対の正義であるとか言うことも出来ない。もしそうなら、反社会的な犯罪人の利益も絶対のものになってしまうであろう。しかし人々は、公共の安全と社会の平和のために、このような犯罪人の生存権を否定することもある。自己の利益は、絶対の善でもなければ、絶対の悪でもなく、多くの場合、他人の利益と対等なのである。そしてこのような自他の利益が簡単に一致しないような場合には、相互の犠牲は公共の立場から決定される時にのみ、正当な名分を得るわけである。しかしまたこのような事情から、いろいろな困難も生じて来る。公共の名が、他人に犠牲を要求するための、利己的な口実に用いられる場合も、少なくないからである。さきに見られたような公私の混同は、職業軍人だけに限られるのではない。その時その時の絶対的な名前となるもの、例えば君国とか、民族とか、人民とか、勤労者とかいうものの利益のために働くことを、いわば職業としている者どもにおいて、そのような危険が非常に多いことを警戒しなければならない。自分のためを計り、自己の利益を守ることは、それだけでは決して悪いことではないが、何か絶対的な名前を借りて、他人の利益を蹂《じゅう》躙《りん》し、無慈悲に他人を犠牲にして、それを何か神聖な行為と考えるようになり、自分の利己心については、少しも反省しないとなれば、その時こそ絶対の悪に近いものになると言わなければならないであろう。人々は犠牲というものを、他人に強要すべきものと考えたり、他から要求されて、やむを得ずに払うものと考えたりしがちであるが、しかし犠牲的行為というものは、自分の利己心の反省から生ずる、ひとつの克己心、あるいは節制の如きものを予想するのであって、公共のために自己の利益を犠牲にするということも、そこから自然に結果して来るのである。しかるに、そのような反省もなく、公私の区別も自覚せずに、自己犠牲を各人に求めても、何の効果もあり得ようはずがないのである。従って、犠牲を強制しなければならなくなるような場合、それは神聖な名目を用いていても、実は暴力によって公衆を、少数の党派的利害や職業的利害に奉仕させようとするものであったりしては、大へんである。無私ということは崇高なことであり、国家社会の危局は、すぐれた個人の無私の英雄的行動によって救われなければならない場合も、決して少なくはな

い と考えられるけれども、そのような自己犠牲をいつも、あらゆる人に期待することは困難であると言わねばならない。利己心といっても、公私の区別がつかずに、それが絶対的な名目と一つになったりするのでなければ、各人が自分のためを思うにしても、公共の利益がそのために危くされることはないであろう。

四

かくてわれわれは、利己心の存在を認めるにしても、公共のための政治的関心というようなものが、そのために疑わしくなるとは信じ得ないのである。むしろそれを区別することの必要が、いまや切実であると言わなければならないであろう。一切の政治的関心を利己心に帰するような試みについては、既にその不当な概念拡張が指摘された。人々は特別な利害関係がなくても、全くの興味本位で、いわゆる政界夜話や政界裏話に耳を傾けたりする。政治好きと呼ばれる人々に、よく見られる現象である。無論、このような政治的関心は、末梢的低級なものであって、公共のための政治的関心などと呼ばるべきものでないことは明らかである。学界消息に興味をもつことが、果して本来の学問的関心と同じであるか、すこぶる疑わしいようなものである。しかしわれわれは、このような政治的関心においても、それが必ずしも利己的ではない一面を見るのである。公共というのは、何もいかめしい名前に限られるのではない。それは共通の関心の対象となり、日常の噂や笑いの種になる。国家公共のことに関心を寄せるならば、政界消息にも無関心ではあり得ず、いわゆる内幕話にも耳を傾けなければならないであろう。無論、それは一応面白く、しかも不愉快なものである。われわれはそれらの見聞に、しばしば義憤を覚えなければならなくなる。公共のための政治的関心というのは、一応自己の利害をはなれて、そのようなところに現われて来る。いわゆる憂国慨世の情はかくの如きものであって、このような気持を経験しない人は、少しも気概のない、いわゆる廃頽の人であって、いままでの言葉でいえば、男子ではないということになる。一国の人々がこのような気概を失うなら、その国の前途は危険であって、ソロンの立法も、このようなことを恐れて、それを防ぐために工夫されたものであるとも解されるであろう。無論しかし、既に触れられたように、法律だけでこれが防げるかどうかは、少なからず疑問である。一般に専制独裁の国においては、国民はこのような気概を失うようになる。それは公共のことが、少数の党派によって独占され、国民の政治的関心のあらわれは、絶えず秘密警察によって監視されることになるから、公共のことをわがことのように憂える途はとざされ、少し気概のある者も、無法な暴力によって発言を封じられ、次々に生命を奪われるようなことになるからである。他人が不正非道な仕方で、不幸に陥れられているのを見ても、一向に冷淡で、自分の利益だけを守るというような利己主義が、ソロンの昔から非難されている通りに、現在もわれわれの周囲に数多く見られるが、これはわれわれが永い間、専制政治の下に暮して来たからであるとも言われるであろう。同じ現象は近隣の東洋諸国にも、またロシアのような国にも、習慣となって普通に見出されるのではないかと思われる。

しかしながら、社会的動物として、相互に助け合わなければ、生存を保持することの出来ないわれわれ人間には、公共のために憂える政治的関心を、むしろ普通のこととしなければならないであろう。そしてそれの欠乏は、何か異常なこととして、その社会的、あるいは個人的な理由が、別に求められなければならないであろう。無論、それらの関心が示されるのは、それぞれの場合において、突発的であり、また感情的であって、時々に違ったかたちをしているけれども、その反応は概して鋭敏、正直、適切であると言うことが出来るであろう。しかしまたそれだけに、その場かぎりのものとも考えられる。しかしそのような機会から、更に進んで、どうしたら、みんなのために一番よいかというようなことを考えるようになれば、政治的関心は一種の永続性をもつようになると言うことが出来るであろう。それは更に、何とかして、世のため人のために尽したいというような志ともなるし、また更に、他の人々の協力を得て、みんなのためによいと考えられることを、幾分でも実現しようとする行動にも発展するであろう。あるいは社会生活の、それぞれの部門において、与えられた機会をつかんで、何か自分の志すところを実行しようとするかも知れない。政治的関心は、このような思考や行動の基礎にあって、いわばそれらに生命を与える原動力として、絶えずわれわれを動かすようなものに生長すると言うことが出来るであろう。しかし無論われわれは、このような生長を、あまり安易に考えることは出来ない。年少にして政治に志したプラトンは、早くも青年時代において、いわゆる政治革新の実際に幻滅を感じなければならなかったのである。そして彼の一生は、そのような失望の一生だったのである。彼の書簡として伝えられているもののうちに、

「かくて私は、これらの事情を見、国政の実際にあたっている人間を見、更にまた法律や習慣となっているものを見ているうちに、よく見れば見るほど、年と共に、国政を正しく処理することは、いよいよ困難であると見るようになった。（中略）その結果、はじめは公共のために働こうという、さかんな意気込みで一杯の気持だった私ではあるが、これらのことに注意して、その何とでも変る動きを見ていると、ついには眩暈を覚えるようになった。そして同じそれらのことでも、また国制の全体についても、もっとよいやり方はないものかという思案はやめなかったけれども、しかし実際の政治にはたらきかけることの方は、いつもその機会を待ってはいたが、しかしついに現存のすべての国家社会は、全部が間違った国家社会なのだと覚えるようになった」

ということが、彼の四十代の考えであったとしてのべられている。われわれはここに、ひとつの不幸な政治的関心を見ると言うことが出来るであろう。

五

われわれの政治的関心が、何か永続性をもち、国家社会の現在と未来のために、いつも心配しなければならなくなる時、いきおい一切の動きに注意せずにおられなくなるけれども、そのように注意して見れば見るほど、われわれは憂いを深くしなければならない場合が多い。このような場合、われわれの政治的関心が強ければ、それだけわれわれの苦痛も多いわけである。時世は日に非であるけれども、現実にこれを救う途は見出されないからである。わが国の識者が戦時中に経験しなければならなかったのは、まさにこの種の苦痛であったと言うことが出来るであろう。彼らは戦争が祖国を破滅させることを見ながら、しかも聖戦の狂信者に対抗すべき、現実の手がかりを見出し得なかったのである。彼らは戦争の無関心な傍観者ではなくて、ほとんど破裂せんばかりの緊張した注意で、戦争の推移を見守りながらも、これをどうすることも出来ないような、余儀なき傍観者であったとも考えられる。このような苦しい傍観を、プラトンもまた知っていたと言うことが出来る。さきに引用されたと同じ書簡のなかで、自分の国の政治が間違っている場合に、その国策に協力すべきか否かの問題に触れて、彼は次の如くにのべている。

「国家が正しい政道から全く外れていながら、それに戻る意志は少しもなくて、われわれに相談をかけてくる場合、いまの国政はこのまま不動のものと認めなければならん、いやしくもこれを動かそうとする者があれば、生命はないぞと宣言し、ただわれわれの欲しいと思うことが、どうしたら一番早く、しかも永続性のあるように達成されるかを考えて、それでわれわれの御用をつとめてくれればよいのだと言って来るような場合、おとなしくそんな相談を引き受ける者は、男ではないと私は思う。（中略）父や母に対しては、精神病者の場合を除き、これに力を用いて、強制するということは許されないが、父母の日常生活が、父母自身にはよいと思われていても、自分にはよくないと思われる場合、いまさら効《か》いのない諫言をして、気をわるくさせることもないが、また彼らの意を迎えて、彼らはしたいとねがっていても、自分としては、そんな生活をよろこんでしたいとは思わぬのに、彼らを満足させる用意に奔命するのも無用である。そしてまた自分の国についても、これと同じ心がけをもって、識者は生活しなければならない。もし自分の国の政治がよくないと思われるなら、言っても効いがないとか、言えば殺されるというのでは仕方がないが、そうでない以上は、そのことを言うべきである。しかし人を追放したり、殺戮したりするのでなければ、理想の国家は出来ないような場合でも、祖国に暴力を加えて、政治革命を行なうようなことは避けなければならぬ。むしろそのような場合には、わが身のためにも、国のためにも、ただ静かに善福を祈るよりほかはない」

無論、このような静観に対しては、果してそれが余儀ないものであるかどうか、いざとなれば、いろいろ疑問の点が、少なくとも今日のわれわれの立場では、考えられなければならなくなる。政治が間違っているなら、これを直すためには、流血の犠牲も多少はやむを得ないと思われるのに、プラトンは暴力革命を絶対に避けなければならぬと教えている。しかしこの教えは、脱獄を拒否したソクラテスの教えに通ずるものであって、『クリトン』を読んでみるならば、ソクラテスが同じような言葉で、祖国と両親に対する暴力行為を否定しているのを見るであろう。人々はソクラテスが脱獄しようとしないのを怪しむ気持で、プラトンの暴力革命否定を歯がゆく思うかも知れない。しかし戦争や内乱によって生ずる、多数国民の不幸というものを、真面目に考えてみさえすれば、軽々しく暴力を肯定し得ない気持も素直に理解されるであろう。無論、そのような弱い心を嘲笑することも可能である。神聖な目的のためには、どんな犠牲も当然であって、安価な感傷は許されないとも考えられるであろう。これはつまり聖戦心理である。すべて犠牲というものは、本来からいって宗教的なものなのである。人間は人間である限り、他の同じ人間の利益のために、生命を犠牲にしなければならぬということはない。しかし神なら、人身御供も要求することが出来るのである。自己の生活のために戦うことは、別にはずかしいことでもないが、また別に自慢するほどの善事でもない。しかしこれに政治的名目が与えられると、闘争がたちまちに聖戦の性格を帯びて来たりする。いわゆる政治闘争は、同時にまた疑似宗教的行為となるからである。ひとはこのような宗教心理なしには、そう簡単に他人の不幸を無視することは出来ないであろう。善良な弱い心をもつ人ほど、何かこのような宗教心理を必要とする場合が多いかも知れない。しかしまたそのような原始的宗教心理に、そう簡単に溺れてしまえないとすれば、そして国家社会の現実の動きを静観しながらも、その中へ捲きこまれて行く多くの人々の不幸に対して、全く冷淡ではいられないとすれば、われわれはプラトン書簡の古い言葉のうちにも、今日においてなお同感されるものを見出すことが出来るであろう。

六

しかしまたわれわれは、国家社会を混乱の不幸に陥れるような手段は避けるにしても、政治の間違いを直すのに、自己犠牲を要求するような、もっと力強い言葉をほしいようにも思う。プラトンは政治が間違っていても、殺されたり、無駄になったりするようなら、直言するには及ばぬとしているが、これも何だかもの足りないと思われるであろう。いわゆる身を殺して仁をなすというような、もっと烈しいものが要求されるわけである。しかしこの点においても、プラトンはやはりソクラテスの弟子なのである。ソクラテスの『弁明』のなかには、次のように言われている。

「いいかね、諸君、もしも私が国事に手をそめるようなことをしたならば、もうとっくに身を亡ぼしていたことだろう。そして諸君のためにも、また私自身のためにも、何ひとつ役に立つことをしないでしまっただろう。諸君は気を悪くするかも知れないが、私の言うことは本当なのだ。世の中の誰でも、多くの不正不法が、国家社会のうちに行なわれるのを妨げようとして、諸君なり、また他の大衆なりに、純正の立場で反対したりするならば、一人として身を全うする者はないだろう。むしろ真実に正義のために戦おうとする者は、少しの間でも身を全うしようとするならば、私人としてあるべきで、決して公人となってはならないのである」

すなわちソクラテスは、極端な言論の自由が許されていたアテナイの民主政治の下においても、政治の間違いを指摘することが、時には死を意味するが如き、極めて危険な業であることを注意している。われわれは犬死をしないためには、やはり言動を慎重にしなければならないし、あるいはソクラテスの忠告にあるように、出来るだけ政治から遠ざからねばならぬ。無論、これは単なる保身のためではない。ソクラテスは、戦争と革命の時代に生きて、守るべき一線は、つねに死をもって守り、死が必要な時には、あのようにして毒盃を仰いだのである。そしてそのソクラテスが、正義のために戦い、国家公共のためにつくすのに、保身の要があることを、絶対的にではないけれども、ひとつの条件として認めているのである。われわれは他人の犠牲を何とも思わないような、これまでの心理的習慣に従って、すぐに決死の覚悟を他人に要求したりする。しかし一身を犠牲にするというようなことは、各人自身の覚悟することで、みだりに他人に求むべきことではないであろう。いついかなる場合に、ソクラテスの如くに死ぬかは、各人の熟慮を待って決定されねばならないことで、事情はそれぞれに異なるのである。われわれはプラトンが殺されなかったからといって、プラトンを卑怯であると非難することは出来ない。安全地帯にいて戦争反対を叫ぶのと、戦争の熱狂と秘密警察の監視の下に和平を説くのとでは、事情は同じではない。空しく待つという不幸も、プラトンだけのことではないであろう。しかしわれわれは、これによって単なる傍観者のために、都合のよい口実を提供することになるのを恐れなければならない。死の危険を冒しても、敢えて言い、敢えて行なうの時機を待つということは、わが身の安全や利益のために、ただ形勢を観望するということではないからである。

かくてわれわれは、ソロンの立法にとって、ひとつの困難と見えたものが、依然としてわれわれにも、なお困難としてのこされているのを知らなければならない。内乱というのは極端な場合であって、われわれが祖国と困難を共にしなければならない場合は、不断に存在するのである。八月十五日のことも、二月一日のことも、また供米割当決定のようなことまでも、われわれ自身の決定によらず、一種のデウス・エクス・マアキナによって、辛じて安全が保たれたのである。この国民の前途を思うと、まことに深憂にたえないものがある。世界の動きにも、いろいろな矛盾が見られるし、われわれの近隣諸国も、極めて不安定な政情のうちにある。あらゆる戦勝者が、真の戦勝者としての自信をもって、われわれの繁栄をよろこんでくれると、簡単に信じこむことは出来ない。そのような自信をもてない者もあり得るからである。しかもわれわれの内部においても、また近隣においても、知識水準や生活程度の低さが、いろいろ特殊の困難をつくっていて、世界的な混乱が起こるようなことがあれば、われわれは再度また野蛮の泥沼にはまりこんでしまう危険のあることを知らなければならないであろう。遠くひろく見る時、どうすれば世のため、国のためになるかが、いろいろ考えられるのであるけれども、少数者は政争に狂奔し、多数者は全くこれに無関心であるか、あるいは芝居のような観物として、これに興味をもち、内幕話やゴシップを面白がるばかりである。ソロンのいうように、少しでも正しく、少しでもわれわれ全体の救いとなる方向に協力して、これと危険を共にするの勇気が、依然としてわれわれに欠けているのではないか。われわれはただ自分の生活のために頑強に戦えば、それがそのまま人類解放につづくというような、一種の宗教的題目を、そう簡単に信じこむことは出来ない。われわれの生活の困難は、もっと複雑だと言わなければならない。われわれの今日の政治的関心は、現実の直視によって、われわれが極めて困難な立場にあることを教えると共に、嫌悪と絶望のうちから、われわれがなお勇気をもち、期待をもつことを命じているのである。

（『思索』一九四七年九月号）

Ⅳ 敢えて言う

論争について

一

論争はどうして起こるか。言うまでもなく、意見が違うからだ。しかし意見が違うからといって、すぐに論争となるわけではない。意見が違っていても、何も言わないで、黙っている場合もなかなか多い。今さら何を言ったところで仕方がないという、一種の絶望が、われわれの口を封じてしまうこともある。今日までの生活で、われわれはそういうことをかなり多く経験させられて来たように思う。今日でもそういうことがまだたくさんのこっている。ある種の議論だけが一方的にくりかえしのべられていて、それの批評が一向に行なわれないというようなところにも、その事実が認められはしないだろうか。これは不幸な前兆である。われわれはめいめい考えの違うところを、もっと正直に話し合えるようにしたいものだと思う。しかし実際の経験では、いろいろな会合でも、発言様式そのものからして、われわれに自由な話し合いをさせないように出来ている場合が少なくない。新聞や雑誌を見ても、やはり同じような困難が感じられる。しかしわれわれは性急に絶望してはならない。自由に話し合える機運というものも、少しは出て来ているし、違ったことを言うだけの勇気をもっている人も、全くないわけではない。われわれはこれらの可能性をのばして、もっとひろく、自由な話し合いの空気をつくって行かなければならない。論争というものが、何らかの有効性をもつためには、そういう空気が必要なのだ。

二

しかしながら、話し合いにすぐ大きな期待をかけることはかえって危険かも知れない。期待が大きければ、失望もまた大である。それはかえって絶望を深めるだろう。われわれの考えの相違は、それぞれ根ざすところがあって、そう一朝一夕に変るものではない。哲学の歴史を見れば、思想の相違はどれも根本的で、とても話し合いですぐ解決されるようなものではないことが知られる。歴史の審判というようなことが言われるけれども、歴史には最終判決というものはない。最後の審判は宗教の話であって、進歩主義者という人たちも、歴史の現実にそのような最終の解決を信じているのなら、彼らもまた昔のユダヤ人の信仰をうけついでいると言わなければならない。堕天使は、かつては第一の天使であった。悪魔は奇妙な仕方で、神に最もよく似ている。まことに思想の歴史も、政治の歴史も、また科学の歴史さえも、一面から見れば、誤謬の歴史に過ぎないだろう。それは絶えざる反駁と否定の歴史なのである。だから、これを大きな眼で見れば、思想の歴史というようなものは、ひとつの論争史として見られるだろう。世界は水であるとか、人の性は善であるとか、万人の求めるところのものは快楽であるとかいうような立言を出発点にして、それの反論と弁護論とが、今日まで綿々として続けられて来ているわけだ。それの論者も、絶えず入れ代り、聴衆もすべて死に絶えては入れ代っている。歴史の法廷というのは、そういうところなのだ。そこには別に裁判官というものもいないし、判決の読み上げられることもない。判決と言えば、すべての人間に死が宣告されているだけであり、歴史の推移そのものが、その時その時の判決になっているのかも知れない。しかしその判決は、絶えず破棄され、再審されなければならないものなのだ。

　わたしは少しばかり気の長い話をし過ぎたかも知れない。しかし論争というものに何らかの効果を期待するためには、かえってこのような覚悟を、あらかじめしておく必要があるのではないかと思う。論争というようなもので、すぐに何でも片づくなどとは、まあ考えない方がよいのである。さきにも触れたように、われわれの意見の相違を、その根本にさかのぼって考えれば、どれもこれも、すぐには片づかない大問題になってしまう。そういう問題を、すっかり解決するなどということは、われわれに出来ることではない。無論、そんな大問題なんてどうでもいいと言われるかも知れない。われわれの問題は、もっと現実にさし迫った問題なのであって、われわれの祖国は、アメリカ帝国主義の支配下に、いまや戦争と破滅の危機に追いこまれているが、これをどうして防止するかというようなことが、焦眉の急として問われているのである。われわれはこの重大な問題を、哲学史の講釈などでどこかへおき忘れるようなことがあってはならないと、こう言われるかも知れない。しかしながら、そのわれわれの現状を、いかなるものとして認定するかということに、既に問題があるのであり、われわれはどうすればよいかということに関しても、意見はいろいろに分れるのである。緊急を名にして、ひとつの結論を押しつけるのは、デマゴギーの一手であって、かの非常時と称せられた時代から、よく用いられた手なのであるが、未だにだまされる人が多いらしい。いわゆる情況判断というものも、それにもとづいて最善の方策を考え出すということも、なかなか困難な仕事であって、むしろ失敗の多いものであることを知らなければならない。われわれの日常生活は、一家の和合や経済のやりくり、近隣とのつき合い、事業の運営、あるいは組合活動、地方自治、国内統治、外交交渉など、いちいち数え切れないほどの、いろいろな場面において、不断にそのような困難の問題を、焦眉の急として、われわれに課していると言うことができる。これをわれわれは、半ば夢中で、習慣的に処理しているが、それでよかったかどうかは、少し永い眼で見れば、もうよくは分からないことになる。さきにも言われたように、歴史に最終判決はないのである。全世界史を自分の味方にして背負っているようなものの言い方もあるけれども、そのような哲学に何の保証があるわけではない。われわれは法王には誤謬がないとか、共産党政府には失政がないとかいうようなことを信ずるよりも、むしろ人間はいつも間違いをする危険にあるのだと考えた方がよいのではないかと思う。われわれにとって大切なことは、われわれが出来るだけ早く、自分たちの誤謬に気づくということであり、いつでも失策を改めることができるように、他の途をあけておくということである。そして、それの一番の障害になるものは、われわれが精神的に盲目であったり、完全にだまされていたりする場合である。全体主義国家の能率というものは、このような馬車馬的盲目性によって贖われる傾向が強い。われわれは、このような精神的盲目性から自分を守るために、いつも逆を考えることができるようにしておかなければならない。それには、反対の考えが公然と語られ、その間で論争の展開されていることが望ましいわけなのだ。既に言われたように、論争は直接には何も解決しないかも知れない。しかしそれが公然と行なわれていることは、多くの人々の眼をひらくことになる。われわれは一方的な主張を聞くだけでは、そのリフレーンにつれて、すぐに精神的な居眠りをはじめることになる。むしろわれわれは論争を通じて、考えの相違や立場の相違に、はっきりと目をさますようになるだろう。そしてそのようなことをはっきりさせた上で、お互いに話し合いのできるような、実際的の問題を処理して行ったらよいのである。人の顔色ばかり見ていて、一向に立場のはっきりしない連中が、どれだけ集まって、何を満場一致で決議しようとも、実際には、何の解決もできはしないのである。むしろ立場のはっきり違っている者の間で、実際的な解決がなされると考えなければならない。論争というものは、そういう話し合いの基礎になるものなのだ。

三

しかし論争が、いつまでも片づかないものだとすると、それは実際の間に合わないことになる。だから、そういう空論は無用だということになるかも知れない。たしかに、実際のことがらというものは、さきにも言われたような、焦眉の急として、いつも議論を待たずに、それ以前のところで処理される傾きがある。だから多くの場合、議論は後の祭なのである。論争などをしていたら、いつも後にとり残されるような気がする。論争は果しないものなのである。しかしながら、既に言われたように、歴史にも、最終の判決はない。実際の処理が、いかに先決されようとも、それは仮りのことであって、歴史はつねにこれを修正する。その限りにおいて、実際のことがらもまた、果しないものなのである。ひとつの想像が許されるなら、一方においては、議論が議論につづいて、果しない論争の連鎖をなし、他方においては、実際のことがらが実際のことがらにつながって、これの処理と再処理とが果しない連続をなし、両者はいつまでも合することのない平行線になると想像される。従って、論争が実際の間に合わないということは、当然のことだと考えられる。なぜなら、両者の間には、直接に触れ合う点がないからである。だから、さきに言われたことは、また逆にも言えるのであって、議論はいつも後の祭だと考えられたけれども、実際の処理というものも、理論の考えた通りには、なかなかならないものであって、実際のことがらは、理論よりも遅足だと言われるであろう。つまり議論が実際の間に合わないなら、実際もまた議論の間に合わないのである。その点は、お互いさまだと言わなければならない。しかしながら、このような平行線を考えることは、ひとつの想像に止まる。スピノザの哲学では、このような平行は、これを神のうちにおいて、神を介して、ひとつの合致点に導くことができるかも知れない。しかしながら、われわれはそのような哲学を待つまでもなく、実際と議論とが、永い間に相互に影響し合っていることを知る。議論は実際の後を追いかけたり、また時には先まわりしながら、これに直接間接の影響を及ぼしている。実際の処理も、これについての議論も、われわれ人間がこれをなすのであって、われわれにおいて、われわれを通じて、議論と実際とは一つになる。平行線と見えたものも、この全体的な関連のうちにおいて、相互のつながりをもっているのである。さきに言われたように、論争の展開というものも、直接には解決をもたらさず、実際の役に立たないように見えても、われわれの眼をひらいて、われわれを精神的な盲目性から守ってくれることにおいて、大きな実際的効果をもつと言うことができる。この点、われわれは議論の現実性というものについて、あまり神経質になる必要はないと思う。時によると、いわゆる現実に即した議論というものが、いかにも実際の役に立っているように見えて、かえってそうでないことが多いのである。

四

しかしながら、われわれのうちには、いつも性急な人間が住んでいる。われわれはいつ果てるとも知れないような議論には、とても我慢ができない。「早く結論を言え」と、すぐに呶鳴《どな》り出す。そして、それを聞くが早いか、すぐに走り出す。実践へというわけである。もっとも、これは予期された通りの、わが意を得た答が出た場合であって、その反対の場合には、何か寸鉄人を殺すといったような、鋭い反対の言葉を投げつけて、後も聞かずに、やはり走り去ってしまうのである。これは他の機会にのべたことなのであるが、現在わが国で行なわれている批評というものは、大体において、この種の寸鉄殺人的な短評の系統に属するのではないかと考えられる。新聞の夕刊をひろげてみると、毎日の出来事が、二行の文句で批評されている。いや、批評というよりも、やっつけられていると言った方がよいだろう。これは俳句や川柳につながる、日本人の天才的な側面かも知れない。瞬間的なキャッチが、実にあざやかである。しかしこれでは、飛んで行く矢を、瞬間瞬間でとらえているようなもので、全体の運動を見ることはできない。毎日の出来事を、後から後から追いかけて、その瞬間瞬間に、寸評を浴せかけて行ったところで、世界の動きをとらえることはできない。歴史というものは、永い眼で見なければならないものなのだ。毎日の出来事を、新聞が短評し、毎週のことを、週刊誌が短評し、毎月のことを、雑誌が短評する。そしてそれらの評論を、各種の刊行物で、逆にまた短評する。いわゆる「雑誌評」などを読んでいると、これでは議論も起こらず、論争も発展しないわけだと思う。こんなやっつけ合いでことがすむなら、議論は無用のはずである。しかも、一言で議論を封じようとする、この種の気合術は、「結論を言え」という性急家の場合にも見られたように、自分の気に入った言葉だけを聞こうとする、偏狭の精神をよりどころにしているのである。つまり一種の精神的盲目性を土台にしているのである。

　しかしながら、論争の発展をはばむ性急家は、これだけに止まらない。どんな議論に対しても、ただ結論を求めるというだけではなくて、すぐに実践的な帰結を出せと迫る性急家がいるからである。「それなら、われわれはどうすればよいのだ。それを教えてくれ」というわけである。こういうふうに、すぐ命令を受け取りたがる人が多いので、とんでもない命令屋が出現したりする。こういう要求を満足させるためには、われわれは法典とか、操典とかいうかたちで、いちいちの行動を指図するような、命令の体系を与えなければならないだろう。そうすれば、日常一切の行動が、あらかじめそこで規定されているから、これは実際の役に立つといって、かれらも大いに満足するだろう。しかしながら、それがもし完全な体系であるとしたならば、そこにはもはや議論の余地がのこされていないことになる。だから、どんな議論に対しても、すぐ実践的な帰結を求める性急家というものは、このような完全な命令体系を求めて、議論の排除を希望しているのだということになる。問答無用ということは、この種の実践家の気持にぴったりと合う。われわれも役所や事務所で、この事実を経験することがある。一切が規則によって処理され、それ以外のことには、一向に応じてくれないからである。さきに言われた「やっつけ」批評というものも、公式と感覚に従って、一切を裁断するところは、役人が事務を処理するのと、少しも違っていないと言えるかも知れない。そこでは、議論の入りこむ余地もなく、喧嘩はあっても、論争の発展は望むべくもないだろう。いずれにしても、議論が起こり、論争が行なわれ、われわれの眼がいつも開かれているためには、悪条件ばかりだということになる。

五

しかし悪条件の最大なるものに、われわれはまだ気づいていないようだ。われわれの社会では、一方的な長広舌と、反対者に対する「やっつけ」批評があるばかりで、堂々たる弁論の応酬が行なわれることはほとんど見られない。われわれは歴史の法廷に慣れていないのである。論争というものも、事件の処理ということも、完全に片づくことはない。われわれの立場の相違というものは、簡単に解消するものではない。だから、われわれは、気長に論争を聞くつもりがなければならない。早期解決などをあせる必要は少しもないのである。ある意味において、カトリックとプロテスタントの立場は、絶対に相容れないものである。これを少しの話し合いや論争で、すぐに和解させるなどということはできない。すぐに論争のけりをつけようとすれば、残酷な流血事を避けることができないだろう。われわれは一種の気長さによって、そのような悲惨事をまぬかれている。共産主義国家と自由国家との対立は、根本において、絶対的なものだと言える。いい加減なごまかしで、これを蔽いかくすことはできない。しかしながら、歴史と共に、これを永い眼で見ていれば、論争は果しがなくても、共存は現実のまま続いて行くだろう。早期解決をあせることは、破滅的な戦争を意味する。仏教とキリスト教も、君主崇拝とキリスト教も、その立場は根本的に違うかも知れない。しかし歴史は、これらを共存させたのである。われわれは論争を楽しむことによって、かえって平和を保つことができるだろう。ところが、わが国では、すぐに反対論を封ずるような、性急の工夫ばかりが発達している。

　そのひとつを論争の場合について見ると、この世の法廷では、弁論は果しなくつづけられるのではなくて、やがて最終判決が下されるのであるから、法廷弁論には、いろいろな手が考えられている。わが国の聴衆は、この種の弁論に慣れていないので、すぐにその手に引っかかってしまう。むかしのギリシアの法廷では、あわれな姿の妻や老親、あるいは幼児などをつれて来て、陪審官たちの情にすがる泣き落しの手が、よく用いられたものである。これは乞食の方法に似ている。ところが、わが国では、反対論者の口を封ずるために、この種のきめ手を用いることがよく行なわれる。いろいろな犠牲者を前面にもち出して、自分がその代表者のような顔をする方法である。かつては「戦地の兵隊さん」がそれに用いられたが、近頃は各種の戦争犠牲者がこれに用いられる。議論上のすべての反対者は、この犠牲に対して冷淡であり、無関心であるとされ、これに脱帽敬礼させることによって、同時に自説に屈服させようとするのである。かの「長崎の鐘」の永井博士に対しては、内輪の話で、ずいぶんひどい言葉をつかってこれを批評していた進歩主義者たちも、別の場所の原爆、水爆被害者については、違った新しい目的のために落語「らくだ」に出てくる馬さんのような騒ぎをするのである。死者や犠牲者は、すべて聖なる者である。飢えたる者、呪われたる者も、何か聖なる者である。しかし棺桶や位牌をもち出して、ひとを叱りつけるような論法は、その聖なるものをけがすだけだと思う。「自分の安楽を思って、ひとの不幸をかえりみぬ」などという非難も、議論そのものをすっぽかす一種のヒステリー論法であって、それとこれとは別であると言わなければならぬ。ひとびとがこの種の手段に訴えるのは、一挙に解決することを急ぐからであると思われる。もっと気長に話し合えないものだろうか。

またわれわれの社会には、タブーになる言葉が多過ぎる。戦争時代には、「平和」という言葉はタブーであった。今は逆に「戦争」とか、「軍備」とかいう言葉がタブーである。こんな言葉を避けることによって、平和を保つことができるなどと信じるのは、お呪《まじな》いで病気が防げると思うのと、あまり違わない。いろいろなタブーをつくって、発言や思考を窮屈にすることは、われわれを狭い制限内で生活させることになり、ほかによいことや助かる途があっても、これを考えさせないのであるから、実際上、非常に有害であると言わなければならない。戦争時代の実際が、これを証拠だてている。そしてそのような偏狭の精神は、今日に至っても、一向に改まっていないように思われる。いわゆる失言とか、暴言というものが問題化される場合にも、問題にならないものが問題にされていることが多い。それは尾崎行雄の「共和演説」以来、つねに言葉尻をとらえて、これを重大問題化しているのである。そしてこのような手が、今日に至るまで、最も有効な攻撃手段として用いられるのは、言葉のタブーが多過ぎるからなのである。それは発言を不自由にし、議論を封ずることとなる。ひとは誰も、当りさわりのない、あいまいなことを言い、のらりくらりと、言いのがれをすることばかり考えるようになる。われわれは失言問題や暴言問題を、一切取り上げないようにすべきである。片言隻語に憤激したり、結論だけを聞いて、これに判決を下したりするような習慣は、どう考えても、よい習慣だとは思われない。われわれは言葉尻よりも、言われていることの全体の意味をとらえたらよい。その基本の主張と理由について、反駁するなら、反駁したらよい。それが論争というものだ。

六

しかし論争は、勝訴を目ざす限り、やはり法廷弁論の秘術をつくすことになる。われわれはこれに気づかないで、判断を誤ることが少なくない。われわれはさきにアテナイ法廷の事例を挙げたが、このような芝居は論争でもよく用いられる。死者や犠牲者がもち出される例は、さきにのべたが、そのほかにも言葉のタブーを逆用して、反対者を攻撃したり、子役を登場させたり、女優さんまで入れた文化人グループが、はなやかな合唱隊を形づくったりすることもある。時にはギリシア悲劇の一場面よろしく、はるばると海外からの使者が、手紙や署名をたずさえて、口上をのべることもある。論争を楽しむ立場から言うと、このような余興も、なかなか面白いと思う。しかしながら、全体がただこのような演出となっているだけで、議論そのものは、何ものべられていないというのでは、いわゆる子供だましと言うものであって、正当な論争とは言えないだろう。こういうふうに、多くの証人を出廷させて、有利な証言を集めるということは、法廷弁論の一手として、よく用いられることであるが、慧眼の裁判官は、このような手段によって欺かれることはない。同類仲間の証言は、どれだけ多くあっても、ただ一人の証言と同じことである。

また、このように多数の人物を登場させることが、何か議論の現実性、具体性を示すもののように考えられることもあるが、そう簡単に考えてよいかどうかは、大いに疑問であると思う。たしかに、一億の人間が、ことある毎に国民儀礼を行ない、必勝を誓ったのである。これはひとつの事実である。一千万の人間が署名し、一百万の人間が行進するということも、一個のおごそかな事実である。しかしながら、そういう多数の人間を動員した原則が、それだけの事実で、そのまま現実的であると言えるかどうかは、なお疑問である。実を言えば、国家社会の規則や習慣は、同じ仕方で、もっと多くの人たちを不断に動員しているのである。さきに見られたように、それは盲目的、機械的にも、人を動かし、事務を処理して行くのである。しかしながら、どれだけ多くの人間が動員されたところで、それが原理的な盲目性にもとづくものだとするならば、それは多数の人間が夢を見ているだけのことであって、現実はその夢の破れたところに、これを破るものと共に見出されると言わなければならない。われわれはこれを敗戦の事実において経験したはずである。今日においても、いろいろな会合において、現実的な話し合い、実践との結びつきをもった討議のかたちで、原則的な問題は、あたかも不動の国策のごとくに全く不問に附して、これをいかに下部に徹底させるか、またそれの障害となっているものは何かというようなことが、具体的な事例と共に、熱心に語られるのを聞いて、いろいろ教えられるところがあって面白く思うけれども、他方ではまた、上意下達を討議した戦時中の国民常会や、外地の宣撫官会議を思い出して、何だかへんな気のすることがある。どれだけの人間が、そのために熱心にはたらいたところで、原理的な盲目性がこれを一律に支配しているのでは、時によっては、ただ大多数の人を不幸にするだけかも知れない。それらの仕事のために語られる言論は、一見いかにも現実的、具体的であるけれども、実際は非現実的な空想にもとづくものとなるだろう。これは恐ろしいことだ。

　レジスタンスということが、第二次世界大戦のエピソードとして、文学的に美しく語られている。しかしながら、それは要するに、ひとつのエピソードに止まり、フランスがそれだけで解放されたとは信じられない。ワイマール政府に対しては、軍事占領の強硬策を取りながら、ヒットラーのドイツに対しては、平和の歌をうたうことしか知らなかったフランスは、政治的に大きな誤まりを犯していたのである。敗戦の後でレジスタンスを起してみても、それはもう手おくれだったとも言える。それは物語的には美しいが、アイゼンハウアーの上陸作戦が行なわれなかったなら、現実の結果は得られなかったであろう。現実というのは、このような作戦の背後にある世界戦局の政治や経済や軍事の大きな組合せのうちにあるのであって、抵抗者の悲痛は、主観的にどれほど深刻であったとしても、この現実を左右することのできるものではない。フランスは、いつも同盟者の弱点となって、敵方から利用されているようなところがあった。今日でも冷静な作戦家は、文学的な感傷家たちを、利用すべき現実の一要素として、着実な計算のうちに入れているであろう。かれらの現実性というものは、これだけのことである。いわゆる平和運動というようなものも、一切の議論を封じて、いわゆる実践運動としてのみ推進されるなら、一億玉砕の精神運動とあまり変らないものになってしまうだろう。それは危険なことだ。だから、このような場合には、その精神的盲目性を批判する抽象論、消極批評の方が、かえって現実的であり、実際的であるということになる。われわれはさかんに議論しなければならない、言葉のタブーや法廷弁論の詐術を乗り越えて。

七

しかしここで、わたしは少し気はずかしくなる。なぜわたしのような者が、こんなことを論じなければならないのだろうか。これらは大部分が、実際の政治家や政治評論家が取り上げて、これを論じなければならないことなのではないか。今日の日本の不思議は、文学者が法律問題を論じたり、哲学書生が米ソの対立を論じたりしていて、政治家や政治学者がこれらについて一向に論争しないことである。経済を研究するということは、『資本論』を読むことであると「見つけたり」という学者が、若干あるとしても、これは当然予期できることである。しかしそれと別のことを考える学者がいないということは、少しへんだと言わなければならない。はじめに言ったように、哲学をはじめとする学問の世界は、根本的な意見の相違があるはずであって、学問はそのような対立や論争から、進歩して来たと言うことができるかも知れないのである。それだのに、なぜ意見の相違が公然と、はっきり語られないのだろうか。政治学者は、どこかの政党のテーゼをパラフレイズするより外に、何もできないような人たちばかりなのだろうか。そんなはずはないと思う。ただいろいろな事情が、自由な発言を妨げているのだと思う。しかしわれわれは、もっと正直に話し合える空気をつくって行きたいと思う。はじめにも言ったことだが、われわれは立場の相違をはっきりとさせた上で、はじめて実際的な話し合いと、実際的な解決を試みることができる。われわれはお互いに、もっと勇気をもち、誠実でありたい。そして政治学者や政治評論家、政治家などから、われわれの眼をひらくような、堂々たる大論争を聞きたいと思う。それにはもう少し、本当の勉強をしてもらうことも必要かも知れない。法廷弁論はもうたくさんである。そうすれば、翻訳をしたり、語学を教えたりするのが本職のはずの人間が、平和論の大家であったり、法律問題の権威であったりする必要はなくなるだろう。同じくモスクワや北京へ行くのも、代用政治家ではなくて、本職の政治家に行ってもらいたいものだ。その政治家は、不良外人にだまされる純情日本ムスメみたいな人物では困る。明治時代の末期、伊藤博文はロシア行の途中、ハルビン駅頭でピストルの弾に倒れたが、それは日英同盟を背後において、日露戦争や日韓合併以後の日露関係を調整するためであったというようなことが言われている。政治家はこの方がよい。しかしこのような話は、わたしの柄ではない。今のところわれわれは、まず自由な話し合いの空気をつくらなければならない。そして議論のバトンを、できるだけ早く、本職の人に渡さなければならない。それにはジャーナリズムも、ひろく違った意見に対して、公開の場所を提供するための努力を、もっと積極的にしてほしいように思う。

（『中央公論』一九五五年二月号）

責任と無責任との間――「疑わしきは罰せず」ということから

一

「疑わしきは罰せず」というような言葉が、法律関係の議論に、ときどき用いられているように思う。それがどこから出ているのか、素人のわたしにはわからない。しかしわたしも、それに似たような言葉を知っている。ラテン語で、in dubio pro reo というのだ。「疑わしい場合には、被告のために」というような意味になるかと思う。わたしがこんな言葉を知っているのは、別に物識りだからではない。それには恥ずかしい思い出があるからだ。わたしが新米の教師だった時、このやさしいラテン語の意味がわからずに、大汗をかいたおぼえがあるからだ。そしてそれの法律に関係する意味を、ある先輩に教えてもらって、「なあんだ」と思い、そういうことに思い到らなかった自分を、今さらながら、哲学書生のものを知らないこととして、痛感したわけなのだ。そしてそれ以後も、今日まで、そういう思いをすることがたびたびである。わたしのこれからの議論も、恐らくそういう種類のものなのかも知れない。

しかしとにかく、最初にわたしの問題を言ってしまうと、今日いろいろの方面で、責任の追及ということが、例えば戦争責任の問題などで、やかましく言われているが、他方ではまた、あらゆる犯罪を弁護して、すべてを無罪放免にしようとするような、一見大へん情け深いような議論も、さかんに行なわれている。この全く逆のような傾向は、いったいどう関係するのであろうか。これらを兆候とする、われわれの精神の情況は、いったいどういうものなのであろうか、わたしには、これらのことが、少しばかり気になるのだ。そして「疑わしきは罰せず」という言葉も、このような問題と関係させて考えてみると、ひとびとの考え方や精神の情況について、いろいろな疑問をいだかせることになる。

言うまでもなく、「疑わしきは罰せず」というのは、「疑わしい場合には、被告のために」というのと、同じようなことを言おうとしているのだとも考えられるが、しかしその意味は、必ずしも同じとは言えない。「罰せず」ということは、「被告のために」の一つの場合とはなるが、しかし「被告のために」が、いつも必ず「罰せず」ということになるとは限らないからである。だから、この「罰せず」という方だけを取り上げて、これを一つの原則のようなものとして立てるなら、「疑わしい」ということを、極端な意味にとる場合には、いかなる犯罪も罰せられないということになるだろう。デカルトがすべてを疑ったような仕方で、われわれの懐疑を徹底させるなら、何ものも絶対確実とは言われないからである。しかし「被告のために」というだけなら、われわれはその「ために」ということを、ひろい幅で、いろいろに考えることができるから、一挙にすべての刑罰を不可能にするというようなことにはならないだろう。恐らく「疑わしさ」ということにも、いろいろの程度があって、われわれもそれに応じて「被告のために」ということを、いろいろに加減することができるだろう。しかしそれにしても、これらを原則として立てるというのは、どういうことであろうか。あるいはまた、これらはいかなる意味の原則として立てられるのであろうか。

二

しかし、いきなりこう言っても、問題の意味が、すぐにはのみこめないかも知れない。それには「疑わしきは罰せず」というような言葉が、実際によく引き合いに出される場合を考えてみるのが、早道かも知れない。それは法廷弁論において、被告側の弁護人が、無罪論の一節に好んで引用する、ひとつの格言のようなものだとも考えられる。たしかにそれは、法律の条文にある言葉ではない。ある意味では、法律外の言葉である。しかし無論また、それは法律に全く無関係なのではなくて、まさに法律関係の格言の類だったのである。だから、若い時のわたしは、この関係をよく知らなかったために、この種の簡単な言葉の意味を、うまくつかむことができなかったのである。このように、法律外にあって、しかも法律に関係するということは、概念的には、奇怪なことに思われるが、実際には、別に不思議はないわけなのである。法律というものは、人間存在の一面をなすに過ぎないのであるから、宗教、道徳、芸術、学問、技術、経済、その他の入りまじった人間存在の、巨大な塊りについて考えれば、法律外にあって、法律に関係するというようなことは、人生の他の全部が、そういうものだと言うことができるだろう。

しかしわれわれの問題にしている言葉が、法律に関係するのは、そういう一般的な仕方においてではないと考えられる。それは何か特別な仕方で、法律的な言葉なのである。われわれはそれを、何か本文に対する序文とか、後記とかいう形で、法律に附属していると考えることができるかも知れない。だから、またそれは、法律関係の一種の原則のようなものとも見られたのである。しかし原則のあり方にも、いろいろあることを、われわれは知らなければならない。例えば数学においては、公理と公準についての、古来の区別がある。あるいはまた、カント倫理学における、道徳律と格率の区別の如きものを、ひとは思い浮かべることもできるだろう。そうすると、「疑わしきは罰せず」というようなのは、どういう原則なのであろうか。

　まわりくどい議論に入らないために、わたしの見るところを、簡単にのべれば、それは裁判官の心得とか、あるいは信条とかいうものにかかわるのだと言うことができるだろう。さきにも見られたように、「疑わしきは罰せず」というようなことを、法律の条文にしてしまったなら、刑罰は不可能になるかも知れないのである。しかし裁判官が、自分の心得として、疑わしきを罰せずという方針で、裁判にのぞむことは、充分に有意義なことだと考えられる。なぜなら、かれはこれによって、出来るだけ疑わしさをのこさないように、審理を厳重にし、軽々しくは刑罰を下すまいと心がけるようになるからである。これはよいことだと言わなければならない。だから、「疑わしきは罰せず」ということも、これを法律の条文に客観化すれば、いろいろな困難を生ずるけれども、裁判官のための、主観的な原則（Maxime）として見れば、多くの効用と意味をもつと言うことができるであろう。

　しかしながら、これが法廷弁論において、無罪論のために引用されるような場合には、また意味が違ってくると言わなければならない。かりに事実上の犯人が、証拠の不備を利用して、この原則の下に、自己の無罪を主張するとしたら、どうであろうか。この厚顔無恥の主張は、裁判官の主観に属する原則を、あたかも客観的な法律の如くに引用することで、外観上の合理性のようなものをつくり出しているのである。しかしわれわれはこのような原則の混同を、そのまま許すことはできないであろう。それはいわば他人の良心に属することがらに対して、厚かましく口ばしを入れようとするものであると言わなければならない。われわれは「疑わしきは罰せず」というのが、無制限に引用される言葉ではないことを見るのである。

三

かくてわれわれは、問題の言葉が、裁判官にとっては、よい意味をもつけれども、実際の犯人に対しては、それの引用を許すことができないというように考えなければならなかったのである。しかしながら、これはまた極めて特殊な場合なのであるから、これだけのことで、この言葉の引用を、他のひとびとに対して禁止することはできないとも考えられる。例えば弁護人の立場は、犯人の立場と、全く同じだと言うことはできないだろう。またわれわれも、第三者として、裁判官にこの種の要請をすることが、全くできないとは考えられないのである。もともと裁判というようなことは、われわれ全体の仕事だったのかも知れない。しかしそれらをすべてわれわれの直接の仕事とすることは、事実上不可能であると言わなければならない。裁判官は、われわれのそういう仕事を委託されたものであると言うことができるであろう。むかしは祭事（まつりごと）をつかさどる氏族の首長が、もっぱらこれに当たったとも言われる。ここでは裁判は簡単であって、黒白は、神意を問うことによって、絶対的に決定されたのである。いわゆる盟神探湯（くかだち）や鉄火神判の例は、世界各地の故事に見られるところである。裁判や法廷が神聖であるということは、われわれが古人から受けついでいるこのような宗教観念の名ごりなのである。

　しかしながら、現代のわれわれは、裁判において、神に直接たよるということは、もはやできない。裁判官の仕事は、人間が人間を裁くことのむずかしさをもっている。無論、むかしの裁判官も、神意をさぐることにおいて、占師と同じような、解釈の自由をもつ場合が少なくなかったようである。そしてそのような自由は、かれに重大な責任を負わせ、仕事の困難を経験させたであろうと考えられる。しかし現代において、裁判の仕事を委託された人たちは、もっと多くの自由と、もっと重い責任と、もっと大きな困難をもっていると言わなければならないだろう。ある意味では、最後のところで、神の裁断にたよることのできた古人を、われわれはうらやまなければならないであろう。ひとびとは、人間が人間を裁くことの恐しさというようなことを、よく口にするけれども、われわれはまだその恐しさを、本当に知ってはいないような気がする。われわれは、この困難な仕事を、何とかしてやって行くためには、やはり理想として、何か神の裁断の如きものに近づくことを求めなければならないだろう。われわれが、法律の条文のほかに、他の原則を必要とするわけも、そこにあるのだと考えられる。

かくてわれわれは、裁判官が自己の責任において決定しなければならないことがらについて、何らかの指針となるものを、われわれもまた責任を分つような仕方において、われわれの共同の原則とすることができるであろう。「疑わしい場合には、被告のために」というのも、そのような原則となり得るわけである。裁判官は、この精神にもとづいて、それぞれの事件を処理する時、われわれと共に裁判しているのだと言うことができる。しかしながら、これらの原則は、既にたびたび言われたように、客観的な法律なのではない。裁判官は、これらの原則を、自己の信条、もしくは主義として選ぶことができるけれども、しかし法律上、これらの原則によって拘束されることはないのである。否、むしろ場合によっては、それと反対の厳罰主義を自己の信条とすることも自由なのである。だから、われわれも、これらの原則の選択について、かれの良心に訴えることはできるけれども、かれの良心に口ばしを入れることはできないのである。

四

しかしながら、実際問題としては、われわれが自分だけの道徳的信念をもっているということは、むしろ例外的だと言わなければならないだろう。われわれの信条も主義も、社会の一般的な考え方によって、大きく規定されていると言わなければならない。無論、裁判官といえども、その例外ではない。むしろかれらも、そのような一般の考えに従うことによって、自分で選択し、自分で判断する重荷を、出来るだけ軽くすることを計るであろう。われわれは、多く考えることなしに、「疑わしい場合には、被告のために」を、大体の方針とする方が、楽かも知れない。またその場合でも、何を疑わしいと判じ、何を被告のためと認めるかは、かれ自身の責任に属する、やっかいな仕事としてのこるから、「被告のために」というのを、ただ事件処理の最後の段階だけで刑を一段ずつ軽くすることにきめておけば、考える苦労が、それだけ少なくなるというものである。「罪疑わしければ、軽きに従い、賞疑わしければ、重きに従う」という言葉が、むかしのシナにあるけれども、これも治者のために、いっそう具体的な処方を示していると言うことができるであろう。われわれが最初に見た言葉は、その点で、最も簡便だと言えるかも知れない。「疑わしきは罰せず」というのは、「被告のために」考えたり、「軽き」を比較考量したりする苦労を、われわれから免除してくれる。その簡単さにおいて、それはあらゆる犯罪に対して、死刑というただ一つの刑罰があるだけだったと伝えられる、かのドラコンの「血をもって書かれた」法律と、好対照をなすと言うことができるであろう。それはその極において、裁判官から、自己の責任と自由において判断する重荷を、すっかり取り払ってしまうから、原則の主観性を止揚して、これを客観性に転ずるかのようにも見られるかも知れない。犯人自身がこれを引用して、自己の無罪を主張するのも、その点、別に不思議はなかったのかも知れない。そしてその結果、刑罰は廃止され、裁判官も責任を解除されて、その職を失うことになるのである。何だかひとつの理想郷が実現したかのようである。しかし果してそうであろうか。

無刑罰主義というものは、美しい名前であり、理想としては、東洋の徳治主義も、西洋の無政府主義も、これの実現を期待しているのだと言うことができる。しかしながら、現在のわれわれのあり方では、無政府状態というものは、弱肉強食の最も粗暴な形態を意味するだけである。無刑罰主義というものは、限られた場においてのみ意味をもつと言わなければならない。しかしこの場合でも、いわゆる「叱らない教育」の例について見られるように、いろいろな疑問がのこされるのである。叱らないというだけでは、叱ったり、ほめたりするよりも、簡単な処置であるから、教師はそれだけ気楽にやれるわけである。無論、叱らないということは、自分の自然の感情に無理を加えることなのであるから、必ずしも楽ではないかも知れない。それは教師に対して、一種の精神主義を要求するものなのである。しかしこのような精神修養が、教師の人間をつくる上において、かれが自分の責任と判断で、叱ったり、ほめたりする経験を重ねることよりも、よい結果をもつかどうかは、すこぶる疑問であると言わなければならない。犬儒派の昔から、このような鍛錬は、末流の人物において、習慣的な無感覚を生むだけに終る場合が少なくない。しかも子供たちは、教師が叱らなくとも、かれら自身の間で、未熟な制裁や刑罰を加え合うであろう。それはしばしば、不良グループの恐るべき圧制となる傾向をもっているのである。

五

われわれは、無刑罰主義の裁判官を認めることができる。かれが与えられた条件の下で、出来るだけこの理想に近づこうとして、心から被告のために最善を考えてやっているのだとしたら、われわれはかれの信条を、りっぱなものだと認めなければならない。同様にして、われわれはまた、叱らない教育の実践家たちに、理解と同情とをもちたいと思う。しかしながら、また他方、これらの美名の下に、投げやりや無責任のいろいろな形が、かくされているのではないかということを、忘れてはならないと思うのである。戦後これまで、われわれはいろいろな美しい名前に夢中になって、そういう事実に眼を閉じて来たのではないかと思われる。それはしかし、それぞれの場合において、一番弱い立場にある人たちを、泣かせることになっていたかも知れないのである。

そればかりでなく、無刑罰主義というものは、ひとつの美しい理想ではあるが、しかしそれだけを唯一の原則として、関係のすべての問題を処理することができるか、どうかということは、疑問であると言わなければならない。むかしから正義というものは、神の怒りと共に考えられ、それは刑罰や復讐のうちに具体化されると見られていたのである。むかしの人が、国家社会の成立について語った神話のうちには、刑罰的な正義が、国家社会成立の根本条件とされているものがある。古代社会の首長がもった大切な役目は、祭事と軍事と、そして刑罰を主とする裁判であったとも考えられる。現代の社会においても、無警察状態は、美しい理想であるよりも、むしろ恐怖の言葉なのである。われわれは、刑罰というものについて、今日では人道主義的な言葉の方を、より多く知っていると言えるかも知れない。十九世紀末以後、犯罪における個人の責任を、出来るだけ少なく考えようとする学説が一つの勢力となっている。これは今日のわが国においても、すべてを社会や政治の責任とする形の言説となって、俗流化されている。この考え方からすれば、刑罰はむしろ一種の不正なのであって、実際上効果もないのだというようなことが主張されている。刑罰の代りに再教育をというようなことも言われる。（しかしある種の再教育は、人間性に対する残虐行為の最悪なるものである。）また刑務所の代りに、やがてはすべてが病院や学校に移されるだろうという、美しい夢も語られている。しかしながら、これらの考え方が唯一の考え方であるか、どうかは疑問であると言わなければならない。

というのは、個人からすべての責任を解除しようとする、このような考え方に対して、最近では逆の考えもまた、ひとつの勢力になろうとしているからである。それはわれわれの現在のあり方に対して、われわれのおのおのが責任をもっているという考え方である。極端な言い方をすれば、この世界におけるわれわれのあり方について、またわれわれ自身と他人のすべての運命について、われわれは責任を負っていると言わなければならないというのである。われわれはこの世において、知らず知らずのうちに、他人を傷つけ、また自分も傷つきながら、苦しみ悩んで、やがて死んで行かなければならないものなのだ。われわれは自分で気づかずに、他人の血を吸い、他人の不幸の原因となっているかも知れない。ある種の実存主義者たちは、われわれ個人の責任を、全世界に拡大して、われわれを一種の神の地位におこうとしている。そしてそれは十九世紀末の刑法理論に対する、ひとつの挑戦となるであろう。あるフランス人は、この対立を、一八八〇年頃には、「いかなる罪人も罪はない」（même les coupables sont innocents）というのが定説であったが、一九五〇年には、この命題を逆倒して、「いかなる罪なき人も罪人である」（même les innocents sont coupables）と言わねばならなくなった、というふうに説明している。

　無論、この種の議論は、外国哲学者の奇矯な学説に止まると考えられるかも知れない。しかしながら、実際はわれわれの周囲にも、このような主張がよく聞かれるのである。われわれは現代の科学者が、その全く個人的な興味で研究していることがらについて、重大な責任を問われようとしているのを知っている。いろいろな政治的な呼びかけは、われわれが単なる傍観者に止まっているといって、手きびしい非難をあびせかけたりする。まるでわれわれは、全社会のあらゆる出来事に対して、全責任を負っているかのようである。

六

われわれは、これらのことを、どう考えたらいいのであろうか。われわれは何ごとに対しても、何の責任もないと考えるのも、われわれは世のあらゆることがらに対して、全責任を負っていると考えるのも、その徹底したかたちでは、われわれを宗教のようなものに導くかも知れない。もしわれわれの存在が、他の無数の人たちの不幸の原因となっていて、われわれが各自その責任を負わねばならぬとするならば、いまも言われたように、われわれは誰もみな罪人であるということになるだろう。そしてわれわれの罪の深さを思えば、いかなる刑罰も、重すぎるということはないかも知れない。しかしわれわれは、このような責任に堪えることができるであろうか。無から世界をつくった神も、あらゆる責任を負うものではなかった。「神義論」は、この世の悪に対して、神に責任のないことを論ずるための、弁明の書であった。神を否定する実存主義者たちが、全世界に対して責任を負うというような、大げさな見えを張っても、その責任の意味は、極めて漠然としていて、ほとんど無意味に近いのではないかと疑われる。このような空虚な責任なら、何ごとも「不徳のいたすところ」と勿体ぶって、「坊っちゃん」をじれったがらせた「狸校長」も知っていたはずである。わたしは責任の考えを徹底させて、われわれの罪の深さを教える考え方に、ひとつの宗教的真実を認めたいと思うのであるが、しかし、日常の生活においては、われわれの責任は、やはり限られたものであると考えなければならぬ。われわれは、神も負うことをしなかったような責任を、われわれの肩の上に担うことはできない。われわれの荷は、もっと小さく限られねばならぬ。

この点、無刑罰主義の考えは、別の仕方で、人間の弱さというものを、よく理解していると言うことができるかも知れない。この世の中には、自分で負いきれないようなものが、むしろ多過ぎるのである。だから、われわれの責任というようなものは、ほとんど無だとも考えられる。十九世紀末の刑法理論は、そのようにして、われわれの負うべき責任を、極度に縮小しようとしたのである。しかしその代りに、社会や政治がその一切の責任を負うのだということになると、われわれはまたここで、神にも負わせることのできなかった大荷物を、社会や政治に負わせることになるであろう。しかも社会や政治は、われわれ自身がつくり出しているものなのであるから、われわれは互いに、他人に大荷物を負わせようとして、逃げまわっているようなことになるかも知れない。刑務所の代りにつくられた病院や学校が、この重い負担のために、ふたたび名前を変えただけの刑務所となる場合も、充分想像され得るであろう。ここでも、この考えを極度に徹底させて、一切の責任を否定し、社会にも、人にも責任を問わぬということになれば、ひとつの宗教的な境地がひらかれて来るかも知れない。一切をあるがままに観じて、正邪善悪の分別をしないわけである。しかしわれわれの生活は、このような宗教的極端の間に、あくまでも限られた形で、責任と無責任とを分つものとして存在するのではないだろうか。それは従って、分別なしには成り立たないものなのである。いわばそれは、全き無責任と責任との間にある。だからわれわれは、いつも疑わしい場合を取り扱っているのであって、われわれの前には、いつも二途がひらかれていると言わねばならない。われわれは良心的な裁判官と同じように、それぞれの場合について、何がわれわれ自身のためであり、また何が他の人のためであるかを、迷いながらも、決断しなければならない。疑わしいということは、無責任な投げやりの理由にはならないのである。

（『中央公論』一九五六年五月号）

黙秘権について——ひとつの素人論

一

だいぶ前に「疑わしきは罰せず」ということについて、わたしなりの疑いをのべたことがあった。わたしには、この言葉は、他にも例のある誤訳文化の一つではないかと思われたからだ。ところが、これはけしからんというので、法律の実際家から叱られてしまった。つまり実際家たちが自明のこととして、それによりかかって仕事をしているのを、わたしが側からつついた形になったからであろう。しかしわたし自身としては、実際家たちの仕事の邪魔をするつもりはなかったのである。ただそういう仕事の支えになっている常識みたいなものが、わたしには思想的に疑問と思われただけのことなのだ。そして法律の実際家よりも、法律学者や政治学者たちから、理論の問題、もしくは思想史の問題として、何か教えてもらえはしないかと考えていたのである。しかしその方面の学者は、幼稚な素人論の相手は好まれなかったのであろう。わたしは何も教えてもらうことができなかった。しかしまた場合によっては、素人論に答えることが、むしろ高級の理論を必要として、なみの学者の手には負えないというようなこともあるわけであろう。

小学校や中学校の数学の問題を解くのには、数学の大家よりも、試験勉強中の高校生の方が上手な場合もあるかも知れない。公式や規則をそのまま用いて、与えられた課題を解けばよいからである。多くの専門家や実務家は、このようなことの上手であると言わなければならない。しかしまた、それは大部分が計算器械の仕事であって、それらの器械の方が、もっと上手に仕事をするとも考えられる。いわゆる人工頭脳の発明は、第二の産業革命をもたらすとも言われていて、そのような革命の進行と共に、多くの実務家の仕事が無用にされるのではないかとも想像されている。わたし自身が興味をもっているのは、そういう公式や規則の適用ではなくて、公式や規則そのものを検討することなのである。なぜ四と六で十になるかということを、数学の基礎を問題とする形で考えたからと言って、計算の実際家から叱られたりしても、わたしは閉口するほかはない。

二

しかしこれは、わたしが今これから取り上げようとしていることにとっては、少し大げさ過ぎる前おきになってしまったようだ。わたしは先日、『カラマーゾフの兄弟』を読み直してみて、いわゆる黙秘権というものについて、日ごろ疑問に思っていたことを、あらためて考え直す――というのも、少し大げさな言い方のようであるが、まあ少しばかり考えてみたわけである。「疑わしきは罰せず」ということについて、わたしが疑問をのべた時にも、日本国憲法に黙秘権の保証があるのを知らないのか、というような議論も聞かされたことがある。わたしは日常の生活において、憲法を尊重するものであるけれども、ものを考える上においては、別に憲法に拘束される必要を感じないものである。憲法によって何が規定されていようと、わたしの思考にとっては、それはそれだけでは何の意味もないのである。憲法や法律の条文を最後の拠りどころにするような議論は、法廷にまかせておけばよいのであって、議会にそのような議論を持ちこむのさえ、わたしは政治の貧困を示すものだと考えている。議会の仕事は、司法にはなくて、立法にある。積極的な方策を立てることのできないような議会は、議会としての意味を失っていると言わなければならない。しかしわが国では、議会ばかりでなく、すべての会議が、群小法律家の法廷弁論の場となってしまって、その他の議論を聞くことが稀である。そのために、学問や思想の場においてさえ、法律論や憲法論が決定権をもつかのように、登場して来たりするのである。

ところで、黙秘権がわたしにとって、いまも興味ある問題として考えられるのは、戦後の法律論によってではなく、戦前の夏休みに、仕事の合間合間に読んだ翻訳ものの探偵小説のお蔭なのである。そういう小説には、よく法廷の場面が出て来る。一般に西洋の文学には、ギリシアの昔から、法廷場面がひとつのクライマックスとして用いられることが多い。『カラマーゾフの兄弟』も、その一例になるかも知れない。ドストイエフスキーの小説には、探偵小説の一面があるとも言える。これに反して、わが国の推理小説には、グロテスクな趣味や頭の悪い空想が多くて、あまり面白くなかったように記憶する。というのは、現在のものは、ほとんど読んでいないので、何とも言えないからである。とにかく、探偵小説で読むと、法廷の場面も、謎解きの一面があって、思わぬ波瀾を生じ、結構面白く読めるということは、多くの読者の経験であると言うことができるであろう。

三

さて、問題の黙秘権であるが、それはどんな場合に行使されるかというと、ほとんど大ていの場合が、女性の名前を出さないための黙秘権行使なのである。そしてそのために被告、あるいは嫌疑者が、非常に不利な情況におかれ、ほとんど逃れる途もなく、有罪の判決へと追いやられそうになるのである。いわゆるサスペンスとか、スリルとかいう感じで、読者は固唾をのむということになる。わたしたちがこのような場合に、黙秘権行使者を英雄と感じるのは、自分の身を犠牲にして、可憐の乙女や身分の高い女の人を、衆目の前にさらすまいとする行動のためなのであって、苦境に立つかれに同情しながら、危険にたじろがぬ男らしさを、わたしたちは美しいと思うわけである。無論、探偵小説に出て来る英雄は、通俗の英雄に過ぎないのであって、文学青年に渋面をつくらせるかも知れない。しかしホメロスのむかしから、本格的な物語は、やはり英雄佳人の物語なのである。『カラマーゾフの兄弟』においても、ドミートリイ・フョードロヴィッチ・カラマーゾフは、黙秘権の行使において、そのような英雄の一面を示す。

カラマーゾフの物語をすることは、恐らく無用だろう。わたしはそのなかから、黙秘権がどういうものであるかを、ひとつの実例として取り出すに止めよう。その第九篇「予審」のうちの「受難―二」のなかに、次のような問答が記されている。

「全然あなたの賢明な勧告に従いましょう」と検事はミーチャの方へ向って、突然口を入れた。「しかし、自分の審問を撤回することはできません。つまり、何のためにあなたはあんな大金が、三千という大金が必要になったか、是非とも知らなければならないのです。」

「何のために入用だったかと仰しゃるんですか？　それはこうです。こういう訳です……つまり借金を払うためです。」

「誰にですか?」

「皆さん、それを云うことは絶対にお断りします！ その訳はですね、これがつまらない馬鹿げきった話だから、そのために云えないのでもなければ、また気がひけるのでもなく、また万一を恐れるからでもありません。私が云わないのは、主義のためです。これは私の私生活ですから、私生活に干渉して貰いたくないのです。これが私の主義なんです！ あなた方の審問は事件に無関係なことです。ところが、事件に無関係なことは、皆わたしの私生活です！ 私は負債を払おうとしたのです。名誉の負債を払おうとしたのです。しかし相手は誰か、——それは云えません。」

（中略）

「失礼ですが、念のためにもう一度お話して置きたい事があります。もしあなたがご存じないとすれば……」と検事は特別いかめしい諭すような調子で云った。「ほかでもありませんが、あなたは今わたし達の提出した質問に対して、答えない権利を充分おもちなのです。が、我々はその反対に、もしあなたが何等かの原因によって答えを回避なさる場合は、あなたに答弁を強要する権利を少しも持っていません。答えようと答えまいと、それはあなた一個人の考えに属することなんです。しかし、今のような場合、我々のとるべき務めは、あなたがある種の陳述を拒むことによって、如何なる損害を自分で自分に加えておられるか、それをご得心のゆくように、説明してお聞かせするということです。」

四

ドストイエフスキーのこれらの言葉から、わたしたちは黙秘権というものが、何であるかということを、法律書によるよりも、もっとよく学びとることができる。わたしたちは、検事たちの質問に対して、答えない権利をもっている。そしてかれらは、わたしたちに対して、答弁を強要する権利は少しも持っていないのである。これはわたしたちの利点であると言わなければならない。しかし自白を強要されないということは、わたしたちを拷問から守ることになるけれども、その代りまた、わたしたちの否認も、それだけでは自白と同じように、決定的な意味はもち得ないことになる。つまり裁判は、わたしたちの否認にもかかわらず、わたしたちに有罪を宣告することができるということである。拷問を必要としたのは、自白が断罪の決定的要件だったからであるとも考えられる。

黙秘権についても、わたしたちが答弁を強要されないということは、たしかにわたしたちの利点であるけれども、反面また、何の原因によって答えを回避しているのかということに関して、不利な判定を甘受しなければならないことになる。黙秘は一種の自白である

とも考えられる。『カラマーゾフの兄弟』から、もう一度引用してみると、同じ「予審」の「受難―三」のなかに、

　すると検事も口を出して再び注意した、――審問を受ける者は、その方が自分にとって有利だと思ったら、むろん審問に答えないでもよろしい。しかしそういう場合、嫌疑者はその沈黙のために、とんでもない損失を受けないものでもない。殊にこれほど重要な審問の場合には尚さらである。しかもその重要の程度たるや……

「かくかくにしてかくかくなりでしょう。もう沢山です。そんな説法は前にも聞きましたよ！」ミーチャは再び遮った。「それがどんなに重大事だかってことは、私も承知しています。それが最も根本的な要点だということも承知しています。が、やはり云いません。」

「それは我々には何の痛痒もありません。これは我々の事ではなくって、あなたの事なんですよ。あなたが自分で自分を傷つけるばかりですよ」とニコライは神経質に注意した。

という問答が見られるが、この押問答のようなもののなかで、検事や判事は無論のこと、嫌疑者たるカラマーゾフも、黙秘が不利なものであることを認めている。しかしそういう不利や危険を冒しても、なお沈黙を守らなければならないところに、人間的な問題がある

わけなのだ。つまりわたしたちは、このような場合に、自分の愛している人や、あるいは尊敬している人の名をあげて、それらの人たちにまで迷惑をかけたくないと思うことがあるわけなのだ。また他の人には何でもないと思われるような、個人的な秘密や羞恥の感情が、わたしたちにあくまでも沈黙を守らせることがあるということも考えなければならない。わたしたちは、そのような沈黙において――というのは、不利をかえりみず、危険を覚悟しての沈黙ということであるが――そのような沈黙において、その人となりを見ることができるのだ。

五

ところが、戦後のジャーナリズムで紹介された議論では、黙秘権のこのような面が全く無視されてしまっているように思われる。うっかり聞いていると、黙秘権さえ行使していれば、どんな犯罪人でも、疑わしきは罰せずで、みな無罪になるのではないかと思われるくらいである。わたしたちは自白を強制されることもないし、答えたくない問には、答えない権利をもっている。だから、実際の犯罪人も、この権利によって、自己の犯罪をかくし、刑罰をまぬかれるための防衛をすることができる。しかしそのような沈黙の動機は、わたしたちにとって、あまり価値あるものには思われない。わたしたちはそのような人間を、ただ卑劣な人間と見るだけである。無論、わたしたち自身のうちにも、そのような傾向が多分にあることを認めなければならないから、あんまり大きなことは言えないとも考えられる。自己防衛の本能は、わたしたちにあっても動物的な強さをもっている。しかしそのような傾向の自分を、わたし自身は決して尊敬することはできない。そのような傾向は、わたし自身にとって、何か克服されなければならないものに感じられる。だから、そのような克服の努力もない、子供じみた自己防衛の虚言や沈黙には、わたしたちはただ愚かしさや卑劣さを感ずるばかりである。

無論、このような考慮は、法廷の駈引には、余計なことであり、むしろ厄介なことかも知れない。それは一種の攻防戦であって、敵味方の利点と弱点とは、すべてが利用しつくされなければならない。そういう技術的処理のほかに、人間的な問題などを考える余地は全くないとも考えられる。法律の実際家たちは、単純にそう割り切って、かれら自身の仕事をしているわけなのである。そして法律を知っているのは、自分たちだと考えている。しかしそれこそ、かれらの無智そのものなのである。実はかれらの厄介視するところに、かれらの盲点がかくされているのである。人間の問題をぬかして、法律が分かるなどと考えていることが、愚かしさの極なのである。かくてわたしたちは、黙秘権の問題にしても、法律書のなかから学ぶよりも、むしろ小説から教えられることの方が多いのである。それは人間というものの不思議さから、法律というものをも見ているからであろう。沈黙の動機というものは、他の言行の動機と同じように、わたしたち自身の人となりを語っているのであって、それは倫理的、あるいは道徳的な問題につらなっている。わたしたちが小説の英雄たちの、黙秘権行使に悲劇的な美しさに似たものを感ずるのも、その動機が美しく、また従って、その人となりも高貴の一面をもつことになるからであるとともに、またしかしそのような人の受難が、あまりにもいたましいからなのである。そのようなものの理解は、「免れて恥なし」という感じの、一部職業的法律家の世界からは遠い、遠いところにあるかも知れない。しかしそれは、かえってわたしたち自身に最も近いところにあるとも言える。なぜなら、それは人間性そのものの理解にほかならないからである。

六

近ごろ某氏の証言問題が、ジャーナリズムをにぎやかしたようであるが、わたしは個人的に大した興味はもてなかったし、くわしいことも知らないから、ここで立ち入った議論をするつもりはない。しかしこれにも、人間的な問題がからんでいるように思われるので、一般論として少し触れておくのも、全くの無駄ではないであろう。この場合には、黙秘権を行使しなかったということで、人間が非難されたりしている。つまり人びとは、黙秘権行使の英雄を期待していたのに、この期待が裏切られたというわけであろう。しかし沈黙を守るということは、こちらで人びとが考えているような、安易なことでは決してなかったのであろう。沈黙はむしろ不利であるということを、既にわたしたちも見たわけである。そのような情況において、なお友人の迷惑を考え、どこまでも沈黙を守って、一身の危険をかえりみないということは、たしかに尊敬すべき道徳的行為である。だから、わたしたちは自分の尊敬する人たちに、当然このような尊敬すべき行為を期待するわけである。そしてわが国戦後の風潮では、平和や進歩を唱えることが、何か道徳的な意味をもつかのように受け取られていて、それだけで人びとから尊敬される傾向があったのであるから、この場合にも何か英雄的行動を期待するということが、充分あり得たわけである。こういう期待は、個人的によく知っている仲間のうちよりも、むしろ案外に反対側の人たちがいだくものであるとも言える。わたしたちは、しばしば敵を買いかぶる者である。だから、英雄の代りに卑劣漢を見出したと思う人たちが、手きびしい非難の言葉を吐いたとしても、それは不思議のないことである。しかしこのような期待は、どちら側のものも、全くの見当違いであって、個人的によく知っている人たちには、証言のすべてが、少しも意外ではなかったのかも知れない。問題はむしろ、進歩あるいは平和についての、今日までのわが国における偽善的風潮のうちにあると言うべきであろう。

無論わたしたちは、黙秘権の行使だけが、英雄的行動であるというような偏見に捉われてはならない。むしろ進んですべてを供述し、公共の安全のために協力する方が、はるかに英雄的な場合もある。わたしたちが人がらを問うのも、あるいは沈黙によって、あるいは供述によって、かれが何を守ろうとしたかということにある。一身の安全や仲間の評判だけを気にして、すべてがなされたとすれば、沈黙も供述も、いずれも卑劣であると言わなければならない。わたしたちは同病相憐れむような、同情論ばかりもしてはいられないのである。しかし何を守ろうとしたか、何を一大事としたかということは、外からそう簡単にきめてしまえるものではあるまい。それを知っているのは、当人の良心だけかも知れない。その良心さえ、時には思い違いをすることがある。しかし一つの誠意だけはのこるであろう。誠意において、ひとは何を守ろうとしたか。これが最後の問題である。そしてそれを単なる弁解としてではなく、ひとつの告白として聞くことが、稀な可能性としてのこされているだけかも知れない。しかしそれは法廷やジャーナリズムの手の外にある。

「そこですよ、ドミートリイ・フョードロヴィッチ」と検事は勿体らしく云った。

「まあ考えてご覧なさい。一方には戸が確かに開いていて、あなたはその中から逃げ出したのだという、あなたをも我々をも圧倒するような申立があるでしょう。また一方には、突然あなたの手に入った金の出処に就いて、あなたは不思議なほど頑固に、殆ど気違いじみた態度で沈黙を守っていられる。ところが、あなた自身の中立によると、その金を手に入れる三時間まえには、たった十ルーブルの金を調達するために、拳銃を質に入れたではありませんか。こうした事情を頭に置いて、一つ自分で考えてご覧なさい。一たい、我々は何を信じたらいいのです。何を基礎にしたらいいのです。あなたの心の高潔の叫びを信ずることの出来ない『冷酷な犬儒派で皮肉やだ』などと云って、我々を責めないで下さい……それどころか、我々の立場も察して頂きたいものです……」

というように言いつめられて、

「よろしい！」と彼は出し抜けに叫んだ。「では、秘密を打ちあけましょう、どこから金を手に入れたか打ちあけましょう！　……後であなた方をも自分をも責めることがないように、自分の恥辱を打ちあけましょう。」

と、ミーチカ・カラマーゾフは、かれの一大秘密を告白するのであるが、それは結局一笑に附されてしまう。つまりそれは法廷技術だけで処理されるには、あまりにも人間的な内容のものであって、外面的な利用価値は、かえって少なかったのである。

七

わたしの考えでは、黙秘権というようなものは、それだけでは、それほど重大な意味をもつものとは考えられない。裁判の実際においては、それは黙って何も言わなければ、それですむというようなものではなくて、むしろ一種の自白として処理されるだけのことなのかも知れない。それが意味をもつようになるのは、むしろその行使の仕方であって、そこに人間が暴露されるからであると考えられる。無論、これらの権利の意味を、わたしたちは高く評価しなければならない。わたしたちが自白を強制されないということ、またそのために拷問のような非道を受けることがないということは、立派な原則である。しかしこれは単なる法律の範囲に属することではなくて、むしろ人間の尊厳に関する宗教的、あるいは道徳的な思想から由来しているのである。だから、そういう思想的な信念なしに、ただこのような原則を利用するだけの法廷弁論には、それほどの意味はないのだと言わなければならない。

また、さきにも注意されたように、わたしたちが自白を強制されないということは、反面において、裁判はわたしたちの自白の有無にかかわらず、進行させられるということを意味するわけである。もしそうでなければ、わたしたちは裁判を放棄し、一切の刑罰を断念しなければならないようなことになるであろう。しかし罪が罰せられないということは、正義の否定であって、民衆は憤激して、直接に自分たちの手で正義を実現しようとするであろう。無罪の判決に、民衆の怒りが爆発する例も、古今東西にわたって、数多く見られるのである。無罪がいつも正義を代表するように考えるのは、弁護士の職業意識、あるいは商売熱心の錯覚であるとも言われるであろう。正義の神は、むしろ刑罰の神なのである。職業的忠実さにおいては、検事も弁護人と同じことである。わたしたちが守らなければならない正義は、わたしたち自身の中正な精神において見出されるものでなければならない。

しかしまた、その故に、裁判の重大さと難しさが痛感されるわけである。もし自白が決定的な意味をもつならば、わたしたちはそれを獲得することによって、わたしたちの裁判を、一種の明証性の上に基礎づけることができたかも知れない。しかし強制された自白や、拷問による自己批判などを、わたしたちは明証的なものとして受け容れることはできない。黙秘権などの原則は、このことをはっきりさせたものと解される。しかしそのことは、わたしたちの裁判を複雑なものにしていると言わなければならない。裁判の可能は、既にギリシア人の問題としたところである。誰もほかに人のいないところで、金を取られたとか、暴行を加えられたとかいうことが訴えられた時、被告が頑強に否認しているとすると、直接その場を見ることのできない裁判官が、どうして正しい判決を下すことができるのか。むかしの人は、それが厳格な知識にもとづいて行なわれるのではなくて、オルテー・ドクサ（思いなしの正しさ）によってなされるのだと説明している。殺人事件のような場合には、死人に口なしであって、殺害者以外は直接に知っていないわけであるから、すべての人びとは間接的な仕方で判断するほかはないのである。このような場合に、大体を決定するのは説得なのである。わたしたちはこのような裁判を危ぶまねばならないが、しかし既に見られたように、裁判は行なわれなければならず、また事実行なわれて来たのである。それは誤ることもあるわけで、カラマーゾフの事件もまた、そのような場合であった。裁判には、何か冒険と賭がある。文学作品のうちに裁判が取り入れられるのは、そこにおいて人間のすべてが賭けられているというのか、何というのか、とにかく人間のいろいろな面が、深く照し出されるところがあるからなのかも知れない。しかしそれを見る眼は、かえって当事者の眼ではないのである。

（『新潮』一九五七年七月号）

政治論の問題点――専門科学の限界外にあるもの

一

政治批評、あるいはもっと簡単に政治論と言った方がいいかも知れないが、それはいったい何を問題にするものだろうか。古い言い方で言えば、天下国家を論ずるのが政治論である。しかし今日のわれわれには、何かもっと新しい言い方がなければならないような気もする。それとも、やはりこれよりうまい言い方はないのだろうか。しかし政治とは何であり、政治的とはどういうことなのか、今日の学者の教えを聞こうと思っても、翻訳口調の議論を聞かされるばかりで、一向に要領を得ないことが多い。専門家というものは、案外知らなければならないことを知っていないのではないか。山に入って山を見ずの類で、専門家的な問題に没頭して、全体を見失う場合が少なくないからだ。特に政治というものは、素人論の領域だと考えられるような一面をもっているので、専門家の存在がかえって疑問になるかも知れないような場合も出て来るわけだ。むろん、政治がわれわれの日常共通の話題となり得るような、一般性をもっているということは、それについての特殊な専門学が成り立つことに対して、なんらの妨げにもならないと言われるであろう。なぜなら、人工衛星は今日一般の話題となっているけれども、それについて正確な知識を提供するのは、結局のところ特殊な専門の学者に限られるからだ。同様にして、天下国家を論ずることは、一般に誰でもできるとしても、そのことを本当に知っていて、他の人びとを指導できるのは、特殊な専門家だけだというふうに考えることもできるだろう。しかしこの場合は、簡単にそう言ってしまえないような、何か特殊の事情があるようにも考えられる。というのは、政治論が素人論の領域に属するか、それとも専門的知識によって取り扱われなければならないものなのかということについては、政治そのものの本質にも関連して、むかしから議論が分れているからだ。つまり政治の実際については、いわゆる政治学者の議論なども、要するに一種の素人論に過ぎないのであって、誰も正確な知識をもつことはできないのではないかという疑問があるわけだ。

　ある意味では、民主政治というものは、原則的には、政治が専門家の仕事であることを否定するものだと解されるであろう。またしたがって、政治がわれわれの知識的な趣味を満足させず、はなはだ低調であることを慨嘆しても、それはわれわれが見当違いの要求をしているに過ぎないとも考えられるであろう。歴史上はじめて民主政治を、その一つの方向に徹底させた古代ギリシアの市民たちは、すでにこの問題に気づいていたと言われるかも知れない。かれらの間においても、政治が知識と無縁であるという点に、批判の眼が向けられていたからである。ソクラテスにとっては、政治上の要職につく人間をくじできめるというようなことは、全く不可解であった。なぜなら、船の操縦を任せたり、建築の仕事を頼んだり、あるいは音楽の助奏をさせたりするのに、誰でもかまわずに、くじできめるというようなことは、何びともこれを敢えてしようとする者はないからである。しかもこれらのことがらで失策があったとしても、そのわれわれに及ぼす損害は、国家の要職にある者の失策がもたらすものに比すれば、ほとんど言うに足りないように思われるからである。一般に知られているように、アテナイでは国政を運営する役目のすべてが、選挙と抽籤によって決定されたのである。このことは、政治上の仕事には、特別の資格は不用であって、アテナイ市民なら誰でもできるということが、根本の考えになっていたことを示すものと解されるだろう。

「われわれアテナイ人は、議会が開かれている時に、何か土木建築を国家の事業として行なわなければならない場合には、建築家を呼んで建築のことを相談し、造船については、造船の専門家を呼ぶ。もし他の者が意見をのべようとしても、それが専門家と認められない場合は、その人が家柄はどんなによくっても、またどんなに金持で、風采がよいとしても、人びとは嘲笑し、騒ぎ立てて、これを聴きいれないことは同じである。しかし国事の処理を審議する場合には、貧富貴賤を問わず、大工でも鍛冶屋でも、靴屋でも、小売人でも大商人でも、誰でも同じように立って意見をのべるのであるが、これは少しも怪しまれないのである。」

という見聞を、われわれはプラトンの対話篇『プロタゴラス』のうちに読むことができる。またそればかりでなく、これらの事実を説明するための、いわゆるプロタゴラス神話なるものを、われわれはそこにおいて教えられるのである。

二

プロメテウスが神々のところから火を盗んで、これを人間に与えたという話は、ギリシア神話のうちでも、最も人気があって、一般にもよく知られている話だと言うことができるだろう。プロタゴラス神話は、これを補足するものなのである。その話によると、プロメテウスはただ火だけを盗んだのではなくて、アテナとヘパイストスという二神のところから、鍛冶その他の技芸を盗み取り、これに欠くことのできないものとして、火をも盗んだのだということになる。これは他に何の利点もない人間にとって、至上の武器となるものであった。しかしながら、これらの神々の技術は、人間の生活に直接必要なものをつくり出す上においては、最上の助けをなすものであるけれども、しかしかれらが集まって国家社会（ポリス）を成すための智慧は、まだそこに含まれていなかったのである。なぜなら、このポリスを成すための（politike）智慧（あるいは技術）は、神々の王なるゼウスのところに秘蔵されていて、さすがのプロメテウスも、これを盗み出すことはできなかったからである。しかしこのようなポリティケー（ポリスすなわち国家社会のための技術）がないとすると、人間は満足に共同生活をすることもできず、他の動物の来襲に対しても、団結して戦うことができないために、やがて亡びるほかはないことになってしまった。ゼウスは人間のこの窮状を見て、惻隠《そくいん》のこころを起こし、ヘルメスを遣わして、人間同士の結合を可能にし、かれらの社会秩序を確立するための、政治的な智慧を人間に授けることになった。ヘルメスはその時、これは他の技術と同じように、特定の個人にだけ与えればよいのか、それともすべての人間に分配すべきものなのかをたずねると、ゼウスは答えて、すべての人間に分有させよと言う。なぜなら、それは他の技術のように、少数の専門家がいるだけでは、国家社会は成り立たないからだと言われるのである。

　わたしはこのような子供じみた話をすることで、読者から馬鹿にするなといって怒られるかも知れない。しかしながら、現代政治の実際においても、例えば基本的人権というようなことについて、われわれはどれだけ確かな説明を聞くことができるのだろうか。関係の学者の書いたものを読んでみても、古代奴隷社会とか、中世封建社会とか、近代ブルジョア革命とかについての、きわめて粗雑な——ほとんどヒストリアーの名に値しないような——似而非《えせ》歴史的概括が与えられるばかりで、その結論としては、スターリン憲法のなかに、その完成があるというような、奇妙な主張を聞かされるだけなのである。一部の人たちによって用いられる歴史的説明は、拙劣な神話の一種であると言うことができるだろう。しかもそれは、基本的人権というものがいったい何であるかということを、かのプロタゴラス神話にくらべて、どれだけはっきりと説明しているだろうか。しかもそういうものを考えなければならない理論的根拠が明らかにされない限り、法律や制度について観察されるそれらの事実も、充分には解明されないことになるのである。それはそもそも実体のある名前なのか、あるいは理論上の必要から生まれたフィクションなのか、それともまた単なる名目に過ぎないものが、力の関係で通用しているのか、われわれは正直のところ、いろいろの疑問をもたずにはいられないのである。

三

もう一度はじめの問題にもどって言えば、われわれは政治上の発言が、少なくとも民主政治の行なわれている国では、特別の資格を問うことなく、誰にでも許されているという事実を見るのである。そしてそれは政治の仕事が、必ずしも専門的知識を必要とするものではないという意味に解されたのである。われわれはこれがすでに古代ギリシアにおいて、はっきりした自覚をもって考えられていたことを知る。プロタゴラス神話は、学者がこの事実を理由づけるために、特に考案した意識的な試みだったのである。

しかし今われわれは、この事実をどう解したらよいのであろうか。政治が素人論の領域に属するか、それとも専門的知識なしには、うまく取り扱うことのできないものなのかということは、今日もう解決ずみの問題であると言うことはできないであろう。そして政治の批評も、政治が何であるかに従って、その意味が変らなければならない。いったいわれわれは、何の資格で政治を批評し、天下国家を論じているのであろうか。もしそのような資格は何もないのであって、あらゆる政治論が同格だとするならば、床屋の親方の素朴な意見も、政治学者の難解な議論も、政治論としては同列におかれなければならないであろう。一方が自民党を支持しているから、低級であるとか、他方が社会党を叱咤しているから、高級であるとかいうような区別も、生半可の趣味論以上の意味をもち得ないであろう。

しかしながら、このことは政治の領域が、われわれの主観で、どうにでも割り切れるような、言わば無抵抗の世界であることを意味するものではない。事実はむしろその正反対であって、政治はわれわれ自身の処世と同じように、抵抗と困難にみちた世界であると言わなければならない。否、その困難がわれわれの普通の技術的処理を越えるように思われるところから、かえって専門的知識の存在を否定するような、絶望も生まれて来たのだと解されるであろう。しかしながら、一般に困難はむしろ技術を生むと言わなければならない。むかしの人のよく挙げる例で言えば、むずかしい病気を治すとか、長い航海をするとか、戦場で軍隊を指揮するとかいうことは、いずれもむずかしい仕事であるから、まさにそのために、間違いを少なくするような技術が求められて、早くからその発達を見たのである。政治においてもそれが困難な仕事であるとすれば、それに対応する技術的な知識が当然考えられなければならないはずである。プロタゴラス神話においても、それは智慧とか、技術とか呼ばれて、人間社会の成否がそれにかかるような重要性をもつものとして、特に神々の王なるゼウスから由来させられたのである。それは最高の技術、最高の智慧として、特に最高の神の恩恵によるのでなければ、人間の所有となることはないと考えられているわけである。

だから、誰でも政治論ができるということは、政治が誰でも勝手にできるような、まるで正体のないものであるということを、必ずしも意味するわけではなく、また政治に対応する技術や知識の存在を、必ずしも否定するものではないということを知らなければならない。問題はその知識や技術が、他の学問や技術の場合と同様に、専門的なものでなければならないか、どうかということにある。もし人びとの主張するように、政治が科学でなければならないとすれば、そこには当然、専門科学者がいなければならないことになる。むろん、科学というものは、誰でも学ぶことのできる公開性をもっているのであって、教育の普及は、できるだけ多くの人たちに科学をわからせ、かれらの日常生活のうちにも、多分に科学を取り入れさせることになるだろう。そして科学も日常の話題となって、誰でも科学的な題目について語り合えるようになるかも知れない。しかしながら、それぞれの専門領域に関するかぎり、専門家の発言が、一般人の議論と同格であるというようなことはない。

一般人の知識は、もともと専門家から教えられたものであって、月と同じように、自分で光っているのではなくて、他から照らされて光っている存在に過ぎないからである。簡単に言えば、専門科学者の発言には権威があるけれども、一般人の言うことは、その専門に関するかぎり、そのような権威はもたないということになる。

四

いま政治が専門科学の領域に属するとするならば、われわれは当然これを専門科学者に任せなければならないことになる。そしてわれわれ一般人の政治論は、専門家の権威ある発言に対して、同格の意味をもつというようなことはあり得ないことになる。つまり専門家と素人の間には、はっきりした差別があるというわけだ。そしてこの差別は、むしろ政治の実際において意味をもたなければならないのであるから、それは誰でも天下国家のことを行なうことができるという、平等の原則に当然矛盾しなければならないことになる。われわれ政治が専門科学者の仕事となれば、他の一般人はこれに介入することはできない。われわれは専門家のすることを、後から教育によって、理解することができるだけであろう。

政治が科学だとすると、われわれはこのような一種の指導者国家を、科学的な政治のあり場として考えなければならないことになる。それは平等よりも、差別を原則とするから、民主政治とは言えないわけだ。むろん、科学は普及性をもっているし、専門科学者になることは才能さえ許せば、誰にでも可能であると考えられる。しかしながら、われわれの生まれつきは、それぞれかぎられているから、実際に専門家になることのできる者は、数の上でかぎられてこなければならない。しかも科学の普及は、専門家と素人との区別をなくなすよりも、むしろ専門家に対して、ますます高度の専門的知識や技術を要求することになるだろう。つまり差別は、少しも消されずに、かえってきびしくなり、最少数の人たちにすべてを任せる傾向が、ますます強くなるかも知れないのである。

かくて政治が、素人論の領域に属するか、それとも専門科学の領域に属するかという、われわれの最初の問題は、政治の実際において、民主政治と指導者国家の対立に発展するのを、われわれは認めなければならないことになる。しかしながら、この両者の対立は、われわれの問題から見れば、むしろ共通の出発点をもち、そこから発展したものであることが知られる。なぜなら、政治に対応する何らかの智慧、もしくは技術がなければならないということは、すでにプロタゴラス神話のうちにも認められねばならなかったことだからである。

問題点は、それが専門科学に属するものか、それとも人間一般に与えられるものかという点にあったと言うべきであろう。他の技術や技芸にあっては、精神的にも肉体的にも、人によってはなはだしい差異のあることが認められる。だから、人によって向き不向きがあるので、すべての人に同じことを要求するのは、無意味であると考えられる。

しかしながら、人間に属するもののすべてが、このように特殊専門化され、不平等であると言うことはできない。例えば道徳のようなものに関しては、われわれは専門家と素人を区別することはできないのである。なぜなら、道徳というものは、才能の有無を問わず、万人に同じことを要求するものだからである。われわれが一個の原則に従って行為する時、道徳はそれがわれわれだけの主観的な原則に止まらず、また同時に普遍の法則とならねばならないことを要求するとも言われている。そしてこのような普遍が要求されるためには、われわれのうちにもまた、何か平等普遍のものが考えられなければならないであろう。それには、感覚的経験のうちに与えられているままのわれわれでは、むしろ千差万別の面が主となるから、われわれはこれとは違った面において、たがいに同格であると考えねばならぬことになる。われわれが理性的存在として、あるいは人格として、たがいに同格であるという考えは、このような要求に応ずるものだと言うことができるであろう。われわれの政治の考え方の根底にも、このような道徳の考えがあると見なければならない。かのプロタゴラス神話においても、ゼウスの贈物は、また道徳的な名前をもって呼ばれていたのである。すでに見られたように、そこでは国家社会のための政治的な智慧が、万人に分け与えられるのでなければ、人間の共同は不可能であるとされたのであるが、その政治的な智慧は人間のうちにあって、また畏敬謹慎のこころとなり、正義を実現するはたらきとならねばならぬとされているのである。

一面からすれば、このことは当然であると言わなければならない。政治は実践の世界に属するのであるから、その根本をつきつめて行けば、道徳的な原理が支えになっていることが、自然に明らかとなって来ても不思議はないわけである。しかしながら、われわれの問題は、このような道徳的見地において、ただちにすべてが解決されると言うことはできないであろう。なぜなら、政治が専門科学の領域に属するか、どうかという問題は、われわれが人格として平等であるという、道徳上の要請によって直接なにも解決されないからである。

　われわれの問題は、政治における認識の問題であると言うことができるだろう。政治は道徳的実践であるとともに、また事実認識を含むものなのである。政治を科学とする立場は、歴史を自然のごとくに認識し、その法則を把握することによって、実践が決定されるように考えているとも言われるだろう。しかしいわゆる理論と実践の相関は、このような特殊の立場を離れて、もっと一般的な立場で理解されなければならない。われわれの問題は、恐らくこのような問題の一部をなすかも知れない。

五

　ところで、政治における認識が、いま見られたように、政治の専門科学化の方向に考えられて行くと、それは民主政治の実際と矛盾するような結果を生むようにも考えられるので、われわれにとっては、それはむしろ普遍科学化の方向へ考えられはしないかということが、今やもう一つの有望な可能性となるわけだ。プロタゴラス神話においても、政治の智慧は、神々の王なるゼウスの許《もと》に見出されるものとして、他のもろもろの特殊技術から区別されたのであるが、政治における認識もまた、他の一切の専門科学的な特殊認識から区別されて、かえって全人間的な一般性をもつものなのだと、考えることができるのではないかということになる。むかしの哲学者が、政治と哲学の一致を考えたのも、このような考え方によるのだと言うことができるだろう。

これは政治を科学よりも、むしろ哲学とする立場であって、神々の王なるゼウスの智慧は、また万学の王とも呼ばれる哲学の名を要求するという考えである。むろん、このような言い方は、今日では一般にすぐは受け容れられず、むしろ不信の嘲笑を招くに過ぎないかも知れない。しかし問題は、名称にあるのではなくて、実情のうちにあると言わなければならない。これまでに見られたところでは、政治は智慧を必要とするものなのであるが、しかしその智慧は、専門科学の知識ではなくて、何かもっと一般的なものでなければならなかったのである。

デカルトは、『方法叙説』のはじめのところで、良識（ボンサンス）は、万人に公平に分ち与えられていると語ったのであるが、これはわれわれの求めている一般的な、しかも認識的な智慧に当たるかも知れない。そしてもし政治というものが、結局は良識によって処理さるべきものだとするならば、万人が同じ資格で政治に参与できるのは、良識が万人にひとしく分ち与えられているからだと理由づけることもできるであろう。良識に関しては、専門家と素人の区別はないのである。しかしながら、デカルトの良識は、また理性（レゾン）とも呼ばれるものであって、われわれはこれを共有しているけれども、その使用に関しては、必ずしも万人がひとしく正しい用い方をしているわけではなく、その用法については、また別に考えられなければならなかったのである。恐らくわれわれは、正しい「方法」によってのみ、良識を充分にはたらかせることができるのかも知れない。そしてこのような場合にのみ、われわれは一般的な智慧、もしくは全人的な智慧を語ることが許されるであろう。われわれはここでもう一度、哲学の名が呼び出されなければならない必要を感ずる。われわれが政治を、科学ではなく、哲学であると言う時、このような一般的な智慧が志向されているからである。政治を科学とする人たちさえ、このような場合には、科学的方法の代りに弁証法を語るであろう。政治において求められているのは、何か専門科学とは区別されたもの、悟性的より理性的なものなのである。

しかしこんなふうに、政治をもったいぶったものにしてしまうのは、果して正しいやり方であろうか。それは「大工でも鍛冶屋でも、靴屋でも、小売人でも大商人でも、誰でも同じように立って意見をのべる」ことのできるような事柄だったのである。それは科学でもなければ、哲学でもなく、むしろ、何かもっと素朴なものなのかも知れない。人びとの言う民衆の智慧が、何かこれに当たるというように考えてみることもできるだろう。しかしこのような民衆の智慧を信ずるというのは、いったいどういうことなのであろうか。それは次第に宗教的なものを失いつつあるかのごとき現代において、われわれがなお保持している原始的な信仰の名残りのようなものであろうか。それともこの神話の核心には、やはり一片の真理が含まれていると言わなければならないのだろうか。いずれにしても、政治が科学や哲学からは遠いものだとすると、かの科学的と称する政治批判をはじめ、一般の政治学者の仕事が、いったいどういう意味をもつのか、いろいろ疑問が生じてこなければならない。それらの一部は、政治の経過を後から観察し、記述する記録掛りの仕事として、やがて歴史研究のうちにくり入れられる材料集めの意味をもつかも知れない。また他の部分は、それらの現象をいろいろな角度から解釈し、解説する役目をもっているようにも見られるであろう。しかしそれらの解説や解釈は、いったい何を拠りどころにするものかと見れば、他の社会科学あるいは人文科学、時には生物学や医学などからの借物であるのが普通である。しかもそれらの借物は、専門科学的にはいろいろの問題点をもち、これを政治論にもちこむのには、早急の歴史的概括に依存しなければならないのが一般である。

われわれはこれら多種多様の科学的解説によって、果してよく政治を捉えることができるであろうか。政治が専門科学に属するものではないとすれば、それはまた各種専門科学的解説のうちに解消されてしまうものでもないわけである。

六

歴史を古い時代にさかのぼって行くと、われわれは一人の王が、祭事をつかさどり、軍を指揮し、裁判を行なうなど、百般のことがらを主宰しているのを見ることができる。アリストテレスの『アテナイ人の国制』（三）によると、共和制時代のアテナイにおいても、政治上の要職に「王」（バシレウス）という名前で呼ばれるものがあったが、これは最も古い役柄で、むかしは世襲の王が実際にこれに当たっていたのであるが、後に王のうちで軍事に耐えぬ柔弱の者が出たので、別に「軍師」（ポレマルコス）の役が設けられるようになり、更に後には、王の行政上の仕事が多くなったので、これらを助けるために「長官」（アルコン）の役が出来たのだと言われている。そして後の時代には、バシレウス（王）の役は、むかしの王の役目であった「まつりごと」のようなものを引き受け、更に裁判の一部を見るに止まり、重要な仕事は、むしろ後からできた長官（アルコン）の手に移ることになったとも言われている。古典期のアテナイにおいては、これに司法関係の役を加えて、九つの要職があったのである。これに対して今日のわれわれは、政治の仕事が更に大規模に、いくつかの部門に分けられているのを見る。しかしながら、政治というものは、これらの分化につきるものではなくて、むしろそれらの統一という意味を多分にもっている。いわゆる分権は、逆に統一を求めるのであって、不統一は政治の喪失を意味するであろう。だから、現代の政治が、現代社会の複雑化に応じて、多方面に分化して行けば行くほど、これらの統一も重要性を増して来ると言わなければならない。それはそれ自体一つの専門的な仕事であるとも見られるが、しかし他の専門の仕事のように、もしそれが分化された一つの専門に止まるならば、統一を専門とするその仕事と、他のいろいろな専門の仕事との間には、更にまた別の統一の仕事が必要となって、そこに無限進行が起こるであろう。政治の根本には、むかしの王がもっていたような原初的統一が存在するのであって、一切の分化を通じて、その統一は必ず回復されなければならないのではないかと考えられる。それは個々の専門のうちに解消されてしまうものではないであろう。

むろん、この統一は王政と同じでもなければ、支配と一つになるものでもない。ただ歴史の上において、統一が王政の形を取ることもあるというだけであり、支配は統一の有力な手段であるけれども、統一は支配につきるものではなくて、もっと多くのものを意味すると言わなければならない。この点を理解するためには、われわれの日常において、何が政治に求められているかを見るのが早道であろう。われわれはめいめい違った生活をし、違った仕事をもっている。そしていろいろな故障に出会って、その解決を求めるわけであるが、しかしその故障のすべてが、自分たちの仕事や生活のうちで解決されるわけではない。われわれはそういう場合、苦情を別のところにもって行かなければならないのであるが、結局において、そのような苦情を引き受けさせられるのは、政治なのである。何ごとにつけても、「政治が悪い」ということが、口癖のように言われたりするが、それは個々の場合について見れば、見当違いが少なくないにしても、しかし政治がわれわれの生活のあらゆる面に関係して、そこに責任を問われるようなものであることを、よく示していると言わなければならない。

全く違ったいろいろな方面から、あらゆる苦情と要求が集中されるところに、政治の統一性が見られると言うこともできるだろう。われわれの日常の要求においては、政治はわれわれめいめいの生活と仕事がうまく行くように、全体的な配慮をしてくれるものでなければならないのである。そしてこの全体的配慮は、各種の専門に細かく分化しながら、また逆にそれら末端からの集中点として、あらゆる方面の要求や苦情を、一手に引き受けなければならないようなことになっている。つまりこの集中面が、政治の統一性にほかならないのである。むかしはそれが一人の王の手に握られていたが、今はどこにあるのだろうか。われわれはその集中のあり方について、もう少し何か見ておかなければならないように思う。

七

アリストテレスは、『ニコマコス倫理学』のはじめのところで、

「行為や技術や学問にはいろいろあって、そのそれぞれの目的とするところも、例えば医は健康を、造船は船を、用兵は勝利を、家政は富をというふうに、いろいろ違っている。いまこのような能力（＝技術その他）のいくつかが、何かひとつの能力（もしくは技術）の下に従属するとして、例えば馬勒製作に関係するものが、乗馬（の技術）に従属し、更にこの乗馬、その他の戦争に関係する行為が、また用兵軍略に従属するという工合に、ちょうどこれと同様の従属関係が他の場合にもいろいろ見られるとすれば、これらのすべてにおいて、上位にあるもの（設計監督するもの）の目的の方が、これに従属するものの目的よりも、優先性をもっていることになる。なぜなら、前者の故に後者もまた求められるのであるから」

という言葉で、われわれの専門的な仕事は、その目的とするところがそれぞれ違っていても、その目的が更に他の目的に従属するというような仕方で、たがいに連絡し、上下の関係をもつものであることを語っている。そしてこのような目的のシステムのうちに、われわれ人間は、何か善きものを究極的に求めているのだということを、次のように言ってい

る。

「かくてわれわれの行為はいろいろ違っていても、これらすべての目的となるものが何かあって、それをわれわれは純粋にそれ自身の故に希求し、他のものを希求するのも、このもののためであり、いかなるものを選ぶのも、更にこれ以外のものを目的とすることはないとするならば――というのは、更に他の目的をもって来るようなことをすれば、それは無限進行となり、われわれの意欲（あるいは努力）は意味を失い空虚なものになってしまうであろうから――明らかにこの目的が善なのであり、最高善なのであるということになる。」

つまりわれわれの行為のすべてにわたって、われわれが究極的に求めているところのもの、それが善だというわけである。最高善についての議論というようなものは、わが国の哲学教育が片輪の状態にあるため、あるいは耳遠い話として聞かれるかも知れないが、まず哲学の根本問題にかかわるものだと言うことができるだろう。しかし今ここで、それの講釈をする必要はないだろう。われわれは政治というものに対して、いろいろな違った方面から、さまざまの注文をつけているのであるが、政治がそのようなものを一手に引き受けなければならないのは、いったいどうしてであるかというのが、われわれの問題であった。そしてこれに対するひとつの答えが、善についてのアリストテレスの、いまの考えのうちに見出されはしないかというのが、われわれのアリストテレス引用の意味なのである。

というのは、かれは更に次のように言っているからである。

「このような善を知ることは、われわれの生活の上にも、決定的な重要性をもつのではないだろうか。それによってわれわれは、あたかも射手が標的をもっている場合のように、正鵠《せいこく》を得ることができるのではないだろうか。もし果してそうだとすれば、われわれは、善がいったい何であり、学問的知識や能力の、いかなるものによって取り扱われるのかを、輪郭だけでもたどって、捉えるようにしなければならない。そして思うに、それは優位性の知識、最高の設計能力によって取り扱わるべきものなのであろう。ところが、そのような資格をもつことの明らかなものは、政治の（ポリティケー）それなのである。」

つまり政治の立場において、学問技術をはじめ各種の仕事や事業が、国家社会のうちにあって、どのような役割を果すべきかということが、設計考察され得るのだとすれば、そのような大規模の設計こそ最も包括的であり、その目的もまた最優位に立つと言わなければならないであろう。アリストテレスは、ギリシア人のうちにあって尊重されることの最も多い用兵、家政、弁論などの技術や能力が、更にまた政治の下に従属することを語っている。われわれが政治の、このような広大の包括性と、高所からの目的展望に対して、全人間が究極的に求めているところのものの、最大限の全体的実現を期待するというのは、きわめて自然のことであると言わなければならない。

八

われわれはアリストテレス引用に、少し暇を取り過ぎたかも知れない。また政治をそのように、大げさに考えることは反対だという意見も出るかも知れない。あるいはまた、このような政治概念は、支配者の見地に立つものだという批評もあるかも知れない。しかしわれわれは、人びとが政治の万能を信ずるかのごとく、現にあらゆる苦情と注文を政治にもちこみ、何か仰山なことを政治に期待しているのを見たのである。そして政治に対するこのような期待が、またアリストテレスによって受け止められ、思想的表現を与えられているのも見たのである。むろん、これはアリストテレス一個の見解に止まるものではなく、それはほとんどそのままプラトンに由来するものであり、正統の思想として、恐らく今日にも受けつがれていると言うことができるだろう。ただわが国では、このような正統の思想について学ぶよりも、新奇の説をよろこぶ傾向が多いので、あるいは耳遠い感じをもって聞かれるかも知れないと考えられるだけである。いずれにしても、政治に期待される主要の仕事は、あらゆる専門的な仕事の分化のあとに、なお残されている綜合連絡の仕事であると言うことができるであろう。かつてすべての学問は、哲学の名をもって呼ばれたのであるが、その後いろいろな専門科学が、そこから分離独立して出て行ってしまった。実証主義者は、もうあとには何も価値あるものは残っていない、実証科学だけがすべてであり、それで充分足りると主張している。しかし果してそうかどうか。そのこと自体が、すでに哲学的な問題なのである。

政治についても、同じような問題が考えられるかも知れない。国家社会のうちには、各種の専門的な仕事があって、それぞれの自立性をもっている。そしてむかしは王一人の手に集められていた政治の仕事も、今ではいくつにも分割されて、それぞれ専門家にゆだねられているものが非常に多い。今日の官公庁の仕事を見れば、そのほかに何がなお残っているのか、疑わしいくらいである。しかしわれわれは、なお立法や行政の領域に、政治的なものがたくさんに残されているのを見ることができる。特に立法の仕事は、ギリシアの昔から、優越した意味において政治に属すると考えられて来たものであって、いわゆる国利民福のために法を定め、政策を立てるのは、アリストテレスの意味において、大局的な善の実現を目ざす、重要な仕事であると言うことができるだろう。そしてわれわれは、この仕事が属僚の仕事ではなくて、真の政治家の仕事でなければならないことを見るのである。しかしこの仕事は、属僚の仕事が専門技術化されているのに対して、何か別のもの、すなわち専門化されないような、何か別の人間的な智慧に属するのではないかということが、われわれの最初からの問題だったのである。つまり政治は、素人論の領域なのか、それとも専門科学に属するのか、あるいはまた哲学に属するのか、これが問題だったのである。

むろん、これらの三つの立場は、必ずしも絶対的な対立をなすものではなく、たがいに補い合って、一体をなすというふうにも考えられるであろう。例えば素人と専門家の場合にしても、現代における科学技術の発達は、複雑な機械を全くの素人が、簡単に操作できるようにしているが、政治の場合にも、同じことが考えられはしないかということになる。制度が完備すれば、全くの平凡人が要職についても何の支障もなく国政が運営されることになるのではないか。

現にわれわれは、一日局長とか、一日何々とかいうものを見ているが、それでも結構仕事ができているのではないか。政治家にあまり多くを期待するのは、未発達社会のことであって、今日はその必要がなくなっているのではないかとも考えられる。しかしながら、これは誰でも政治に参与できるという民主政治を、官僚組織の完備の上に、言わばかざりものとして存在させる考えとなるであろう。しかしながら、政治が事務官僚の仕事と同じであるか、どうかは疑問であり、民主政治を一種の仕方で徹底させた古代ギリシアの都市国家には、官僚主義というものは少しも発達しなかったのである。むしろ政治は、誰が事務をやっても、できるだけ故障の起こらないような機構や制度を考え出すこと、そのことのうちに認められるべきであり、このような立法家の仕事は、他の便利な機械の考案と同じように、むしろ高度の専門科学的知識を必要とすることになり、素人と専門家との間には、絶対的な距離があることになってしまうだろう。

九

しかしながら、政治の場合、立法者の仕事が専門科学に属するか、どうかということは、われわれのこれまでに考えて来たことからすると、むしろ疑問だと言わなければならないだろう。立法は発明と同じように、いつも既成の知識を抜け出す一面をもっている。われわれは政治の多くの仕事が技術化され、専門家を多数必要とするようになって行くことを認めなければならない。そしてそれらの機械化され、能率化され、各部局に専門化された組織というものは、まるで自動機械のように、ひとりでに自分の仕事をして行くようにも考えられる。すでに見られたように、これらの組織の上に坐る人間は、一種のかざりのようなものであるから、誰でもよいわけであって、民主政治なら選挙やくじ引きで決定されるところを、世襲制の上品で無能な殿様をつれて来ても、やはり同じことに考えられるかも知れないのである。しかしこのような場合を考えてみると、むかしの封建制度というものは、代々必ずしも名君が出るとはかぎらない世襲制の下でも、かなり永く維持されて来たのであるから、制度や機構の一種の自動性は、今日の社会だけにかぎって考うべきものではないということになる。そうすると、制度や機構の自動作用は、安心してそれだけに頼っていることのできるものではないことになる。なぜなら、そのような自動作用は、制度の善悪にかかわらないからである。完全に整備された組織は、内部に矛盾を含まない理論体系に似ていると言うことができるだろう。しかしプラトンは、このような無矛盾の体系が、夢想のうちに築かれるだけで、何らの真実性をもたない場合のあることを指摘している。政治の技術化され、専門化された部分もまた、その整然たる組織にもかかわらず、政治の本来の目的であるところのもの、例えば国利民福というようなものに合わなくなって来ることも考えられる。否、場合によっては、その制度自体を維持することにさえ間に合わないこともあるだろう。そしてこのような場合、その不適合、あるいは矛盾に気がついて、これを全体的に調整したり、あるいは改革したりするのが、むしろ政治の主要な任務となるだろう。しかしながら、このような矛盾や不適合に気がつくということは、ほとんど無矛盾の理想にまで整備された事務的処理の、純粋に専門的な領域においては、ほとんど不可能であると言わなければならない。われわれがそれに気づくのは、完全に機械化されることのできないわれわれ自身の、人間的な感覚によってであると言うべきであろう。われわれ素人は、専門家の仕事を、われわれ自身が使用してみて批判するのである。使用こそ、素人の批判の立場であり、最も端的に「よし、あし」を問題にするところなのである。政治の目的が、人びとの注文の集中するところに従って、アリストテレスが言いあらわしたような、最も包括的な善の実現にあるとするならば、この使用による批評こそ、政治批評の根本であると言わなければならない。われわれは使用にもとづいて、いろいろと専門家に注文を出すわけであるが、政治はこのような注文を引き受けて、各種専門家の仕事をこれに適合させるものだと言うことができるだろう。われわれが何度も何度も立ち帰って来て、くりかえし問題にしなければならなかったのは、政治が専門科学に属するよりも、むしろ素人論の領域にあるのではないかということである。そして哲学は、そこに予想される一般的な人間の智慧、あるいは民衆の智慧を代表し、これをわれわれ自身のうちに発掘して、これに思想的表現を与えることを、その大切な仕事としていると言うことができるだろう。われわれの現代の生活は、科学技術の発達とともに、専門がますます分化し、それぞれ独立に組織化される傾向にあると言うことができるだろう。しかし人間存在のすべてが、このような分散的多のうちに解消されてしまうとは考えられない。かつて哲学と呼ばれたもののうちから、数多くの専門科学が分離独立して行ったということは、すでに注意された通りである。しかしわれわれは、これら専門科学の総和がそのまま人間的智慧の全体と同じだとすることはできない。人間的智慧、人間的存在のうちには、なお多くの可能性が含まれている。今日の哲学は、もはや専門科学の集成としてあるのではなくて、むしろそのような専門化の根本にある、全体的な人間の智慧を代表すると言うべきであろう。そしてわれわれが政治批評に期待するのも、専門科学的解説の多様のうちにあって、その全体的関連に気づかせるようなものなのではないだろうか。

一〇

しかしわれわれは、いま一気に哲学か、専門科学かというようなことを、ここできめてしまおうと言うのではない。むしろこの問題を一般の人たちにも、また専門科学者にも、気づいてもらいたいと思うだけなのである。いわゆる社会科学の専門家たちは、政治論をする場合に、何か敷居を越えるような感じを少しも持たないのだろうか。自然科学の専門家たちはむろんのこと、文学や哲学をやっている者も、政治について語る時には、いつも素人論の意識をもたずにはいられない。しかし法律学や経済学、あるいは政治学の専門家たちは、そういう断絶を意識することなしに、例えば学生たちに講義しているようなことを、そのまま一般の人たちにも語って、それが何か高級な政治論になるというようなことに、何の不思議も感ずることがないのだろうか。これがわたしの日頃の疑問である。もし政治というものが、単純に専門科学化されないものだとすれば、いわゆる社会科学の専門家たちの役割は、官庁の専門家たちのそれと、あまり違わないのではないか。われわれ素人は、官庁のエクスパートの説明を、多くの場合、政治関係の専門家の意見として聞く。しかしかれらが政治そのものを代表しているかのごとく、いわば政治の専門家としてふるまう時、われわれは強くそれを否定しなければならないものを感じる。いわゆる社会科学者の発言にも、これに似た専門家の越権がありはしないだろうか。これが他の専門家の場合は、すぐにその越権が気づかれるけれども、社会科学者の場合には、それがまぎらわしく、専門科学の立場と素人論の立場とは、容易に解き難く混り合っているのではないか。マクス・ウェーバーの有名な『学問論』は、この専門科学の限界に止まるべきことを強調した、一種のモラール論であるとも解されるであろう。しかし実際には、ひとは政治論を避けることはできない。要はむしろすべての人が、政治論については、素人論の意識をもつべきではないかということである。

われわれは今日の政治が、高度の専門科学的知識によって支えられなければならず、専門家の助言が、きわめて大切であることは、いまさら強調するまでもなく、自明のことであると考えられる。それは今日の政治が、制度や機能において、極度に組織化され、技術化されているのに対応して、当然考えられなければならないことなのである。しかしわれわれ素人が政治に求めているのは、このような専門化のうちに解消され、事務的に片づけられてしまうものではなかったのである。われわれがさきに辛うじて取り出すことのできた何か全体的なもの、素朴に万人の幸福としてねがわれているところのもの、そういうものの見地が、各種の専門家的視点を越えて、いつもまず回復されなければならないのではないか。

一一

具体的に言って、政治論の焦点はどこにあるのだろうか。この問題は、われわれが今ここで取り扱う範囲のうちには入りきれないものをもっている。だから、これについてはまた別の機会を待たなければならない。しかしわれわれが政治に期待したところのものを、そのまま政治論にも期待することが許されるなら、政治論あるいは政治批評の焦点は、社会存在の多様性が綜合統一される仕方に向けられなければならない。多くの批評が政府の施策に集中されるのは、まさにこのためである。なぜなら、われわれの苦情や注文は、結局のところ、政府に集中されるのであり、われわれの社会生活の多様性は、今日なお国家のうちに統一の中心をもっているからである。しかしながら、単なる苦情や非難だけでは、政治論の素材を提供するに止まるだろう。積極的な方策を伴わない議論は、無責任なデマゴギーとなる場合が多い。われわれは政府とともに、あるいは政府に取って代って、みずから考えるところのものをもたなければならない。それはわれわれに、むかしの人が国家的見地と呼んだところのものを、やはり何か別の形で要求することになるだろう。政治のうちに求められている綜合統一は、必ずしも国家のうちに局限されなければならないものではないけれども、現実に有効性をもつ政治的解決は、やはり国家の手を経なければならないものが多いのではないか。そして国家の問題は、一部学者の好む権力論などに局限されることなく、もっとひろい関心をもって再考さるべきものではないかと考えられる。いつまでたっても、社会主義とか資本主義とか言うよりほかに、何も論題がないというのもおかしな話である。資本主義の存続というようなことは、アカデミックな問題として、理論的には興味深いものがあるが、政治論としては、特別の重要性があるか、どうかは疑問であるように思われる。

　われわれは政治論というものが、いつも素人論を含むのではないかということを、くりかえしのべて来た。このことは必ずしも専門家の発言をおとしめる意味をもつのではなく、むしろかれらの発言を自由にし、大たんにする意味をもち得るのではないかと考える。ある種の専門家的政治論文を見ると、それが一方の仲間から不面目な判定を下されはしないかとか、あるいは好ましからぬ他の側から、都合よく利用されはしないかというようなことを、小心翼々しきりに気にしながら、何か弁解めいたことを言っているのに出会うことがある。それは何か気の毒のような、しかし滑稽な感じである。しかし専門科学の領域に関するかぎり、なんらかの真理が明らかにされるなら、これは誰にでも利用され得るものでなければならないのであって、これを隠しておかねばならぬというのは、真理を恐れる弱味が、その側にあることを語っているものと見なければならぬ。学者は小利口な戦術的考慮などに煩わされる必要はないのである。また素人論の領域に属することなら、へたなことを言ったとしても、そう不面目に思うことはない。この領域においては、誰もいつも賢明であるというわけには行かないからだ。かれを非難したり、嘲笑したりする利口そうな仲間といえども、やはり同じことなのである。われわれは民衆の素朴さと率直さをもたなければならない。

（『中央公論』一九五八年三月号）

愛国心とナショナリズム

一

愛国心というのは、感情的な言葉の一つであると考えられる。わたしたちは、それの呼びかけに応じて、わたしたちの生命をなげうつことも辞さなかったのである。「祖国のために死ぬ」というような言葉は、遠い昔のホメロスの物語のうちにも見出される。わたしたちは、ふと古里の山河をなつかしむように、自分の生まれた国との結びつきを、深く感ずることがある。言葉も習慣も、また人種もちがう異境にあって、わたしたちは痛切にこのことを感じる。外国に行くと、わたしたちは大てい愛国者になる。これは自然の情なのである。そして多くの自然の情は、その単純素朴のかたちにおいて、まことに美しいものなのである。わたしたちは、この自然の情を大切にしなければならない。

しかしながら、そういう自然の情も、時には醜く感じられることもある。子を思う親の情というものは、最も自然なものであって、また美しいものである。しかしそういう自然の情を、そのまま絶対化して、それだけを強調したりすると、時にはその盲目性が、むしろ危険なことに思われて来ることもある。母親の行き過ぎた愛情は、かえって厭わしく感じられることもないではない。これを母性愛というような名前で、何か特別扱いにしたりすると、それはむしろ節制を必要とする悪徳の一つではないかと疑われることもある。夫婦、兄弟、友達などが、たがいに信じ合い、愛し合い、よく和合することは、美しいことであり、自然のことであるが、それがそのまま絶対的な価値をもつか、どうかということは、場合によって疑問になることもある。人間らしい行為、人間らしい生活というものは、自然のままに流されずに、やはりこれに反省を加えて、よく節制するところにあるとも言われるであろう。

　愛国心について言えば、今日のわたしたちは、あまり感心できない状態にある。それは愛国心濫用の結果であるとも言える。西洋でも、十字軍とか、宗教戦争とかいうものが、かえって宗教の力を弱める結果になったと言われているが、愛国心の無駄づかいは、かえって愛国心を失わせることになったのである。愛国心は、自然の美しい感情を離れて、何か強制的な名前になってしまったのである。そしてその空しい名前の下に、いろいろな無理が行なわれたのである。しかもその結果は、敗戦であり、人びとの数々の不幸だったのである。だから戦後には、むしろ否定的な議論が優勢になった。愛国心の名の下に行なわれた非行の数々が、愛国心そのものの罪とされ、不幸な結果のすべてが、愛国心のためであるようにも考えられた。自然の情は、盲目性のままでは、いろいろな過失を犯すわけである。しかしこのような過失だけで考えると、どのような自然の情も、みな否定されなければならなくなるだろう。わたしたちは、単に名目化された愛国心と、わたしたちの自然の情とを区別しなければならない。今日においても、わたしたちは愛国心について、警戒的な議論を聞かされることが多い。そしてその議論には聞くべきものが少なくないことを感じる。しかしまたわたしたちはそのような心理学的あるいは社会学的説明の奥底に、やはり感情的なものを感ずることもある。それは利口ぶった感情論に過ぎないとも考えられる。感情に反撥するものは、やはりまた他の感情である。愛国心が自然の情だとすると、それへの感情的反撥も、一定の条件の下にあっては、極めて自然なことであるとも考えられる。しかし今日のわたしたちは、この感情的な言葉に対して、すぐに感情的にならない方がいいのではないかと思う。人生の他の場合と同じように、むしろもっと静かなもの、持続的なものが、わたしたちに本当のことを教えてくれるのではないだろうか。

二

愛国心というわたしたちの言葉は、むしろ新しい言葉であろう。これを西洋の言葉で考えるなら、それは祖先を共にしている者の自覚というようなことになるかも知れない。「パトレー」（patre）「パトリス」（patris）というのは、同一祖先をもつ家族や氏族を指すのが本来であって、わたしたちの言語や習慣、あるいはまたわたしたち自身の存在や文化が、わたしたちの共通の祖先から伝えられたものであって、わたしたちはこれを共有しているのだという自覚、それが patriotism というものなのであろう。そしてそのような父祖以来の血のつながりが、わたしたちの祖国というものなのであって、それはホメロスの詩のなかに、「ペリ・パトレース」（祖国のために）と言われ、「ラ・マルセイエーズ」のはじめに Allons, enfants de la Patrie（いざ祖国の子たちよ）と呼びかけられている当のものなのである。これは愛国というような言葉で考えられるものよりも、もっと直接的な気持を示す言葉なのだとも考えられる。

ソクラテスにとっては、祖国というものは、自分の生みの親であり、また養い親であり、更にそれ以上の存在であった。かれの両親も祖先も、みなそこに生まれ、そのうちにおいて養われたからである。従ってかれは、かれに下された死刑の宣告が、たとい不当なものであったとしても、かれの友人たちがすすめるような、脱獄の挙に出ることはできなかったのである。国法にもとづいて、ひとたび下された判決が、個人の勝手によって無効にされるというようなことがあったなら、国家の立場はなくなってしまうであろう。親の仕打が気にいらないからといって、これに暴行を加えることが許されるわけはない。ソクラテスは、そう考えたから、かれを牢獄からつれ出そうとした友人たちのすすめを断って、むしろそのまま死刑に処せられることを選んだのである。

今日のわたしたちにとっては、祖国も両親も、また祖先も、もはやこのような権威はもっていないと考えられるかも知れない。裕福な家庭の子供たちが、かえって親の有難さを知らないように、今日のわたしたちは、甘やかされた坊ちゃんなのだ。わたしたちは、ほとんど罰せられることなしに、あらゆる権威を無視し、愚弄することができる。それは一種の幸福と呼ぶべきものかも知れない。しかし今日の世界には、わたしたちのその幸福を、むしろ例外とするような、不幸の出来事がいろいろのところに見られる。外国兵の銃火の前に身をさらして、祖国の自由と独立を守らなければならないようなことも現に起こっている。そういう場合を考えてみると、わたしたちの状態は、むしろ幸福の仮象なのであって、本当はかえって不幸を知らずに、不幸とたわむれているようなものではないかとも考えられる。

　はじめに言われたように、わたしたちは自然の情として、わたしたちの祖国に対する、共同のむすびつきを感じている。それは故郷の人びとや山河によせる、わたしたちの愛着のようなものとも解される。しかし愛国心の呼びかけは、わたしたちの生命を要求することもある。愛国心が問題になるのは、祖国がそういう第一義的意義をもつ場合においてであるとも考えられる。さきに言われたように、親子や夫婦、兄弟や友人、師弟や仲間の間にも、それぞれ共同のむすびつきがあって、わたしたちは恩愛の絆が、容易に断ち難いものであることを感じる。しかしソクラテスにとっては、祖国は両親よりも貴重なもの、神聖なものなのであった。愛国心というのは、祖国に対するそこはかとなき愛情というようなものではなくて、他の一切に優先して、祖国がすべてであるというような、熱烈な感情であるとも言われるであろう。今日のわたしたちは、そういう感情を疑い、むしろこれを軽蔑するかも知れない。そしてそういうところに、わたしたちの進歩を祝福する人もあるかも知れない。しかしながら、わたしたちの自然の情は、あたかも海のように、季節の風にいろいろ変化し、場合によっては狂乱の極に達することもあるのではないか。

　愛国心といっても、極めて幅のひろいものであって、そのうちにはいろいろの場合がふくまれている。しかしわたしたちの祖国とするところのものが、国家として形成される時、わたしたちの愛情もまた、そこに定着され、いわゆる国民的なほこりが、愛国心の最も普通の形となるようにも思われる。愛国心は一種の名誉心の如きものである。今日のわが国においては、名誉を重んずる気風が衰えているので、このような言い方も、あるいは理解されないかも知れない。しかしエートス（日常の気持）としての愛国心は、あるいはお国自慢、あるいは侮辱感として、わたしたちの日常生活のうちに、案外のかたちで定着されているのではないかと考えられる。日本及び日本人に対する悪口というようなものも愛国心の変形にほかならないように思われる。

三

しかし今日の話題となっているのは、愛国心ではなくて、ナショナリズムなのである。帝国主義とか、植民地主義とか呼ばれるような、強大国の支配や圧迫に対して、小国の抵抗や植民地の独立運動が、人びとの関心を集め、そのような運動にナショナリズムの名が与えられている。それは愛国心の発露とも見られるのであるが、しかしわたしたちは、何か違うようにも思う。そしてわたしたち自身の場合、それがどういう意味をもつものなのか、いろいろ問題になる点も出て来るわけなのである。当面の出来事について、時事解説を試みることは、無論、わたしの仕事ではない。愛国心についてと同じように、まず遠廻しの話から始めなければならない。

言葉のもとの意味から言えば、patriotism も nationalism も、そんなに違ってはいない。nation という、ラテン語源の言葉は「生まれる」(nasci) という意味の言葉から出ていて、やはり「生まれ」を同じくする、血のつながりを意味するからである。しかし言葉というものは、その語源だけで理解されるものではなくて、むしろその慣用によって、意味の変るものなのである。今日のわたしたちの言葉づかいでは、自分の祖国に対する愛着や、あるいはそれに対する神経質な関心が、そのままナショナリズムと呼ばれることはないであろう。愛国心が主として、わたしたち自身の心情にかかわるものだとするならば、ナショナリズムは、むしろ外にあらわれた運動だと言うことができるであろう。ナショナリズムは、単なる感情ではなくて、むしろ行動なのである。そしてその行動には、感情のほかに、利害の打算や理由づけが加わって来る。愛国心は、自然の情として、ナショナリズムの根本に流れていると見なければならないであろうが、しかしそれは他の要素と結びついて、いろいろに限定されていると考えなければならない。

またナショナリズムにあっては、その祖国とするところのものが、愛国心の場合よりも、もっと限られて来ている。それは故里の山河や人情をなつかしむ運動ではない。国民的統一体が、むしろその中心となる。国家の成立というものは、家族や氏族をもとにする地方的な分割に対して、これを打破し、もっと広範囲な統一をつくることから生まれて来たのである。そしてこれらの地方的分割が、それぞれの地方における少数貴族の専制的な支配と重なっていたから、国家の成立というものは、これら少数家族の支配をくつがえして、大多数の人々を、その支配から解放し、これを直接に国民として組織し、統一することになったのである。ナショナリズムというものは、このような国民的統一を背景とするものであって、ヨーロッパにおいては、フランス革命以後に、それが著しい現象となってあらわれている。わが国においても明治維新が、それの出発点をなしていると言うことができるであろう。そして今日のわたしたちが、アジアやアフリカの各地に見るのも、その一面においては、この種のナショナリズムであると言うことができるかも知れない。

もしナショナリズムが、このようなものであるとするならば、愛国心というものは、その祖国とするところを、地方的、血族的なものから、国民的統一へと拡大発展させることによって、容易にナショナリズムと一体化されるように考えることもできる。しかし実際には、それは困難な場合も少なくなかったようである。国家の成立において、父祖伝来のものに対する愛着は、いわゆる地方的愛国（？）心（local patriotism）となって、むしろ国民的統一に抵抗したからである。国民的自覚というようなものは、祖先伝来のものを共有する血族的なつながりの自覚とは、すぐに結びつくものではなくて、むしろ外部からの附加として、よそよそしいものに感じられたかも知れない。国民的自覚というのは、ひとつの新しい意識だったのである。

むかしのギリシア人にとっても、かれらの国家（ポリス）は、いわば新しい成立のものであって、それは人間社会の発展の最後の段階において、家族や氏族の地方的連合を、強力に統合することによって成立したものなのである。そしてかれらの考えでは、かくの如き国家統一に達したのは、かれらだけであって、他の種族は、このような国民的自覚をもっていないと考えられたのである。かれらの言葉で言えば、かれらギリシア人は、ポリーテース（polites）すなわちポリスの一員（国民）であるけれども、ギリシア人以外の者は、血族的統一を知るだけのパトリオーテース（patriotes）なのである。おそらくかれらにあっても、この国民的自覚は、かれらの国家（ポリス）によって守られた、かれらの自由の意識や民主政治と、相関的なものであったであろう。むろん、ギリシア人の国家と、今日の国家とではその規模においても、大いに異なる点があるわけなのであるが、しかし国家成立の条件は、やはり同じであると言わなければならない。この点は、エンゲルスなどの書物にも、はっきりと言われていることなのである。しかしわが国では、西洋史の研究が根本的でなく、古代史の知識なども、正しく伝えられていないため、政治学者や社会科学者の議論も、かれらの無知の口実として、ポリスと近代国家の差異を、むやみに誇張するものが少なくないのである。

四

しかしながら、今日のわたしたちの問題は、パトリオティズムとナショナリズムの矛盾というようなことではない。今日でも、地方的利害とか、地方的感情とかいうものが、全国民的なそれと、必ずしも一致しない場合が見られる。しかしそれらは、今日の最も困難な問題であると言うことはできない。わたしたちのところでは、明治維新とともに、それらの困難は乗り越えられたのである。インドなどを見ると、父祖から伝えられた言語への執着が、統一的な国民的言語をもつことを不可能にしている。かれらに国民的意識を与えるものは、かれらの征服者だったイギリス人の言語なのである。かれらは英語以外に、国民としての共通語をもってはいない。わたしたちの場合とくらべて、インドでは、国民的統一の内部に、なお国家統一以前の困難がのこっているのではないかと考えられる。しかしわたしたちのところでは、すでに明治以前のいわゆる封建時代においても、経済、宗教、学芸、娯楽、その他の生活様式が、各方面にわたって、全国的な統一へと下準備されていたのである。そしてそれが東洋各地を植民地化しつつあった西洋諸国の、いわゆる帝国主義の動きに接触して、たちまち全国的な統一を実現したのである。わが国の場合には、言語も種族も、また他の文化も、いずれも比較的古くからの共通性をもっていたから、わたしたちの愛国心は、このようにして形成された新しい国民的統一のうちに、自己の祖国を見ることに、特別の困難は感じなかったわけである。むかしにさかのぼることのできる共同連帯の意識が、わたしたちの愛国心というものであった。そしてこの意識は、黒船の来航によって、西洋の文明に接触し、端的には軍事力の優越において示された西洋諸国の実力から、強烈なショックを受けたのである。わたしたちは父祖たちの国家意識というものを、このような事情から理解しなければならない。かれらは東洋の大部分が征服されつつある、実際の危険のうちに、新しい国民的統一をつくり上げ、これの独立を守って、やがてはこれを欧米諸国と対抗できるような、実力のある国家に発展させることができたのである。かれらは誇りと満足とをもって、ナショナリズムのこの発展をながめることができたのである。そして愛国心も、このような満足と誇りのうちに、ひとつの完成に達していたと言うことができるかも知れない。

しかしながら、愛国心とナショナリズムとは、いつもこのように歩調を同じくするとは限らない。どちらかといえば、愛国心は遅足である。それは父祖伝来の共同性にかかわり合って、新しく生まれた統一には、すぐになじむことができないのである。しかしナショナリズムは、そのような情緒ではなくて、行動であり、運動であるから、むしろ前進的であると言わなければならない。ナショナリズムは、防御的なものから、やがて攻撃的なものに転ずる。わが国の場合も、ナショナリズムは、海外発展のナショナリズムとなった。わが国が台湾、樺太、朝鮮、満州に領土をもち、もはや民族も文化も、昔から同じではない人びとをも含めて、これをひとつに統一しようとした時、わたしたちはロオマ帝国の範例によって、ひとつの帝国を形成しつつあったのである。（言うまでもなくここに言う帝国とは、君主国のことではない。）いわゆる帝国主義の語は、わが国の一部では、これを資本主義だけの――そしてそれの最後段階における――現象とする意味に用いられているが、これはレーニンの宣伝用語に過ぎず、学問上どれだけの意味をもつものなのか疑わしいように思われる。今日においても、いわゆる資本主義国家が、いかにして戦争をひき起こすかというようなことを、どれほどもっともらしく論じたところで、それは資本主義国家だけが、戦争をひき起こすということの証明にはならない。実際には、資本主義以外にも、戦争をひき起こす条件は、まだたくさんあるからだ。恐らく理想国だけが、戦争を知らないであろう。しかし現実の特定国家を、この理想国と同一視するのは、およそ見当違いのはなはだしいものであると言わなければならない。わたしたちは平和や自由についても、すべての悪は敵方にあって、わが方にはすべて善いものばかりあるというような、現代の宣伝闘争用語法を警戒しなければならない。わが国のナショナリズムについて、帝国とか帝国主義とかいう言葉を用いるにしても、わたしの意味は、それらの宣伝用語の意味ではないのである。

五

むかしのギリシア人にとっては、言語や宗教や種族などの、昔からの血のつながりや習慣の共同性の上に、国家的統一というものはつくられなければならないのであって、それらの範囲を越えた政治的統一というものは、何か不自然なものに考えられた。かれらは多くの小都市国家に分裂して、それ以上の大国家をつくることをしなかったのであるが、これはかれらの今のべられたような祖国の考えが、そのことを許さなかったからであるとも見られるであろう。実際問題としては、生活の必要が多くなるに従って、小規模の都市国家では、経済上の自給自足が不可能になっていたから、もっと大きな共同関係が絶対に必要だったのである。しかし各都市国家が、それぞれに自国の自主独立を最高原則としている限り、これらの諸国を統合することは、ほとんど不可能であったと言わなければならない。実際の必要がアテナイをして、同盟の形による統一を試みさせたけれども、加盟国の反抗によって、それは失敗に終らなければならなかった。このような同盟形式によって、ひとつの都市国家が他の都市国家に対して、支配を及ぼすということは、一方の祭神が他方の祭神を支配し、一方の習慣が他方の習慣を無効にすることであって、それはかれらの地方的愛国心をひどく傷つけることになったからである。すべての帝国主義は、このような抵抗を排除するために、つねに強大な武力をもたねばならない。わたしたちが今日においても、帝国主義というものを、その最も目立ちやすい形において、他民族の自主独立を侵害するものと見たりするのは、このためであると考えられる。

しかしながら、交通や通信の条件を考えてみると、今日では、昔とくらべものにならないほど、すべてが進歩してしまっているので、地方的な特殊性というものは、多くの意味をもち得なくなり、むかしのギリシア人には想像もつかなかったような、広範囲の国民的統一が可能になっているのである。むかしのギリシア人も、ペルシアの世界的大帝国の存在を知っていたのであるが、その統一は専制君主の絶大な権力によってしか保つことのできぬものであったから、かれらは自分たちの自由を犠牲にしてまで、そのような大国家をつくることを願わなかったのであろう。代議制を知らなかったギリシア人の民主政治は、全国民が直接相会して、たがいに相談し合うことを建前としていた。だから、むやみに人口が多くて、その言語も宗教も日常習慣も違うところでは、そういう会合も、相談も不可能になるわけである。役員の選挙といっても、顔も見たことがなければ、話も通じないようなことでは、何の意味もないと考えられたであろう。むかしの生活状態では、広域の政治的統一は、強力な専制政治によるほかはないのである。しかし今日では、アメリカのような広い国の政治的統一が民主政治と両立し得るのである。歴史の浅いアメリカ合衆国では、父祖伝来のものにつながる愛国心は、ヨーロッパの諸国やわたしたちのところほど、大きな意味をもち得なかったかも知れない。しかしそれでも、地方的利害や地方的感情は、地方分権のかたちで、やはり顧慮されている。もし統一だけが重んじられるなら、この広域の政治的統一のためには、やはり民主政治の原則が、いくらか犠牲にされなければならなかったであろう。生活や文化の程度の低いロシアやシナの、広大な領域では、今日でも専制政治が行なわれなければならないのである。それは別に怪しむに足りないことなのかも知れない。そしてこれと同程度の旧式な帝国主義が、今日におけるソ連の東欧支配の形式であると言うことができるであろう。かれらの帝国主義は、資本主義最後段階の帝国主義ではなくて、資本主義以前の野蛮未開の帝国主義なのかも知れない。

六

しかしわたしたちの帝国主義は、どうだったのであろうか。わたしたちのそれの経験は、そう永いものではなかった。ことの善悪は別として、わたしたちの植民地経営は、技術的に言って、それほど下手ではなかったという説もある。しかしシナ事変の処理か何かについて、当時の外国新聞は、日本の政治指導者が、帝国主義の運用者としても、全くの小人物ばかりであると評していたのを読んだ記憶がある。日本のナショナリズムは、西洋諸国の帝国主義の脅威によって、まず目ざめさせられ、形成されたのであるが、自国の独立を守ることに成功すると共に、ひとつの帝国主義にまで発展したのである。わたしたちは、いくつかの植民地をふくめた大日本帝国を、はじめの国家統一の場合と同じように、単一の国民国家にする努力をしていたように思われる。つまり言語をはじめとして、いろいろな点で、植民地を内地化し、すべてを日本化しようとしたのである。これは帝国統一の定石のようなものであって、古今にその例も少なくない。もし民主化というようなことが、これと平行して行なわれたなら、ある程度の成功があったかも知れない。

異民族が全国民的な統一をもつようになる可能性は、アメリカ合衆国の実例が、これを保証しているようにも考えられる。アメリカでは、古い昔にさかのぼる民族文化の対立よりも、地理的な差別の方が大きいのではないかと考えられる。あの広大な地域に、祖先から伝えられたものを同じくしない、いろいろな異民族が集まって、しかも専制政治の形式をとらない、ひとつの国民的統一をつくるというようなことは、むかしのギリシア人でなくても、不可能に近いことと思わなければならないであろう。これはかれらの歴史の浅いことが、地方的愛国心の抵抗を少なくし、生活を科学技術化するのにも、古い感情から来る障害を少なくしたからであり、その民主制が、古代ギリシア人の場合と同様、かえって政治的統一の助けになっているのかも知れない。いずれにしても、アメリカのナショナリズムは、古い愛国心に頼らずに——そしてその点を、日本の軍人はアメリカの弱点と見たのであるが——それ自体の発展をとげて、今は一大帝国を形成しつつあるようにも考えられる。むかしの pax romana（ロオマの平和）になぞらえて、pax americana（アメリカによる平和）という言葉が用いられたりするように、アメリカは多くの同盟や協約によって、世界的な指導領域（インペリウム）をもつようになっている。そしてそこにおいてはじめて、異民族の地方的愛国心の強い抵抗にぶつかっているように思われる。ナショナリズムは、その発端たる民族独立と、その終局たる帝国主義において、相対立していると言うことができるであろう。現在ソ連の帝国主義が経験しているのも、これと異なるものではないように考えられる。

ここでわたしたちは、わたしたちの束の間の帝国主義についての経験を、もう一度思い出してみる必要がある。無論、わが国の帝国としての発展は、公式論で割り切るほど、簡単なものではない。満州事変後の海外政策は、国内のいわゆる革新政策と同じように、極めて特殊なものであるとも考えられる。これを一般化して、それまでの日本のナショナリズムを、すべてその形に直して考えるのは、公平な見方ではないであろう。しかし帝国主義の困難を見るためには、この失敗がよい例になる。一時の軍事的勝利が、東亜の大部分を、ひとつの統一的支配の範囲内におさめることができるかのように、人びとに考えさせたことがあった。しかしその大帝国を、単純に日本化したり、内地化したりすることは、もはやいかなる強圧をもってしても、不可能に思われたのである。いわゆる東亜協同体の理論なるものは、このような困難に対処するための、一種の理論的努力であったと考えられる。しかしそれは、何の実効もおさめることはできなかった。わたしたちだけの遠い祖先にさかのぼる共同の意識も、また明治以来の国家観念も、東亜協同体というようなものの形式には、何の役にも立たず、むしろ障害になるばかりであった。つまり旧式の愛国心は、帝国主義に適応するには、あまりに遅足であり、従来のナショナリズムは、帝国主義の成功には、かえって邪魔になったのである。東亜の解放を唱えたことは、むしろ滑稽な矛盾であって、当時解放を最も必要としたのは、日本国民自身であり、かれらはひどい奴隷状態にあったからである。

七

以上に言われたことをまとめてみると、ナショナリズムというものは、その主観的な面では、父祖から伝えられたものの共同を意識する祖国愛（パトリオティズム）と同じものであると言うことができるであろう。しかしナショナリズムは、そのような意識や感情であるよりも、そういう共同の意識がもとになって、外にあらわれる運動であり、行動であると言うことができる。その運動の主要なものは、国民的統一の形成であり、具体的には、言語、種族、日常習慣、その他の昔からの共同を基礎にする国家の建設であると言うことができるであろう。ナショナリズムの運動は、民族意識が国家の形成に発展し、国民的自覚とか、国家意識とか呼ばれるものを生み出す過程において考えられる。しかしこのような運動は、それだけで存在するのではなくて、他の同じような運動とも接触しなければならない関係にあると言わなければならない。現代は、一方においては、ナショナリズムの時代であると共に、他方において、インター・ナショナリズムの時代なのである。わたしたちは現代において、多数の国家が分立しているのを見るのであるが、しかしまた同時に、そのどの国家も孤立して、自国の発展だけを計るということはできない状態にあることを知っている。しかしこれらの諸国は、大小さまざまであって、どれも同じ国際関係にあると言うことはできない。強大国と弱小国との関係は、今日でもやはり危険の多い関係である。ナショナリズムの原則からすれば、どの弱小国も、弱小国の地位に甘んずるものではなく、いかなる強大国も、自己の有利な地位を手放すことは欲しないであろう。ナショナリズムは、民族国家の絶対的な自己主張なのである。

しかしながら、この自己主張は、強国においては、いわゆる帝国主義となる。今日の帝国主義は、植民地の関係だけで考えられるものではない。相互援助条約や同盟で結ばれた国家群のうちにあって、実力をもって指導的地位を占める国家が、自己を中心にインペリウム（命令圏、指導圏、勢力圏）を構成するのが、今日の帝国主義の実際であるとも考えられる。そしてこの構成内における強大国と弱小国との対立がナショナリズムの自己矛盾のごときものであるとも言われるであろう。そしてこの矛盾は、ナショナリズムの立場では、充分に解決されないように思われる。強大国の横暴を罵っても、それは感情論たるに止まる。わたしたちはナショナリズムが、差別と特殊の自己主張であることを見る。わたしたちは言語、種族、伝統、その他の特殊性が、それぞれ他に代え難き価値をもつものであることを認める。その限りにおいて、ナショナリズムの自己主張には、充分の理由があることを認めなければならない。しかしながら、特殊が特殊だけで、自己を唯一の価値に絶対化するならば、特殊はそれぞれの自己主張によって、相互に否定し合わねばならなくなる。つまり自己主張だけでは、全くの主観性に止まり、それ以外に何の根拠もない、夢のようなものになってしまう。西洋のナショナリズムは、近世のはじめにおいて、ダンテやデカルトやルッターが、それぞれ自分たちの言葉で、その重要な書き物をした時に、既にその第一歩をふみ出したと言われるであろう。しかしながら、言葉は別であっても、かれらが考え、かれらが語ったことは、共通の言葉ラテン語を通して、むかしから伝えられていたギリシア・ロオマの古典文化と、キリスト教の教義を、共通の地盤とし、また共通の背景としてもっていたのである。特殊はただ普遍の上に立ち、共通なるものをもつことによってのみ、真に特殊な価値をもち、独自の寄与をすることができるのである。この普遍的なもの、全世界的なものへの寄与を離れては、特殊は特殊としての価値をもたないとも言える。普遍と共通がなければ、特殊は特殊でさえもないのである。ナショナリズムの矛盾を解決するためには、わたしたちは全世界的なもの、普遍的なものに注目しなければならない。

八

しかしここでも、わたしたちはすぐに世界主義とか、国際主義とかいう正反対のものへ、一足とびに移ってしまうことはできない。ナショナリズムは簡単に否定され、放棄されただけでは、その困難を解決することができないからである。戦後のわが国には、この種の飛躍した空論が多過ぎるように思われる。わたしたちはナショナリズムの、現在のあり方から出発しなければならない。現在それは、一方においては、帝国主義を推進する力となって現われているが、他方では、これに対する抵抗となっても現われている。わたしたちはアジアやアフリカの、後者の動きに多くの同情をもっている。しかしナショナリズムそのものとしては、そこに新しいものがあるとは思われない。その自己主張は、むしろ幼稚なものであり、現在の世界情勢では、他の帝国主義に利用されるだけの、危さをもっているように思われる。ナショナリズムの困難を考えるのには、むしろ帝国主義の現況の方が、いろいろな問題をもっているように思われる。わたしたちの帝国主義の経験によっても知られたように、今までのナショナリズムでは、帝国主義は成功しないのである。多数の異民族、大小さまざまの同盟国を、ひとつの統一の下におくためには、指導国家は、自己のナショナリズムを制限して、何かもっと全世界的な視点に立たねばならないからである。いままでのところ、帝国主義は悪名を負っているが、しかし現実の歴史において、ナショナリズムを越えて、何か普遍的なものに、わたしたちを一歩近づけさせるものは、ナショナリズム発展の極にある帝国主義なのではないかとも考えられる。ヘーゲルの言葉を借りれば、理性の狡智というところかも知れない。弱小民族の抵抗は、それ自体としては別に新しい意味をもたないが、帝国主義におけるナショナリズムの自己否定というようなことに対して、重大な意味をもっていると言うことができるであろう。なぜなら、帝国主義は普遍の方向を指し、ナショナリズムの限界を越えさせるものをもっていると言っても、それの多くの失敗において見られるように、小国が大国のエゴイズムの犠牲となる事実が、むしろはるかに多いのであるから、小国のナショナリズムは、対抗要素として意味があり、さらに進んで帝国主義を変質させ、世界国家を準備させる助けをするものとも考えられるであろう。

それでは、わたしたち自身の立場はどうなのか。わたしたちは過去一世紀の間に、ナショナリズムの一通りの経験をしたと言うことができるであろう。そして現在のわたしたちは、新しいナショナリズムの出発点にあるとも言われるだろう。わたしたちの愛国心は、むかしの対象を失って、何か戸惑っているようなところがある。しかし文化の方面では、祖国への反省がいろいろ行なわれて、わたしたちの芸術や学問、生活様式などについても、国民的な自覚が始まりつつあるように思われる。わたしはこれをよい兆候であると思っている。しかしながら、そのようなナショナリズムが、単なる西洋否定になってしまうことには、賛成できないように思う。さきに言われたように、特殊は普遍の上に立たなければならない。日本の国民文化は、単なるその特殊性において価値をもつのではなくて、世界の文明に、真の自己の産物を寄与することができる限りにおいて、その独自性を誇り得るのである。そのためには、わたしたちは西洋の古典文化やキリスト教がこれまでにもっていたと同じような、何か世界文明の普遍的基礎となるものを、もっとよく把握しなければならない。これまでの西洋文明の皮相な模倣は、西洋の普遍を捉えずに、その特殊に過ぎないものを、流行と共に追いかけていた結果なのである。

九

しかしわたしたちのナショナリズムは、さきにも言われたように、わたしたちだけの意識に止まるものではない。それは必然的に対外関係をもたねばならない。一部の人びとは、わたしたちの国がアメリカ帝国主義の支配下にあるものとして、反アメリカ運動を、わたしたちのナショナリズムのすべてであるかのように主張している。わたしたちをアジア・アフリカのナショナリズムと、同じ戦列におこうとするわけであろう。しかしながら、すでに独立の近代国家として、一世紀に近い歴史をもつわたしたちが、他のアジア・アフリカ諸国があったと同じように、他国の植民地となっていると考えるのは、誇張された形容以外に、特別の意味をもつことはできないように思われる。わたしたちの場合は、ソ連の支配下に入れられたポーランドやチェッコ、あるいはハンガリーに、むしろ似たところがあるかも知れない。無論、アメリカの支配は、ソ連の支配のように苛酷ではなく、アメリカ攻撃の言論も、全く自由であるから、このような比較は、不当であると言わなければならない。しかし防衛や貿易の問題について見られるように、わたしたちはアメリカから、全く自由なのではない。わたしたちはアメリカに対して、全く対等であるとも言うことはできない。そういう意味では、わたしたちはやはり、アメリカの指導圏の中にあると言うことができるかも知れない。これはしかし、西洋の他の独立国も、南北アメリカ諸国も、それぞれの仕方でアメリカに対して、もっていなければならない依存関係であると言うことができる。「アメリカによる平和」は、アメリカのインペリウム（命令と支配）を意味するのである。しかしアメリカのインペリウムとソ連のインペリウムとではそれぞれの内政を反映して、非常に違っている。ソ連の苛酷な帝国主義は、その内政の苛酷さを物語っているのである。ソ連は社会主義国家であるから、階級対立はなくなっており、支配層と一般大衆との分離は、資本主義国家だけのことであるというような公式論は、かれらの御用学者以外には通用しないことである。しかしわたしたちの経験において知られるように、苛酷な支配はかえって、その帝国主義を危険に陥れるであろう。非スターリン化や自由化は、その危険を救う唯一の途なのである。かれらは今いろいろの苦い経験をしているが、自己を救うためには、やはりこの苦い薬をのまなければならないであろう。

　わたしたちの現在の地位は、やはりわたしたちだけの特殊なものなのである。ブダペストとスエズと砂川とは、相似の点よりも、むしろ相違する点が多いように思われる。わたしたちのナショナリズムは、わたしたち自身のナショナリズムの経験を生かして、もっと賢明な行き方を選ばなければならないだろう。既に言われたように、帝国主義の現況は、指導国家に対して、そのナショナリズムの限界を教えているように思われる。そしてその教訓を賢明に学ぶことのできるものだけが、次の新しい時代を代表するとも言われるであろう。自国の利害だけを中心において、自国のやり方を他国に押しつけるような、旧式なナショナリズムは、指導国家を失格させるだろう。わたしたちは、このような旧式の帝国主義に対しては、これに抵抗するナショナリズムを、無条件に支持しなければならない。しかしながら、抵抗のナショナリズムが、すべてどの場合においても正しいというわけではない。ナショナリズムは、ただそのままでは、分裂的な自己主張に止まり、これを延長させれば、帝国主義国家のナショナリズムと、本質的には何の差異もないことになるからである。わたしたちのナショナリズムは、もっと賢明なものでありたいと思う。それにはわたしたちもまた、世界政策の如きものをもつべきではないかと思う。世界政策というような言葉は、むかしの帝国主義時代に、わたしたちが世界を統一するための、何か侵略政策の如きものとして用いられていたので、今日のわたしたちは、これを忌避したいようにも思う。しかし世界政策というものは、何も強大国だけのものではないであろう。今日の世界を、ナショナリズムの矛盾から脱出させるためにも、わたしたちは積極的な方策をもつべきであろう。反アメリカ運動とか、中立主義とか、国連中心主義とか、A・Aグループとかいうようなことが、いろいろ唱えられるけれども、わたしたち自身の立場が見失われている限り、あまり有意味ではないように思われる。わたしたち自身の立場を放棄して、世界のうちに没入するというような感傷的平和論が、戦後しばしば行なわれたけれども、これは一億玉砕の空論と同じようなものである。わたしたちは、やはりわたしたち自身の立場を守り、わたしたち自身の利害と共に前進すべきであろう。ただそのようなナショナリズムは、今日もはや究極的なものではないのであるから、この帝国主義の時代を乗り切るために、世界をどういう方向にもって行ったらよいかを、むしろ協力的に考えるべきであろう。世界政策といっても、別に大げさなことを考えるには及ばない。わたしたちの愛国心も、そういうナショナリズムやインター・ナショナリズムなら、段々に折合って行けるかも知れない。

（『知性』一九五七年四月号）

V 政治的関心・続

政治における非合理的要素

一

政治的な動機をもった殺人事件が、ほとんど連続的と言ってもよいくらいに、短かい間隔をおいて二度も起こった。これは大へんなショックである。戦後はあまりこの種の事件が起こらなかったので、もの心ついてからの初の経験として、全くやりきれないというように、はげしい嫌悪の情を示した若い人たちもいる。わたし自身は二・二六事件などの記憶もあるので、いくらか感じ方がちがうようにも思う。しかし二・二六事件の時にも、高橋是清など殺された人たちについて、あれはブルジョアの代弁者なのだからと言って、むしろ面白がっていた進歩派もあったくらいだから、今日の事件についても、見方はいろいろであって、必ずしも一律の感じ方を求めることはできないようである。興奮し過ぎた人たちのうちには、自分たちと同じ感じ方をしない者は、すべて暴力是認の立場であるなどときめつけたりする傾向が出て来ているけれども、そんなきめ方をすれば、暴力派の方がむしろ多いという勘定になりそうである。しかしわたしは、問題をそう簡単に割り切ってしまうことはできない。まあ迷ったり、当惑したりしているところである。どうしたらいいのか。少しずつ問題を整理したり、区別したりして行くうちに、何か少しはっきりして来るものがあるかも知れない。頼りない話だと、それぞれに立場をきめてしまっている人たちからは、軽蔑されるかも知れないが、わたしとしては何ともほかに仕方がないのである。

わたしは政治的殺人事件が、大へんなショックだと言った。また戦後久しくこの種の事件がなかったことを、ひとつの説明としてつけ加えた。これを逆に言えば、これがショックとして受け取られるのは、まだ望みがあるということなのである。もしこのような事件が日常茶飯事となってしまったら、どうだろうか。新聞紙上には、毎日のように交通事故や、非行少年のことが出ているが、それらに対するわれわれの感じは、「またか」という程度で、もう大した刺激を感じなくなっている。実を言えば、この方がむしろ大へんなことなのである。

これに反して今度の事件は、われわれがショックを感じているだけ、まだましだということにもなるだろう。しかしこれも別の見方をすれば、昨年の安保さわぎ以来、われわれはこの種の刺激に、少しずつ慣らされて来ているのだとも言われるだろう。もっとも今度の政治的殺人事件を安保さわぎに結びつけて考えることは、一部の人たちのタブーになっているので、こういう説明の仕方は叱られそうである。しかし殺人ということがらに含まれている一種の絶対性を、一切の説明を拒否するというようなところに転用するのは、少しおかしな感じがしないでもない。一般非行少年の場合だと、たとい殺人事件であったとしても、多くの論者は社会的環境とか、家庭事情とかいうところへ話をもって行って、結局は「政治が悪い」と言ったりするだけで、教育者の責任も本人自身の責任も、あまり問われないでしまうことが多い。ところが政治的殺人においては、悪の始源がいつも本人とその家庭、あるいは教育責任者に狭く限られて、それ以上にさか上ることは、せいぜい背後関係とか、資金関係とか、どこの誰にでもあるような関係だけにしぼられて、ほかは絶対に許されないことになっている。どうも妙な話である。暗い家庭であるとか、家族に精神病者がいるとかいう記事も、考え方によっては、不幸な家庭の人たちに対する残酷な攻撃ということになるだろう。

二

無論、殺人そのものが許し難いものだということも、またましてや直接関係のない人たちを殺傷するなどということが、許さるべきことではないというのも、今さら議論するまでもないことであって、恐らく何人もこれには異論がないだろう。しかし殺人の動機が政治的であるということは、やはり他の殺人事件とはちがった取扱いを要求するものがあると言わなければならない。ほかの殺人事件には至極冷淡な人たちが、この問題だけに大さわぎをしているというのも、その人たち自身の個人的、職業的な利害もさることながら、やはり政治ということが直接関係して来るからなのであろう。だから、その点だけで見れば、問題の重点は政治的背景とか、政治的動機とかいうことの方にあるのであって、必ずしも人間の死そのものにあるのではないということになりそうである。

　いわゆる右翼の暴力、あるいは右翼の殺人だけに問題を限定しようとすることは、そういう政治性を前面に押し出すことになるわけだ。無論、人間の死という絶対厳粛の事実を、他の政治目的のために利用するなどということは、許さるべきことではないとも考えられる。しかしむかしの弔合戦などの例にも見られるように、葬式や棺桶はしばしば政治的に利用されて来ているのである。そしてそれも、死者犠牲者に対する心からの愛惜と礼儀がつくされている限り、必ずしも非難するに当たらないのかも知れない。しかしその限界は厳格に区別されなければならない。単に死を利用しようとしているに過ぎないかどうかを試してみるには、その利用を拒否するのも一つの方法であろう。単なる利用の意図をもつに過ぎない者たちは、利用の見込がなくなると、急に冷淡になって、しばしば不幸な犠牲者たちに非難攻撃を加えるようなことさえするのである。

法廷闘争専門の弁護士の立場で考えると、とにかく相手方にすべての罪を帰するためには、犠牲者の積極性が望ましいわけで、これが充分に利用できず、かえってこちら側にも一部の責任があることを認めるような結果になっては、大へん困るわけである。このような消極性は、闘争上のへまとして、むしろ憎悪すべきこととなるであろう。しかしながら、すべてを法廷闘争の見地から処理しようとすること自体に疑問があると言わなければならない。正直のところ、法廷弁論式の議論はもうたくさんなのであり、われわれの周囲には闘争屋が多過ぎるのである。いったいこれらの闘争によって、何の得るところがあるのか。その実際を見てみると、これらの闘争には、犠牲者を盾としても守らなければならないような、もっと別の利害がかくされているのではないかという感じがする。例えば何々を守る会というようなものが作られることがあるけれども、守られるのは実はもっと別の利害なのであって、守られるはずの当のものは、かえってそれへの犠牲として、苛酷な条件の下に戦わされるようなことが多いのではないか。われわれは政治というものについて、もっと明察をもたなければならない。

三

しかしこんなふうに、直接的な話をすることは、わたしにはどうも苦手だ。もっと抽象的、あるいは一般的な形で、問題に近づくことはできないだろうか。毎日のニュースを聞いていると、どうして後から後から、こんなに面倒なことが起こって来るのか、やりきれない感じがする。毎日の生活が、どうやら無事に行っているのが、不思議なくらいだ。われわれには、うまくこれに対応して、すべてを根本的に解決するような途が、どこかに見出されないのだろうか。しかも考えてみれば、その面倒というのが、いずれも要するにわれわれと同じような有象無象の人間によって引き起こされているのである。宇宙進化の頂点にあるとも考えられている人類の歴史が、われわれの近くに見るところでは、かえって混乱と背理にみちているということは、全自然の秩序と調和のうちに神の摂理を見ようとした思想家にとっても、既に安易な合理化を許さない難問題であった。

世にも不思議なもの、それは人間だという文句が、むかしの有名な悲劇作品のなかで、コーラスによって歌われているが、その不思議という言葉のうらには、恐しさがひめられているのだと言ってよい。昼間の意識には抑止されているような奇怪な欲望が、夜の夢のなかに形を変えて現われるという観察は、既にむかしの哲学者の書物のなかに記されている。今日の文学や映画が好んで描くのも、人間のそのような醜悪なのである。無論、われわれはこのような醜悪と奇怪さに、簡単に絶望してしまう者ではない。人間はその醜悪のうちから、また善美なものをつくり出して来たからだ。しかしとにかく、われわれは人間の出来事において、あらゆる悪の可能性がわれわれ自身にあることを、はっきり知っておかなければならない。「なんじらのうち罪なき者」という聖書の言葉は、今日でも多くの人が知っているはずだ。われわれのうちで、他人の死をねがったり、殺してやると心の中で叫んだりしなかった人間が、いったい何人いるだろうか。われわれのうちには恐しい可能性が眠っている。無論、このことは、われわれが悪に対する態度をあいまいにするための、いかなる口実ともなってはならない。しかしまたわれわれは、人間の出来事を取り扱うにあたって、人間の恐しさというものを決して忘れてはならないのだ。

しかし政治論の領域では、時によるとこのことが全く忘れられてしまう。恐らくは百も承知の上での議論なのかも知れない。そこではいつもためにする議論のみが行なわれるのであり、実際においては、人間の悪というものが、その可能性を極端に押しすすめることのできる場所なのだとも考えられるからである。映画「十三階段への道」や「わが闘争」は、このことをわれわれにわかり易い仕方で教えてくれる。恐らく歴史上の事実は、文学が悪の追求というような形で、想像の世界に描き出してくれるものよりも、もっと恐しいものなのだろう。しかし一部の人たちは、このような悪がナチスだけに特有のものであり、現代文学や新傾向の映画などがあばき出す醜悪も、現代資本主義社会の腐敗を示すだけのものだと信じているかのようである。つまり人間の悪は、歴史的仮象に過ぎないのであって、政治はその悪を消してしまうことができると信ずるわけであろう。しかしあの残虐は、果してナチスだけのものだろうか。ソ連は革命後四十年を経たが、その間にどれだけの人間が、残酷な仕方で殺されているのか。また中共支配下において、どれだけの人間が悲惨な死をとげなければならなかったか。何千万という数字が挙げられている。ハンガリーやチベットの事件は、なおわれわれの記憶に新しい。無論、すべては秘密の帳《とばり》に閉されていて、われわれはいわゆる反共宣伝なるものに警戒的であるため、共産主義諸国の政治については、かえって何の悪もない理想郷を想像しがちである。

しかし報道を統制している秘密主義の国に対しては、むしろ採点を辛くする方が、正しい認識に近いだろう。中共治下の民衆が、現在飢饉に苦しんでおり、それは天災ではなくて、政治の失敗による人災らしいということは、昨今ようやく新聞雑誌に少しばかり報道されるようになったが、それらしい事実は石橋湛山氏がかの地を訪問していた頃から、既にいろいろな資料と共に海外に伝えられていたのである。しかしかの地に招待されて行って、政府の有力者から御馳走されただけの人たちには、それら台所の事実が見えるはずもなく、その後の視察者たちからも、ただ人民公社のすばらしさというようなことを、土産話に聞かされるだけだったのである。

しかしわたしはここで、共産主義国家の悪だけを強調しようなどと思っているのではない。ただ人間は、ナチスの治下や資本主義社会においてだけ不幸であって、社会主義の下では、何の悪もないというようなことを、そう簡単には信じ得ないのである。政治は人間のつくるものであるが、その政治は人間の恐しさを、どこまで変えることができるのだろうか。アメリカ占領軍によって行なわれた罪悪について、いろいろ書いてある書物を読んだことがある。しかし満州や樺太に侵入して来たソ連兵が、何を行なったかは多くの人が知っている。それはドイツ各地で起こったことと同じであろう。わたしの大学の研究室の便所には、はじめの頃、イデオロギー合戦の落書がしてあった。そこでは満州におけるソ連軍の非行が指摘してあったが、これに対する左翼の答えは、南京における日本兵の行動は如何というのであった。しかしこれはあまり有力な弁護にはならないようだ。かれらの理想とする共産主義国家も、せいぜい軍国主義日本と同程度にしか、兵隊を教育し得なかったことを示すだけだからである。

四

わたしは政治が人間そのものを変えるというようなことを、そう簡単に信ずることはできない。人間を変えるとか、人間をつくるとかいえば、それは主として教育の仕事であると考えられる。無論、ある意味では、既に古人が知っていたように、人間の最強力な教育者は国家社会なのである。学校教育はその一翼をになうものとして、これを意識化し、補足する限りにおいてのみ有効なのであって、それ自体が遊離しては、大した力をもち得ないであろう。この意味において、政治は人間を教育し、人間を変えるとも言えるだろう。しかしながら、政治もまた人間の仕事なのだから、人間を人間以外のものに変えてしまうことはできない。人間はいつまでたっても恐しいものなのである。そこにはあらゆる悪の可能性が存在する。

政治というものは、むかしの哲学者が洞察したように、人間のうちにひそむそのような混沌を規制し、ひとつのコスモスを形成する努力にほかならないのだ。それは天球を支えるアトラスの仕事を、われわれに分担させているようなもので、少しのつまずきでもすぐに動揺し、下手をすれば原始の混沌にかえってしまう。後進国に対する「共産主義のすすめ」が説かれたりするが、古来の多くの苛酷な専制政治も、またあらゆる刑罰を死刑一つにしぼったとも伝説される、かの「血をもって記された」ドラコン法の如きものも、それぞれに歴史的な意味をもっているのだと言うことができるだろう。ソ連四十年の歴史も、中共支配下のシナの現状も、われわれの未来を指示するような何ものも含んではいないけれども、ひとつの後進国現象として、ある程度の理解をもつことはできるだろう。

　しかし現在のわれわれは、専制政治や全体主義政府の支配下にあるのではない。また野蛮未開の状態から一足飛びに文明国になったのだとも言われないだろう。比較的長期の封建制度の下に近代を準備しながら、明治の開国と共に近代国家として成長し、既に百年の経験をもっている。いわゆる民主主義、自由主義の歴史も、一九四五年八月をもって突然始められたものではなく、やはり明治時代からの歴史をもっている。社会主義にしても、革命運動にしても、無政府主義にしても、それぞれの歴史をもっている。またいわゆる右翼思想にしたところで、むしろ反政府的な過激派をも含めて、明治以来の歴史をもっている。われわれのところには、むしろあらゆるものがあり過ぎるくらいである。これは全体として、自由を原則とする民主主義の形が取られているということなのだろう。

　しかしそれが安定した形になっているとは、どうも考えられない。自由主義や民主主義は、明治以来の歴史をもっていると言っても、それが有力なものであったと言うことはできない。満州事変以後の歴史は、それの簡単な敗北史になってしまっているからだ。敗戦と占領政策がまた再度それに新しい力を与えたわけであるが、しかし憲法をはじめ多くの施策は、実際よりも先走っていて、全体としては充実もなく、安定を欠いているのではなしていないところが多い。これは戦後のわれわれの国制が、われわれの自然の成長の結果、次第に形成されたというようなものではなくて、敗戦による一応の断絶と破壊のうちから、むしろ他動的につくられたものであって、それの感傷的理想主義の色づけも、現実的な目ざめに堪え得たものではなかったことに起因するところが多いとも考えられる。

いだろうか。われわれの生活の実際も、また考え方も、戦後の新しい制度に必ずしも適合

われわれは戦後の政治というものに、それほど慣れていないのではないか。例えば革新政党などと呼ばれているものにしても、その考え方は戦前のものとあまり違っていない。演説を聞いても、警官の臨席の下に、解散や禁止を予定しての政府攻撃だったなら、さぞ似合っただろうと思われることがある。浅沼稲次郎の演説なども、そういう旧式の部類に属するのではないだろうか。しかし戦後の政府というものは、戦前のそれと多くの点で違っている。現在の政府は、世界の他の政府にくらべても、あまり大きな強制力はもっていないのではないか。それを何か戦前と同じ調子で取り扱うとすれば、知らない人には印象が異様なものになるだろう。

ある私立大学の学生調査で、好きな政治家、嫌いな政治家についての調査結果が表にまとめられているのを見たが、昨年九月のものだから、岸信介に「嫌い」の票が多いのは当然としても、浅沼稲次郎にも、比較的多くの「嫌い」が集まっているのは少し意外であっ

た。旧式のどぎつさが嫌われたのかも知れない。しかし戦前の官憲の圧迫の熾烈さを思う時、革新派の人たちに一種の強い調子が残っていても、別に不思議はないわけで、われわれはその点を同情し、理解しなければならない。それにしても奇妙な因果だと言わなければならない。

戦前から受けつがれた今日のわが国左翼の思考法や感情の動きには、戦前における官憲圧迫の爪跡みたいなものが残されているわけであるが、それがまた今日逆に新しい反動を呼びつつあるのではないか。われわれは事件の因果を勝手の方向に追うよりも、むしろ新しく脱皮することによって、このような因果から脱却することを計るべきではないか。

五

今日われわれは比較的自由な社会に住んでいる。自由という言葉は必ずしも今日一義的には使用されていないが、古代ギリシアにさかのぼられる古典的な意味では、われわれが祖先の時代から共同して住んで来た国が、他の国家に隷属し、妻子眷族のすべてがその奴隷とされるようなことのないというのが、その第一義である。簡単に言えば、国の独立なくして、自由などというものはあり得ないのである。この意味では、いわゆる愛国と自由は一つなのであって、自由のために戦うということは、祖国防衛のために戦うことでもあったわけだ。今次大戦中におけるフランスの抵抗運動も、ハンガリー事件における労働者や市民の抵抗も、むかしのアテナイ人がサラミスの海戦で、ペルシアの侵入軍と戦ったのも、同じ意味をもつと言うことができるだろう。自由の第二の意味は、われわれが国内においても、一党一派の独裁政治の下に、奴隷化されていないということである。簡単に言えば、あらゆる独裁政治は自由の敵なのである。アテナイの独裁者を暗殺した二人の青年は、その動機が真に愛国的であったかどうか、あいまいな点が多いのであるが、アテナイの市民たちは、後にその記念碑を建てて、自由の戦士として祭ったようである。史上有名なシーザーの暗殺も、似たような場合である。独裁政治をきらったアテナイ人は、危険人物を追放にするオストラキスモスの制度によって、極力これを防止しようとしたわけであるが、今日に至るまで、われわれはこの危険から自由ではない。現代もまたいくつかの独裁政治を経験しているわけで、それを必然にする条件は、いくつも現実に存在している。

　しかしわれわれは、独立国に住み、国内に独裁政権をもたないとしても、それだけではまだ自由でないと感ずるだろう。これらは必ずしも個人の自由を意味するものではないからである。個人の自由というのは、めいめいが自分のしたいと思うことをし、言いたいと思うことを言うの自由である。

　これはある程度まで個人の自覚ということを予想するわけで、自我のめざめのないところに、個人的自由の要求はないわけである。しかしこのような個人の自由は、それがわれわれの混沌たる原始的欲求のままでは、われわれの社会生活と両立しないところが出て来るので、当然法律や習慣によって制限されることになる。逆に言えば、われわれの国家社会は、そのような規制の組織なのであって、個人の自由というものは、そのような制限のために予想される仮想物に過ぎないというようなことにもなりかねない。最も多くの個人的自由を行使する者は、いわゆる暴君あるいは独裁者の類であって、それは他のすべての人間の自由を極端に制限することによって成立つ自由なのである。自由な社会というのは、このような自由の制限を、出来るだけ公正に行なう社会であると言ってもいいだろう。

われわれが今日の社会において、一応安心して明日の生活を計画することができるのは、われわれの自由を制限する法律や習慣が、公正を原理とし、われわれにあらかじめ知らされているからである。われわれが道路を安心して往来できるためには、まず交通の約束が定められていて、ほかの人もみなそれを知っており、また守ってくれることが予想されなければならない。われわれの生活の合理化ということは、合法主義の前提の上に立っているのであって、他の人もすべて約束を守ってくれるという保証がなければ、われわれは計画的な生活をすることはできない。ソクラテスが友人たちの脱獄のすすめを拒否して、アテナイの法廷の判決通り死刑に服したという話は、一般によく知られていることであるが、それはソクラテスが、今までその下で生活して来たアテナイの法律を、自分だけの都合で急に破棄するというようなことはできないと信じたからで、かれの合法主義は市民的な合理主義の精神から出ていると言うこともできるだろう。しかしこのような自覚をもった合法主義というものは、一定の知的訓練を必要とするわけで、すぐに誰にでもこれを求めるというわけにはいかない。

むかしの社会では、むしろ宗教的権威が合法的生活の根拠となり、今日でも強権によらなければ、合法性が保たれない場合が少なくない。立法者ソロンは、法律は蜘蛛の巣のように弱いもので、力ずくでこれを破ろうと思えば、すぐに破れるものだという意味のことを語ったと言われている。法律は物理的な力ではなくて、単なる言葉に過ぎないような一面をもっているのであるから、たしかにそういう弱さがあると言わなければならない。しかしそういう法律や習慣が支配するだけで、武器や集団などの物理力が支配することの少ないというのが、文明国というものなのであろう。

六

何だか余計な話をし過ぎたようであるが、われわれが今日、自由独立の文明国として前進するためには、われわれの生活が合法的である面を維持し、これをいっそう合理化しなければならないのではないかというのが、その主意である。従ってわたしは、非合法的なやり方というものを、原則的には拒否しなければならないと思っている。しかし合理化されつくされない暗い力というものが現代生活の基底にも到るところに動いているのであり、法律の支配というものには、いつも限界があるということを忘れることはできない。政治というものは、一面において合法化、合理化の努力なのである。しかしそれは単なる法律的処理とは違う。法律家は政治家ではない。「眼には眼を」という復讐の正義は、ある意味では正義の原型であるということができる。仇討というものは、その正義を直接的に回復する正直な方法であったとも言える。しかしオレステスの裁判に見られるように、国家がこれに介入すると、そのような直接行動は禁止されて、国法が被害者のために加害者を罰して、正義を回復するというようなことが行なわれることになる。しかし傷つけられた正義が、いつまでも回復されないとなると、直接行動の危険が出て来るわけである。政治家は法律を厳しくして、非合法の行動を取締ると共に、そのような非合法的正義回復の要求が出て来るゆえんのものを、よく注意して取り除くなり、他に発散させるなりしなければならないだろう。

今日の文明社会においては、間接性が多くなるために、正義の回復がうやむやになってしまう感じを与える場合が少なくない。法廷弁論にしても、被害者の立場が考えられずに、被告の人権だけが尊重されたりする。西部劇のピストルのさばきがよろこばれるのも、そのような不満に原因があるのかも知れない。悪人栄えて善人亡ぶということは、むかしからの嘆きであるが、いわゆる自由社会においては、それが特に目立つようにも思える。いわゆる圧力団体の動きなどを見ていると、ほかの人の弱点を制することによって、自己の要求を通そうとするから、多くの人は泣きね入りをするほかはない。そこで個人個人は弱いから、団結すれば強くなるというようなことが言われるのであるが、これも気の弱い人がお酒をのんで強くなるようなもので、一般には非合理的な要素の方が強くなる。ルムンバ首相の殺害事件について、かの地にいた日赤の宮本さんの話が『週刊公論』に出ていたが、それによると、

> 「黒人というものは個人的には割合に臆病だ。だから群衆心理ではかえって何をやるかわからぬということは考えられる。個人によるテロ行為が起こるほど、思想というまとまったものはまだない」

ということである。無論、集団行動も訓練と統制によって、よく合理化され得るわけで、われわれもその事実を知っている。しかし各個人に合法性の自覚が徹底していない限り、集団ヒステリーの感染によって、非合理的な要素が強く出て来る危険は非常に多いと言わなければならない。わが国の個人的テロリストについては、その思想がほとんど無に近い

ものとして軽蔑されているけれども、集団の思考などというものも、社会的訓練を受けていない若い世代などについて見れば、やはり更に程度の低いものかも知れない。このような思考は、インテリ言葉で粉飾してあっても、内容は極めて貧しいと言わなければならない。しかもこのような非合理的要素の刺激は、集団ぎらいの性向をもつ個人に対して、同じような非合理的反応を呼び起こすこともあり得るわけだ。いずれにしてもわれわれの住む社会は、われわれ自身が自分自身について知っているように、非合理的なもの、人間の悪をうみ出すものを多分にもっているのだ。わたしは直接行動論者のように、これを美化して考えることはできない。わたしは非合法的行動をすすめるような言論には与《くみ》することはできないのだ。

七

しかしわれわれは、どうしたらいいのか。自由を原則とする民主主義には、むかしからいろいろの批判があるように、弱点も少なくない。いまそれを復習する暇はないが、自由を過度に求めることによって、かえって自由を失うという、一種の弁証法みたいなものを一つだけ注意しておきたい。それは民主主義のディレンマとも呼ばれる。つまり民主主義が言論の自由、政治運動の自由を認めることによって、民主主義そのものを否定する言論と運動まで容認しなければならなくなるということである。無論、例外的にこのような自由だけは否定すればよいとも考えられるが、しかしこのような例外を設けると、何が民主主義の否定であるか、必ずしも明確でないから、ここから一党一派の理論と運動以外は、すべて反民主主義として禁止される可能性も生まれて来るわけである。これは自由の原則の否定であって、民主主義の自己矛盾ということになる。

しかし反民主主義の言論と行動とを、自由の名の下に保護するとすれば、これまた民主主義の破滅となることは、ドイツやイタリアの実例によって明らかである。しかも反民主主義は、ナチスやファシズムだけに限られるものではない。わが国にも、むしろ別の形の反民主主義勢力が、いろいろ存在するように思われる。そのうち最も警戒を要するのは、自分自身少しも信じていない自由を高唱しながら、これをただ他の政治目的に利用しようとする動きである。かれらは他人の死、他人の不幸をも残酷に利用するものなのである。われわれはかれらの掲げる美しい名目に欺かれることなく、かれらの言論と行動が、結局のところ何をもたらし、どこへ導くかを、できるだけの冷静さをもって見きわめるようにしなければならない。一見ラディカルで、徹底的に自由を主張しているかのように見えるかれらは、実は自由なんてものを少しも気にしていないから、そのように無責任たり得るのだと言うべきであろう。

われわれはもし自由を守ろうとするなら、もっと臆病であっていいのだ。自由による自由の否定を避けるためには、古人が政治的節制として教えたところに従って、自由の節制を守らなければならない。言論の自由が保証されている議会において、かえって言論は不自由である。いわゆる失言問題は、むしろさわぎ立てる方が愚劣であると思われるが、しかし責任ある言論は、個人的放言とは違って、極めて制限の多いものであることを教えてくれる。われわれは政治的節制によって、出来るだけ多くの異なった主張、異なった利害に堪えながら、出来るだけ広範囲の連帯性をつくるようにして行かなければならない。左右両極端の非合理的要素と反民主主義に対しては、出来るだけこれを合理化、合法化しながら、一種の刺激として、これを利用することができるようになればいいのである。それにはわれわれ自身の立場が確立されなければならない。近代化の進行によって、われわれは古い時代の全体的連帯性を失い、孤立した個人となってしまう傾向にあるとも言われるが、われわれはやはり共同性を必要とするのである。今日いわゆる愛国は、特殊の立場に固定されてしまっているが、名前はともかく、われわれの祖国と民族とにつながるものが、われわれ自身の自由と一体化される時に、われわれの自由も民主主義も、何か安定性を得ることになるのではないだろうか。

（『中央公論』一九六一年四月号）

戦後二十年の反省——戦前と戦後の連続と相違

一

戦後二十年は、それだけで歴史になるだろうか。ペルシア戦争はヘロドトス、ペロポネソス戦争はトゥキュディデス、そしてロオマの興隆はポリュビオスに、その歴史を書かせたけれども、しかしすべての時代が、その歴史家をもつわけではない。戦後の二十年は、われわれの歴史的興味を呼びおこす何かをもっているだろうか。そこでは何が達成され、何の発展があったのだろうか。いわゆる原点、あるいは紀元を二十年の八月十五日におくとしても、人びとはその後の二十年に、堕落と逆コースの進行をみるだけということにもなる。進歩の代りに退化を見るのは、古来の歴史観の一つであるが、いわゆる進歩派が、かえって退歩史を見るというのも面白いことである。しかし他の多くの人たちの生活経験では、むしろ戦後の復興が二十年間の推移として実感されるだろう。それは経済発展、あるいは経済成長の事実として、内外から注目されたところのものである。また学問や芸術の領域においても、いろいろな仕事が世界的に認められて来ている。また最も悲観的に考えられていた政治の面においても、内乱もクーデターもなく、一応の安定性が得られ、国際的地位も向上して来ていると言わなければならないだろう。そういう意味では、二十年間に達成され、蓄積されたものがあり、進歩と発展があったと言えそうである。しかしこれだけで歴史になるかどうか。わたしたちはそこに歴史を書くだけの興味をもつことができるかどうか。もう少し待ってみないと、首尾もはっきりしないのではないか。

これに対して、明治百年はどうだろうか。わたしたちはそこに一種の、あるいは壮大とも言えるドラマを見ることができるのではないか。それが悲劇と見られるか、喜劇となるか。それは戦後二十年をどう見るかによって、多分ちがって来るのではないかと思う。アテナイ帝国の歴史は、ソロンの改革（前五九三年）から始めるにしても、クレイステネスの改革（前五〇七年）から始めるにしても、またペルシア戦争の勝利（前四七九年）から始めるにしても、前四〇四年の敗戦をもって終ると見られている。無論、その後の一世紀も、プラトンとデモステネスという二人のアテナイ人の名前を思い出しただけでも、それ自体の歴史とドラマをもっていることを否定することはできない。アテナイの歴史は、前四〇四年の敗戦をもって、簡単に断絶してしまうのではない。しかしながら、敗戦前のアテナイと敗戦後のアテナイとを、うまく一つにつなぐ視点を見つけることは、そう容易ではない。イギリスのプラトン学者ジョン・バーネットが、プラトンの対話篇に登場して来る人物は、四〇四年の敗戦をまだ全く知らない人物として描かれているという意味のことを主張したことがあった。無論、この説の当否については、いろいろな批評があったわけであるが、バーネットにこのようなことを考えさせるための条件というか、前提というか、そういうものとして、四〇四年の以前と以後における雰囲気、あるいは世界の相違というものが感じられたからではないかと思う。わたしたちの八月十五日も、そういう分水嶺のようなものをなしているのかどうか。明治の歴史は、百年足らずで、あの八月十五日をもって終ってしまうのか。そしてその後の二十年は、全く新しい二十年なのか、それとも明治のエピローグに過ぎないのか。あるいはもう少し待つことによって、わたしたちは大団円をもつことになるのだろうか。悲劇になるのか、喜劇になるのか、まだわからないわけだ。戦後二十年、まだ何も片づいていないし、達成も逆コースも、まだいずれも中途半端であるとも考えられる。

二

しかし明治についても、簡単に始めることはできないという説もある。島崎藤村は年号で時代を区切ることの安易さを排して、明治をそれ以前の徳川時代と連続させて考えることを主張したと言われている。わたしたちの戦後も、見かけほど変ってはいないで、依然として持続しているものが、むしろ多いとも考えられる。そうだとすれば、戦後二十年をそれだけで独立させることは、ますます困難になるだろう。しかしわたしたちは、現代歴史主義の影響であろうか、自分の住んでいる時代というものに、すぐにも何か特別の歴史的意味を見つけ出したいと思う。そしてそういう自分の時代を、いろいろな角度から何度も何度も、飽きることなく眺めている。集団的ナルシシズムとでも呼ぶべきものであろうか。そうすると、わたしたちの時代は、いつもいつも曲り角にあるようにも見えるだろう。わたしたちは不断に区切りと完結を求めているわけなのである。そうすれば、戦後の二十年も永すぎた歴史になるかも知れない。個人の生活時間で計れば、それはたしかに永い歴史であり、わたしたちの生活経験では、いくつかの起伏、いくつかの山河を越えて来た長年月ということになる。三十年のペロポネソス戦争の三分の二ほどの歴史のうちに、いわば永遠の問題を追求したのが、歴史家トゥキュディデスの苦闘であった。それは歴史をはみ出し、歴史を越える仕事になってしまったのである。だから、戦後の二十年も、もしそのなかに歴史と、歴史を越える問題を見つけることができるなら、今度は短かすぎることはないということにもなるだろう。しかしわたしたちは、不断に曲り角を見るだけで、なかなか歴史は見つからないのである。一種の洞察が欠けているためかも知れない。あるいはわたしたちの時代そのものが、まだ歴史をなしていないのかも知れない。いずれにしても、戦後二十年というようなことで何か確実なことが言えるのかどうか、少なくともわたしは疑わしく思っている。わたしたちに出来ることは、歴史の素材を提供すること、若干のメモを認《したた》めることくらいのものであろうか。それは個人的な経験のなかで、しかしその枠を越える仕方で、たがいに共通性を求めて試みられるものなのであろう。

わたしたちの経験に即して言えば、戦後の二十年は、その直前の戦時にくらべて大いに相違するのである。これは当り前のようなことで、また他の国でも同じことだと言わなければならない。平和の時と戦争の時との相違というものは、自由主義諸国であろうと社会主義国家であろうと、また独裁制の国であろうと、民主制の国であろうと、共通するところがあると言わなければならない。わたしたちは戦後の戦争のない社会生活のすべてを、直ちに戦後民主主義の所産であると考える必要はないのである。もし比較するとすれば、満州事変以前の生活と、戦後のわれわれの生活を比較する方が妥当であろう。無論、ここでも現在のわれわれの生活水準の方が高いと見なければならないであろう。しかしこのような向上は、アメリカやヨーロッパ諸国においても、現在を一九二〇年代、一九三〇年代に比較すれば、どこでもひとしく認められることであろうから、自由経済の文明諸国に共通する傾向として、別に政治的な原因だけを考えないでもいい部分が相当にあると考えなければならないだろう。そして個人個人の生活経験から言えば、いわゆる「古きよき時代」は、むしろ戦前にあると言われるかも知れない。これは必ずしも一部特権階級だけの感慨に限られるものではなく、パリやロンドンの市民たち、東京の下町の住民たちにも同感されるものをもっていると言うこともできるだろう。戦後二十年といっても、正確な認識は、われわれの生活経験に即して考えてみても、そう簡単ではないようである。

三

しかしながら、戦後の日本が新憲法と農地改革によって、ある意味では革命的な変化をとげたということは、恐らく誰も否定しないだろう。無論、それの明暗や是非については、意見が分れるかも知れないが、そこに戦前戦後の大きな相違を認めることでは、多くの人の意見が一致するのではないかと思う。しかしそれらの相違も、戦前と戦後を断絶させるものではないだろう。憲法第九条の戦争放棄の規定というものは、今日憲法論議の焦点となっていて、戦前とはまるで連続することのない全く新しいというか、異質的というか、何かそういうものとして受け取られるかも知れない。しかしながら、一九二七年にわが国が批准した「戦争放棄に関する条約」（不戦条約）は、「締約国ハ、国際紛争解決ノ為戦争ニ訴フルコトヲ非トシ、且其ノ相互関係ニ於テ国家ノ政策ノ手段トシテノ戦争ヲ抛棄スルコトヲ其ノ各自ノ人民ノ名ニ於テ厳粛ニ宣言ス」ということを、その第一条にかかげるものであった。無論、この批准は難行し、枢密院においては、「人民ノ名ニ於テ」という文句にからんで、かなりの抵抗が行なわれたことが思い出される。しかしそのことは反面において、国体観念の難所を冒しても、この条約を成立させようとする努力が、わが国の政治家によってねばり強く行なわれていたことを示すものと見られるだろう。その後も浜口内閣が、枢密院や野党の抵抗を排除して、ロンドン条約を成立させ、軍備縮小の政策を推進したことは、そのために首相が暗殺されるような悲運に見舞われながらも、わが国には軍国主義を抑制し、軍備縮小や平和外交を志向しようとする動きが、ある程度まで力強く存在したことを語るものと解されるだろう。当時の外相幣原《しではら》喜《き》重郎《じゅうろう》が、戦後の新憲法における戦争放棄の規定に、今度は首相として非常な熱意を示したと言われるのも、別に不思議はない。そして戦前と戦後の連続性は、この場合を例外的な特例とするのではなくて、憲法の他のあまり異議のない条項、つまりわれわれの権利や自由に関するものでは、その連続性はもっと普通にたどれるものが多いのではないかと思う。普通選挙法や陪審法の制定、あるいは労働組合を公認しようとするたびたびの試みなどにも、その具体的な現われを見ることができるであろう。そして天皇機関説で攻撃を受けた美濃部《みのべ》達吉《たつきち》の憲法解釈が、むしろ公認の憲法解釈であったということ、そしてその美濃部博士が、旧憲法の下でも適正の解釈によって、われわれの権利や自由は充分保証されるとして、新憲法の制定には消極的であったということなどは、新憲法が今まで夢にも知られなかったものを、全く新しく与えたというようなものではないことを語っているとも解されるだろう。そういう意味では、いわゆる押しつけ論に対して、内容的には新憲法は必ずしも押しつけではなかったという議論も成り立つわけなのである。

しかしながら、戦後の昭和史の取扱いでは、このような連続性は、いわゆる進歩派によってもほとんど無視される傾向にあったのではないか。かれらは三・一五事件とか、四・一六事件とかいう、共産党員の検挙みたいなものを当時の大事件と見るだけで、このようなブルジョア・デモクラシーの発展と苦闘については、何の理解も同情も持ち得ないというわけなのであろう。かれらの図式では、天皇を頂点とする巨大な権力組織に対立する他の極点に日本共産党というようなものがおかれていて、昭和史はこの両極間の不断の闘争として見られることになるのだろう。しかしながら、このようなものが歴史の実際であったとは思えないのである。これらの革命団体は、少し極端に言えば、ただ探し出されて、検挙されるために存在していただけのことで、現実に当時の日本の歴史を動かす力をもっていたとは考えられないからである。わたしたちはこのような虚点を一方の軸にして、そこに歴史の展開を考えるよりも、実際に与えられたものだけで、連続するものと新しく加えられたものとを、よく見て行けばいいのではないか。しかしこれは余計な議論かも知れない。

四

とにかく、わたしたちの見るところでは、いわゆる戦後民主主義などの拠りどころとなっている新憲法の諸規定は、戦前の傾向ともつながるところがあり、戦前とは全く無縁であるとは言えないように思われるのである。しかしながら、そのような連続性だけで、戦前と戦後を簡単につないでしまうこともできない。関係が逆になっているところもあるからだ。戦前においては、不戦条約を認めるのにも、軍備縮小をするのにも、非常な抵抗があり、そのために首相が暗殺されたり、軍部のクーデターが起ったりしたのである。つまり反対勢力の方が強くて、そのなかで平和外交の方針を持ちつづけるということは、非常な努力と勇気を必要とすることであり、実際の効果としては、軍国主義や膨脹政策に対して抑制的、批判的、あるいは消極的抵抗の意味しかなかったとも言われるだろう。ところが、戦後は戦力をもたないことが憲法の規定であり、戦争放棄の平和外交が国是となったわけであるから、それらの関係においては、全くの逆転が生じたのであると言わなければばならない。今われわれは平和を説き、軍備の全廃を唱えることに、特別の努力も勇気も必要としない。それはむしろていさいのいいことであって、これに批判的な態度をとることは、一種の不作法として非難されるだろう。そしてそれが旧時代の軍国主義につながるものであったり、わが国が近代国家として発展して行くのに妨げとなるような、過去の亡霊を呼び戻そうとするものであったりするならば、これに対する非難は更に強化され、有効な防止措置をとることが求められなければならないだろう。しかしながら、すべての批判がそのような意味をもつとは限らないし、憲法の規定がそれ自体いかなる批判も許さないようなもの、いかなる疑義も出し得ないものとは言えないのであるから、憲法批判の問題は今日、戦前とは逆の関係において、補正的あるいは抑制的な意味をもち、知性と勇気を要求する困難な問題となっているのではないかと考えられる。

いま憲法批判の焦点となっているのは憲法第九条であろうか。現にわたしたちはいろいろな議論を聞かされている。いまそれらに深く立ち入る必要はないが、第九条が一つの希望もしくは目標を言いあらわしたものであるとすれば、その限りにおいては、恐らく多くの人がこれを認めるだろう。そしてそれは憲法前文にある「平和ヲ愛スル諸国民ノ公正ト信義ニ信頼」するという条件が充されるなら、単なる希望に止まらず、一つの現実となり得ることも、諸家の説くが如くであろう。更にまた日本国憲法をモデルとして、他の諸国も戦争放棄の条項を、それぞれの憲法のうちに取り入れるような憲法改正をしてくれるなら、われわれの希望もいっそう明るいものとなるだろう。それは一つの運動として、それなりの意味をもつことであり、わが国がそのイニシアティーブを取るということも、名誉あること、意義あることに思われるであろう。しかしながら、かの不戦条約が「其ノ人民間ニ現存スル平和及友好ノ関係ヲ永久ナラシメンガ為、国家ノ政策ノ手段トシテノ戦争ヲ率直ニ抛棄スベキ時機ノ到来セルコトヲ確信シ」というような見込みに立って、日本やアメリカ、イギリス、ドイツ、フランス、イタリアなど十何カ国によって調印されたけれども、しかし平和の保障にはなり得なかったことを考えると、まだ日本国だけの一方的宣言に止まる現状で、どれだけの平和保障が期待できるのか、全く疑問であると言わなければならない。またかの共産主義国家の提唱する不可侵条約が何ら平和の保障となるものでなかったことも、既に経験された通りなのである。従って、日本国憲法が表白している平和の希望と、それの実現条件となるものとの間には、現実に大きなギャップがあるわけで、わたしたちは不断に平和努力をつづけながらも、わが国の安全保障の問題や防衛問題について、やはり真剣に考えなければならないことになる。過去において国論を二分して、はげしく争われた日米安保条約の問題と、それに代わる中立主義、非同盟主義の問題も、憲法批判の問題をしばらくそのままにして、平和の希望と実現条件のギャップを、外交面でどのようにして埋めるかという方策の問題であったとも見られるであろう。戦後の日本にとって、これは最もやっかいな、そしてこれからも不安の種として残される困難な問題であると言わなければならない。戦前においては、ぜいたくな積極的意味の国防問題はあったけれども、今日のわれわれが当面しているような安全保障の問題はなかったと言っていいだろう。誰もその点の不安は感じなかったのである。戦前と戦後の最も大きな相違は、ここにあるのかも知れない。

五

しかしこのような戦前と戦後の連続と相違、あるいは逆転関係というものは、まだ他にもいろいろ考えられるだろう。その一つ一つを数えるのは、いま必要はないが、いわゆる民主主義の原則となる自由や権利についても、戦前においては抵抗や叛逆の形で戦われたものが、今はむしろ正統の原理となっている。従って、この逆転に伴うわれわれの立場も、多岐的な問題を含み、簡単には割り切れなくなっているのではないか。戦前だと強大な国家権力があって、われわれの権利や自由は極度に制限される危険があったから、これに反抗して一方的に、ただ自由と権利を主張すればよかったのである。これは今日においても、いわゆる全体主義国家において、一般人民の戦うべき目標であると考えられる。しかし戦後の民主制においては、もはや国家の全体性は、われわれに対してそのような絶対的な力をもってはいない。いろいろな補償問題や圧力団体の動きなどに、わたしたちはその事実を見ている。国家権力はいろいろに制限されて、われわれはそれだけ多くの自由をもつわけである。しかしこの相対関係は、一定の限度をもつわけで、国家の干渉を一切排除して、個人の完全な自由を得ようとすると、各人はたがいにその自由を主張して、衝突し闘争し、弱肉強食の修羅場を現出しなければならぬ。これはホッブスの bellum omnium contra omnes の言葉と共に、一般によく知られていることで、その言葉や思想は遠くプラトンにさかのぼられるものである。もし個人の完全な自由が実現するとすれば、それは唯一人の絶対的支配者（独裁者）においてであって、それには他のすべての人の奴隷化を伴うものでなければならない。自由を原則とする民主社会は、この自由を限度以上に拡大して行くと、かえってこの修羅場に近づいて行くわけで、プラトンが洞察したように、民主制のこのような失敗は独裁制に逆転するものなのである。だから民主社会の最も大切な問題は、自由化の限度をどこにおくか、各人の自由をどうしたら公平に制限できるかというようなことにあるわけで、アウトノミー（自己規制）ということが真剣に考えられなければならないのである。そしてこのような自己規制による自由の制限の体系が、民主社会における法秩序の体系としての国家というものなのであろう。『クリトン』のソクラテスの前に立ち現われたのは、このような法が国家と一体になっている姿だったのである。

　そして自由について言われたと同じようなことが、またわれわれの権利要求についても考えられるだろう。われわれは国家に対して、生命財産の保護を求め、文化的健康的な生活の保証を求める権利があると言われている。しかし国家は、われわれのこれらの要求に応ずるためには、それだけの能力をもっていなければならないはずであるが、その力と可能性はどこから得られるのであろうか。国家は国家であることによって、みずからのうちにそのような力をもっているのであろうか。それならば何を要求しても、国家は自力でこれをかなえてくれる一種の魔法を心得ていることになる。しかし事実は、これに反するようである。国家はわれわれが要求を無限に高めて行って、何でも国家から要求するとしたら、到底これに応ずることはできないだろう。国家がわれわれに与えることができるのは、われわれが国家に与えるものと相対的である。契約説で考えれば、われわれがめいめい自分の自由と権利を制限して、その分だけを国家に譲渡し、委託することによって、国家権力というものが生ずるのであろうか。かりにわれわれが誰も一文も税金を払わないで、しかも国家からめいめいたっぷり年金をもらおうとするとしたら、国家はどうするだろうか。国家が自分で直接そのような金をもっているとは考えられない。やはりよそからそれを調達しなければならないだろう。極端な場合を考えてみると、国家はわれわれを強制動員して、海賊でもはたらかせて一時をしのぐとか、よその国を征服して、そこから税金を取りたてるか、あるいはそこの住民を奴隷として働かせるかするようなことになるかも知れない。

つまりそのはじめには、われわれは税金を払う代りに、軍務や労役に服することになるわけだ。貧しい経済の上に、いわゆる福祉国家をつくろうとすれば、今日の社会主義国家に見られるように、個人の自由や権利を大幅に制限して、これに苛酷な労働を強制しなければならなくなるだろう。つまり国家権力を相対的に強化しなければならないのである。

今日わが国の一部論者の主張にうかがえるような、国家権力を極度に弱めながら、しかも国家からあらゆることを要求しようとしても、それは出来ない相談になるだろう。わたしたちはここでも、自由と法律の相対関係において探さなければならなかったのと同じような、求めるものと与えるものとのバランスを考えなければならないだろう。戦後の日本では、まだ問題のむずかしさが気づかれていないのではないか。

六

戦後二十年の達成は、戦後の日本がかかえている問題の困難さから言うと、原理的にはまだまだ不足の多いものだと言わなければならない。と言うよりも、問題そのものがまだ充分に理解されていないように思う。わたしが例として取り上げたものは、比較的簡単で、多少は論議されて来たものであるが、しかしそれらは孤立した問題ではなく、まだ他の問題がもっといろいろにからみ合っているのではないかと思う。国家というようなものも、自由や権利の関係で考えられるのは、その一部分に過ぎない。これらは古代ギリシア人の市民国家（ポリス）をモデルにして、ある程度まで古典的な明晰さをもつ理論的考察ができるわけであるが、これに対するオリエントやロオマのインペリウムをモデルとする他の考察からは、また別の見地が開かれて来るだろう。またこれに対してナショナルな国家が、どういう意味をもつのか。われわれの明治以来百年のナショナリズムの歴史と経験は、戦後の占領という経験をもふくめて、どういうものであったのか。また国家間の同盟ということは、既に古代ギリシア人の経験にも見られるように、各国家の自由独立といかに関係し、どのように調整されなければならないのか。更にこのような同盟と、インペリウムの統一との異同と相互関係はどうなのか。また世界市民というのは、一つのパラドクスあるいは形容矛盾の如きものであるが、世界国家を市民国家のモデルで考えることができるのかどうか。少し考えてみただけでも、いろいろな問題が現われてくる。そして結局のところは、わたしたちがこれらの問題を解くために、どれだけの準備と整理をしているのか。わが国の知識層というものの知性は、はたしてこれに間に合うものなのかどうかというようなことまでが、あらためて問題になって来るのではないかと思う。

これまでに見て来た例で言えば、戦争放棄をうたう不戦条約も日本国憲法も、また国連の世界人権宣言も、一種の合法主義を前提としている。これはノモス（法）を王のうちの王とする古代ギリシア人、つまりわれわれは自由であるけれども、その自由なわれわれを法が支配するのだと考えたギリシア人の考えにさかのぼられるものであって、その実践例を『クリトン』のソクラテスに見ることができる。合法主義は生活の合理主義の一種であろう。わたしたちはこれらの考えを、明治以来聞かされて来ているのであり、戦後民主主義は特にこれを憲法のうちに明示していると言われるであろう。そしてこの考えの世界的代表選手はアメリカであり、わが国に対してもアメリカがその教師であり、あるいは強制者であったとも考えられるであろう。しかしながら、これらの法秩序に対しては、その実質を皮肉な眼で見る批判者が、これまたギリシア以来の系譜をもっている。ノモス（法）にピュシス（自然）を対立させたギリシア啓蒙思想は、プラトンが『ゴルギアス』や『国家』のなかで、対話人物トラシュマコスやカリクレスを通じて、そのラディカルな形態を発展させている。マルクスがいわゆる空想社会主義の人たちに対して、むしろ意地の悪い観察を下さなければならなかったのも、ヘーゲルから市民国家に対する批判を学んでいたからであろう。スターリンや毛沢東に代表される現代マルクス主義の一傾向には、市民的な平和や自由の考えを冷笑して、ヒットラーと通じ合うような一面があると言わなければならない。戦後の日本には、一主婦の市民的な訴えから始まったはずの原水爆禁止運動が、結局は中共の核実験を支持するような運動になってしまう傾向が、他にもいろいろのところに見られる。いわゆる進歩的インテリというものが、原理的に対立している考えの間にあって、きわめてあいまいな、ほとんど無考えな状態にあることが、それの対応現象である。日本の学問は、本当にこれまで何を学んできたのだろうか。いろいろな矛盾を本気になって考えたことがあるのだろうか。戦後二十年、わたしたちのしなければならないことは、むしろ今後にある。

（『自由』一九六五年八月号）

保守と革新

一

わが国には保守党というものがあるのだろうか。新しもの好きの人たち、あきっぽい性質の人たちが大部分をしめているわが国においては、いつも「新」の一字をいれたスローガンがはばをきかす。「昭和維新」とか「新体制」とか、「庶政一新」とか「新秩序の創造」とかいうことが、満州事変から太平洋戦争までの間に、いつもいつも新聞やラジオでやかましく説き立てられていて、全くうんざりする思いであった。そういう古い言葉の一つ「革新」というのが、今日まで残っていて、依然として人気を集めているらしいのだから、何か皮肉な感じがしないでもない。当時は革新軍人とか革新官僚とかいうものが、いわゆる大陸進出とか、ドイツやイタリアとの三国同盟、あるいは国内における統制経済、総動員体制というようなものの推進力として、一種のはなやかさをもつ存在であった。これに対して天皇を取りまく重臣たち、財界や政界の一部の人たちは、このような革新に賛成しようとしなかったから、「現状維持派」とか「親英米派」とかいうことで、いわゆる革新派から目の敵にされ、生命の危険にさらされることにもなった。この間にあって新聞その他のマスコミは、青年将校や上院の旧式な国体明徴派の言動などを大きく取扱い、これに迎合もしくは煽動するようなことばかりしていたから、いわゆる現状維持派は全く孤立し、政党人のなかでも反革新の立場に立つ者はごく少数に止まらねばならなかった。おとなしい大部分の日本人は無抵抗の状態におかれていたが、それは全く心理的なものであって、一方的な情報だけを聞かされたためと言うべきであろう。わたしにとっては、「革新」は悪い連想の言葉であり、今日の状況も何だかむかしと変らない気がしたりする。

考えてみると、満州事変以来今日まで、わが国には革新派ばかりで、保守派というようなものはほとんど存在しなかったのではないかと疑われる。それだけ大きな変化の時代であり、激動と動乱の時期であったとも見られるだろう。もう動乱や変化はたくさんだ、もっと落ちついた生活がしたいという気持が多くなれば、ほんとうの保守派というようなものも成長してくるかも知れない。しかし今がその時なのかどうかはわからない。騒々しい時代はまだつづくのかも知れない。わたしたちの耳に流れこんで来る音楽みたいなものは、町の騒音にうまくつり合うような噪音のかたまりであったりするが、わたしたちの精神状態もいろいろな変化に慣れて、今はかえって新しい変化をいつも求めずにはいられないような、心理的な飢渇の状態におかれているとも言える。ある種の中毒現象がそこに見られるのかも知れない。だから、この時代の保守主義は、しずかに落ちついたものであるよりも、かえって騒々しい方がいいのかも知れない。わたしたちが現に見ているのは、そういう保守派、あるいはひょっとすると革新派なのかも知れないようなものなのではないか。つまり現在は混乱の時代だということであろう。

二

保守党とか保守派とかいうのは、自分で名のるものであるよりも、外から貼りつけられる名称なのである。そしてそれは「現状維持派」の例に見られるように、非難さるべき悪名となっている。だから、自分から名のるわけのものではなく、誰もが現状打破の革新派になりたがり、これが滔々《とうとう》たる流れをなして、わたしたちをとんでもないところへつれて行ってしまう。今日では保守派であることは勇気を要することなのである。

人気稼業の女優さんやタレント、あるいは作家などが、あいまいな形で革新派支持の広告をさせられるのも、そういう事情によるものであろう。わたしの知っている大学関係者が、ある集まりに自民党のバッジをつけて現われ、周囲の人たちをびっくりさせたが、小心な人たちをからかうのには、こんないたずらも意味がないとは言えないだろう。

しかし自民党が保守党なのかどうか。一九六〇年の安保条約改定から今日の日本列島改造案まで、この政党はいつも目新しいことを試みては、国内にいろいろな騒ぎを引き起して来ている。選挙法の改正にしても大学の新しい構想にしても、健保の改正にしても農地の課税法にしても、いつも新しい案をもち出しては世論を刺戟し、わたしたちにしずかで落ちついた生活を許すどころか、かえってこれをかき乱すようなことばかりしているとも言えるだろう。それはかれらが政局担当者として、どうしても決断と実行を迫られるようなものが生じて来るからだとも考えられる。政治の実際は無為無策を許さないわけで、どんな政府も何か新しいことをやらなければならない。しかし自民党政府は、そういう必要やむを得ない最小限度内に万事をとどめておくという消極的なやり方をするのではなく、それが単なる人気取りとか、ごまかしとか反対側からは批評されるにしても、いつも何か目新しいことをやるとか、あるいは何かそういう新しい案があると、すぐに飛びつくといったところがある。むろんこれらの案は自分たちが考えたことというよりも、流行のなかから官僚たちが取り出した思いつきみたいなものもあって、学校五日制とか、尊属条項の削除とかで、いわゆる先走りをすることも少なくない。いわゆる日中国交回復問題の取扱いにしても、目新しさをねらった突飛軽薄のやり方だとして、これに驚き怒る人もあったわけだ。そしてこのような点からすると、かれらはあまり保守的ではないということになりそうである。むしろ何でも政府がやろうとする新規の計画に対して反対する、いわゆる「何でも反対」の社会党とか、あるいは「何々を守る会」をつくることの好きな共産党の方が、はるかに保守党の資格をもっと言わなければならないだろう。京都で市電を廃止してバスに代える企画がなされたとき、これに反対して市民運動を起したりしたのは共産党であるが、わたしも市電の方が好きなので、その点では共産党に同調したい気持が強かった。しかし市の財政その他の条件を考えると、自分の好き勝手だけで賛否をきめることはできず、やはり市当局のいわば進歩的、革新的な計画をやむを得ないものと認めなければならなかった。わが国ではスウェーデンを理想化して、いわゆる福祉国家のモデルをそこに見ようとする議論がときどき聞かれる。敗戦直後の日本ではインドやスイスが理想国のように言われたこともあったが、スウェーデン・モデル説も同様にあやしいところがある。しかし経済成長がほとんど零で、あまり活気のない老人国のしずかに落ちついた生活にあこがれるというのは、さきにわたしがあげた保守主義のイメージにはぴったりというところである。しかしこれは騒々しい自民党の理想とはなりえない。かれらは福祉も経済繁栄もという欲ばり方をするだろう。むしろ反自民の人たちが自民党との競争で、いっせいに大安売りをしている福祉国家の考え方に、これと一致する点が多いと言うべきであろう。

いわゆる公害さわぎに便乗して、経済成長を目の敵にするような議論が勢を得ているが、論者たちの言葉や行動は騒々しいけれども、その考えは退歩的であり、その停滞や寂滅をねがう心情は全く保守的であると言わなければならないだろう。

三

はじめに見られたように、保守というような言葉は、現在の日本では割のわるい名前なのであって、誰も自分から名のるものではなく、外部から貼りつけられるレッテルにすぎないのである。そして今まで見たところでは、それは全く混乱したものであって、実体とはむしろ正反対につけられていると言わなければならないだろう。だから、保守とか革新とかいう名前にあざむかれてはならないわけだけれども、実際にはこれがたくみに利用されて、わたしたちも知らず識らずのうちに間違った判断をさせられることになる。むろん革新というのは、自民党がやっているような目新しさとは関係のないものであって、現在日本の資本主義体制をくつがえし、これを新しく社会主義体制として出発させることの新しさを言うのであり、現行の日本国憲法は、その変革のための立場として利用すべき点が多いから、これを進歩的なものの最低限度を示すものとして評価し、これを保守することにおいて、われわれは自民党の改悪企図にすべて反対し、これを粉砕しなければならないのだと言えば、そこには何か一貫したものが出て来るようにも見えるだろう。しかしその新しい社会主義体制とは何なのか。ロシアやシナの共産主義体制、あるいは東欧、北朝鮮、北ベトナム、キューバなどの国家体制が、そのモデルとなるのかどうか。その点はあいまいにぼかされている。実際もし北ベトナムや北朝鮮、キューバなどの社会主義国家と同盟して、やがてはアメリカを「解放」するために、もう一度また太平洋戦争を始めなければならないとか、日本に内乱を起してベトナムや朝鮮半島の悲劇を、われわれの周囲にも起さなければならないなどとはっきり言ってしまったのでは、いわゆる革新はたちまちに支持を失ってしまうだろう。今日の保守対革新の対決などと騒がれているものには、いうところの新しい社会主義体制などというものは少しも争点にはなっていないのである。むしろいわゆる革新のきわめて保守的な一面が支持され、それが前面に押し出されて、票集めや人気取りにつかわれているというところであろう。つまり革新本流の意図は何であれ、マスコミなどでつくり上げている保守対革新のイメージには、そういう意味での革新的なものはぼかされて、ただ漠然と「政治の流れを変えろ」とか、「保守政権が永くつづきすぎた」とかいうところで、人びとの新しさを求める感情に訴えながら、ソフトで保守的な面だけがクローズアップされているのではないか。われわれとしては反自民すなわち革新の等式によって包括されている雑然としたものに対して、各党各別にその新しさは何であり、どこにあるかを追及し、その保守性をはっきり自覚させるようにしなければならないだろう。それには、かれらはどこまで保守的でありうるのか、今日の高度の文明社会の生活をどこまで保守できるのかをもっときびしく問いつめねばならない。しかし、いまのところ保守と革新などという区別は、あいまいと混乱のレッテル以外に何も意味してはいない。わたしたちはまずその点の認識から出発すべきであろう。

(『諸君!』一九七三年七月号)

革命前夜から戦争前夜へ

一

毎日いろいろなことが起り、それが誇大に報道されながら流れ去って行く。これにはどういう意味があり、どういう傾向をたどろうとしているのか、われわれはふと考えて、どこに運ばれて行くのかと不安になる。一部の反戦キャンペインを聞いていると、われわれは戦争前夜にあるのではないかという恐怖に追いこまれたりする。昔はこの世の終りが来るという恐怖に人びとが捉えられて、大混乱の起ったことが知られている。わたしが小学校低学年の生徒だったころ、ハレー彗星が地球に接近しつつあって、もし衝突すれば大破滅になるというので大さわぎになったことがあった。そしてわたしにはそれから数年後の明治天皇の崩御と、その御快癒を祈願して宮城前に多数集まった人たちのことが記憶に蘇ってくる。むし暑い曇空は何かが失われ、何かが終るという一種の終末感を感じさせた。

これはずいぶん昔の話であるが、比較的新しいところでは革命前夜という騒ぎが思い出される。昭和二十年代のはじめ、戦後のあの混乱のなかで、二月のゼネスト計画の例からも知られるように、革命というようなものが起っても不思議はないというような空気があったわけだ。それの例証になるかも知れないような笑話をひとつ紹介すると、ある地方都市で共産党を名乗る男が多少資産のありそうな家を訪ねて、いまに革命が起るが、その時絞首刑になるのがいやなら、今のうちに金を出せ、そうすれば勘弁してやると、おどかして歩いたというのである。今から考えれば、何とも馬鹿馬鹿しい話であるが、革命前夜の恐怖がいろいろな悲喜劇を生み、そういう情勢に便乗して、うまく立ちまわる人間も出て来るわけで、そういう事実をわれわれはいつの世にも見ることができるのである。

戦後のある時期、ポツダム・マルキストと呼ばれる左翼転向者が出て、いろいろ評判になったことがあった。革命待望論みたいな空気もあって、何か苦しい工面をして家を新築しようとしている学校教師が、もし革命になっていたら、もっと楽に家を建てることが出来ただろうにとこぼすのを聞いて、思わず笑いたくなったことがある。革命が起ったりすれば、楽に自分の家が建つどころか、やっともつことの出来た新築のその家も人民の手に奪い取られることになったかも知れないと思ったからである。しかし当時は革命がそんな風に安易に考えられていたのである。しかしこれはもう昔の話である。今日のわれわれは革命にそのような期待を寄せてはいない。今日われわれの抱えている諸問題は社会主義革命によって解決されるとは思われないからである。共産党宣言は革命によって「失われるのは鉄鎖のみ」であると宣伝したけれども、われわれ国民はそれによって得られるのは鉄鎖だけであって、その他は現在われわれの持っているすべてを奪われることになると知っているからである。かくて革命前夜というのも今は遠い思い出になってしまった。何年か前に成田の騒ぎをテレビ・ニュースで見ていたら、若い女の子がピクニック気分の楽しさで革命前夜を口にしていたが、革命前夜もそんな軽いものになってしまって、あまりおどかしの種にはならなくなったということである。

二

しかし今日は革命前夜の代りに戦争前夜ということが、やはりおどかしの言葉として、同じ方面からしきりに放送されるようになったのではないか。しかしわたしたちは今そういう脅迫の言葉に乗せられなければならないのかどうか。わたしは一九三〇年代を経験した者の一人として、戦争前夜というのはどういうものかをもう一度考え直してみる必要があると思うのだ。一九三三年ヒトラーが選挙に勝って首相の座についてから、一九三九年ポーランドに軍を進め、第二次世界大戦が始まるまで、ヒトラーは実に派手に動き、第一次世界大戦の結果ドイツに課せられた一切の条約的な拘束を一つ一つ破棄しながら、オーストリアやチェコ・スロバキアなどを手中にし、ついにポーランドに手をつけるようになったのである。その目に余る行動は誰も見ていたはずである。そして見ているほかはなかったのである。イギリスもフランスも、もうこれ以上の領土的要求は出さないというヒトラーのほのめかしに希望を託して、チェコを売り、平和を買うことにしたのがミュンヘン会議というものであった。当時のわたしもこれを大芝居だと日記に記している。しかしそれでもやっぱり戦争はやって来たのである。わたしはラジオでイギリス国王の宣戦布告の演説を聴いたが、それは沈痛な響きのものだった。わたしは暗く悲しげな印象を受けた。第一次世界大戦は敵国大使館を襲撃する国民大衆の熱狂と共に始まったけれども、第二次大戦はむしろ悲しい決意のうちに始められたと言うことができるだろう。満州事変と共に始まり、更に大陸に拡大されつつあった戦争は、ヨーロッパのこの戦争と何処で何時つながるようになるのかわたしにも見当はつかなかった。いずれにしてもヨーロッパは遠く、シナ大陸もやはり遠い。戦争は大本営発表としてにぎやかに伝えられはしたが、直接に知ることはできなかった。われわれがそれに直接触れるようになるのは、サイパン失陥以後アメリカ軍の空襲が始まってからであって、われわれはそれによって突如戦争のただ中におかれることになったと言うべきであろう。そうだとすると、戦争前夜の経験というようなものはどこにあるのだろうか。

　空襲によって家々が焼かれ、そうでなかった人びとも家や家財をそのままにしてどこかに避難して行かなければならなくなり、それが街路にあふれていた。

　「日本国民には同情しないね」

と三木清が忿懣《ふんまん》やる方ない調子で言った。

「だから、言わないことではない」ということだろう。しかしわたしたちも高みの見物ができるようなところにいたのではなかった。三木は間もなく捕えられ、やがて獄死しなければならなかったし、わたしも五月の空襲で焼夷弾を浴びて生死の境を彷徨《ほうこう》しなければならなかった。貧しく不自由な生活であっても、とにかく平和だった日常の生活からいきなり戦乱のなかに投じられたのは、誰にしても大変である。「だから、言わないことではない」というようなことを後になって自慢顔で言ったりするためではなく、むしろそのような予見や予告が外れて、笑いものにされることを願いながら、今は戦争との間にいくらかでも距離をおいて、いかにすべきかを考えるために戦争前夜は利用されなければならないだろう。

三

しかし今日のわが国では、この戦争前夜は、いわゆる反戦キャンペインのために、戦争の悲惨とか恐怖とかを訴えるだけのものになっているのではないか。もともと反戦というのは、国際反戦デーの例にも見られるように、左翼運動の用語なのであり、いわゆる資本主義国家の戦力を弱めるための後方攪乱工作に属するものであって、平和とは何の関係もない一種の作戦行動なのである。わが国では「平和」では生ぬるいから「反戦」で行こうというような、戦術的な選択によって用いられるようになったものではなかったかと思う。この人たちはもともと戦争好きなのであって、スペイン内乱について用いられる civil war をわざわざ「市民戦争」などと訳し、ファシストと戦う市民の戦争というような意をこめて資本主義の国の戦争には絶対反対するけれども、市民戦争という戦争の方は、民族解放戦争と同じように絶対に支持しなければならないと勇んでいるのである。カエサルの『ガリア戦記』はよく知られているが、このほかに国政指導権をめぐっての内戦、つまり同じ市民同士の戦争についても書いていて、それにこの語を用いているのである。

　そして今日の反戦キャンペインなるものは、ただ戦争の悲惨をのべて人びとに恐怖心を吹きこむだけのものとなっているが、これもその戦争目的にかなっているわけであって、それが一種の戦争行為であることを露呈しているということができるだろう。人間は利欲とか虚栄心のためにとんでもない行為に出るものであるが、また恐怖によっても理性を失って、とんでもない愚行を演ずるものである。これは歴史家ツキュディデスが歴史上の人物の言行を観察し記述するに用いた心理学の基本原理なのである。そして今日の反戦キャンペインも知らず識らずにこれを応用していると見ることができるだろう。そして今日の国際関係においても、グロムイコによって代弁される恐喝的な外交も、最も多くこの「恐怖」を利用していると言えるかも知れない。無論また抑止力という考えも相手の恐怖心に訴えて、自制を求めるものであるから、やはり恐怖を利用していると言わなければならない。力の均衡が平和を保つ重要な条件として考えられるのも、人間心理のこのような原理にもとづくと言わなければならない。

だから、軍事力は戦争だけに役立つのではなく、平和のためにも役立っているわけである。

「戦争につながる」とか「戦争を目ざすものである」とかいうことがよく反戦キャンペインに用いられるが、実はどんなものでも戦争につながるとも言えるし、また平和につながるとも言えるのである。反戦運動というようなものが一つの戦争行為にすぎないとも見られたが、また従って戦争への道をなし、深く戦争につながっていると言えるかも知れないのである。極端なことを言えば、わが国の反戦キャンペインや平和運動は、核攻撃に対する誘いの水になっているかも知れない。一九三五年、フランスの人民戦線らはファシズム反対のデモンストレーションに成功し、この派の政権樹立となったけれども、それが平和のために役立ったかどうかはすこぶる疑わしい。労働時間を短縮し、「自由をわれらに」の映画に見られるように、労働者は釣りを楽しむ時間が出来たとよろこぶことになるけれども、着々と軍備を整えていたヒトラーの野心を挑発するだけのことで、それの抑止力には少しもならなかったのである。パリ陥落後わが国でもベストセラーとなったアンドレ・モロワの『フランス敗れたり』はその間の事情を明らかにしている。

四

考えてみると、戦争前夜というのは、戦争そのものではないが、戦争となるかも知れないという不安と恐怖の時期であって、このような恐怖や不安に堪えきれない人たちは昭和十六年十二月八日の対米英開戦の報道に、からりと晴れた日のよろこびを語ったりしたのである。しかし真に平和を守ろうとするなら、われわれは反戦キャンペインの騒音に理性を失うことなく、戦争前夜の不安に堪えなければならないだろう。戦争前夜は戦争につながっているかも知れないが、必然的に戦争に至るわけではない。われわれは必然性よりも、他のいろいろな可能性を考えて、もっと現実的な選択をしなければならない。今日は三〇年代とは同じではない。ヨーロッパでも中近東でもアジアでも、不安はいろいろあるけれども、一触即発の危機にあるとは言えない。戦争前夜の反戦キャンペインはにぎやかであるが、落ちついて考える時間はあるはずなのだ。問題は考える知性をもっているかどうか、キャンペインの騒音で失ってしまってはいないかということだけである。火事がなければ消防は無用となる。これはたしかである。しかし、だからといって、消防をなくすれば火事もなくなると考えるのは、単純な論理上の誤謬であって、普通の知性をそなえた人はこのような単純な誤りはしないはずである。もし消防車の騒音がうるさいから夜間の出動を禁止せよとか、消防署を廃止せよとかいうことを憲法などをかつぎ出して裁判所に訴えたりする者があるとしたら、それは狂気の沙汰でない限り何か「ためにする」行為と見なければならないだろう。利欲のためというのが一番簡単な推定であるが、あるいは他の工作や謀略を考えることもできるだろう。

いわゆる反戦キャンペインなるものは、戦争の恐怖を吹きこむことによって、われわれの知性を失わせようとするものが少なくないようであるが、いずれも消防の例に見たような誤った推理にわれわれをふみ込ませるものと見ることができるのではないか。一例を挙げると、かの岸壁の母や残留孤児の悲劇は、もし戦争さえなかったらこんなことにはならなかったろうということをわれわれに信じさせる。これはたしかなことである。しかしわれわれはまた、もしクレオパトラの鼻がもう少し低かったなら、ローマの歴史と世界の歴史は変ったものになっただろう、と考えることもできる。しかしそれだからといって、世界の歴史がクレオパトラの鼻を中心として展開されたなどと考えることはできない。同様に人びとの不幸の原因を戦争ひとつに帰してしまう一元論は成立しないのである。人びとの不幸は戦争が起ったために生じたということはたしかであるが、しかし戦争が敗北でなくて勝利に終っていたら、生じなかったものもいろいろあるだろう。だから、戦争は出来るだけ回避しなければならないが、しかし戦争になってしまったら、負けてはならない、勝たねばならぬというのも、常識的な教訓として残るだろう。また敗戦といってもその結果は必ずしも同じではない。シナ本土や南方で敗戦を迎えた兵士たちは無論辛いことも多かったに違いないが、蔣介石の仇に報いるに仇をもってしないというような声明もあったりして、割に短時間のうちに引き揚げて来て家族に再会することのできた人が多かったようである。ところがソ連を相手とする場合は事情が全く違っていて、大部分は戦犯という名目でシベリアなどにつれて行かれ、何年もそこに抑留され、強制労働に服さねばならなかった。

これは全く無法の処置であるが仕方なく、厳寒のかの地に死んで行った人も少なくない。

つまり相手が悪かったということである。だから、同じ負けるにしてもソ連に負けてはいけないという教訓がそこから引き出されることにもなるだろう。つまり戦争悪といっても一様ではなく、われわれはこれを簡単に一般化して、いわゆる戦争を知らない世代に教えようとしたりするが、これは自分だけの限られた戦争悪経験を一般化して、これを他人に押しつけようとすることになってしまうだろう。人間の不幸というものは一つの原因だけで公式的に説明しつくすことのできるものではない。「……さえなかったら、……なかったろうに」というのをどれか取り出して、唯一絶対の原因とするのは誤りなのである。

戦争の悪はわれわれによってはじめて発見されたようなものではない。昔から誰でも知っていたことなのである。そしてそのことはいろいろに語られ、記されてわれわれに伝えられ、教えられて来ている。しかしそれにもかかわらず、戦争は不断に起っている。われわれは悪の一元論によってではなく、多様な可能性を考えながら、現実的な選択をしなければならないのである。

五

しかし今日のわれわれにとっての戦争前夜は、戦争が核戦争のそれを意味する限り、全くこれまでになかったものであり、一九三〇年代の教訓などはあまり役に立たないとも考えられるだろう。ヒロシマやナガサキの災害の何十倍、何百倍のものを考えようとしても、何もはっきりしたものは浮んで来ないのである。大地震とか大洪水とか大噴火とかいう、自然の大災害を考える方がむしろ早いかも知れない。わたし自身の戦災経験から考えると、敵というような人間の姿はどこにも見えないような遠いところから、それは暴風雨のように降りかかって来るのである。だから、考えようによってはそれはたしかに恐ろしいけれども、ツキュディデスが内乱について詳しく考察し記述しているものの恐ろしさにくらべれば、まだましだということになるかも知れない。それは人間同士が直接に殺し合う残忍さを思うとき、飛行機事故で死ぬ方がましに思えるようなものである。ただ天災は自然だから、何とも仕方のないところが大体であるけれども、戦災は人災であり、人為なのであるから、何とか出来なかったかという未練が残る。近ごろは天災も人災と考えられる場合も出て来て、責任追及から賠償金を取るためのもめ事が生じたりする。それで人間が仕合わせになれるのかどうかは疑問である。昔の人は人災も天災と考え、何ごとも約束事であり、運命であると考えて、そこに安心立命を得ようとしたのではないか。プラトンは人類の歴史を、例の大洪水によって人類の大部分が死滅し、わずかに山頂に近いところに未開の生活をしていた者たちが生き残るところに始まり、やがてまた文明開化の極に達したときに大規模な天災によって大部分は破壊され、ほとんどが死滅することによって終ると考え、これを一区切りとする、より大きな連鎖と周期みたいなものを想像したりしている。もしこのように大観することができるなら、核戦争による世界の終末も世界史のそのような一区切りと達観し、来るべき時が来たのだと覚悟できるだろう。

無論しかし戦争は人災の大なるものであり、人為なのであるから、その限りにおいて人間の手によって変更を加え防ぎ止めることも不可能ではない。だから、われわれはそのために人事を尽くさなければならない。覚悟は最後のところできめておけばいいわけである。それではわれわれは、戦争前夜の恐怖や不安を、どうやって希望や安心に転ずることができるのか。可能性だけを考えるなら、いろいろの道があると言える。極端な場合としては二つが考えられるかも知れない。その一つはわが国自身が核武装し、高度の性能をもつ核兵器を開発し、もしわが国に核攻撃を加える国があるなら、即刻報復を受けるだろうと警告することである。わが国の経済力と科学技術の発達をもってすれば、核攻撃を防止するための高性能の兵器を完成させ、他の追随を許さぬことも不可能ではないから、これは抑止力として大きくはたらき、核戦争を防止し、平和を維持するのにも役立つかも知れない。しかし、これは簡単確実な道と考えられるかも知れないが、今のところ心理的に不可能である。人びとはこのような提案を一つの可能性として考えることさえ拒否するだろう。提案者はタブー破りの犯罪人として恐れられ、人びとはかれとかかり合いになるのを恐れて、誰も近づかないことになるかも知れない。だからこの可能性はさし当たりおあずけにして、考えないようにするほかはない。

可能性のもう一つは、一部の人が公然と唱え、誰からもとがめ立てされずにいるものである。すなわちソ連の攻撃に全面降服せよというものである。そして更にソ連への従属によって、わが国の安全と平和を保とうとするものである。そのためにはソ連の軍事同盟機構に加わり、徴兵令を復活して青年たちをアメリカを解放するための戦争にも参加させようとするものである。向坂逸郎《さきさかいつろう》氏のこのような構想に対して、宮沢喜一氏がテレビ討論のなかで注意をうながしたとき、社会党の代表者はあれは八十台の老人の発言だからと言って、賛否いずれかの態度を明らかにはしなかった。向坂氏は正直にかれらの本音を代弁したのかも知れない。いずれにしても、この方の可能性はさきの可能性と違って自由に考えられ、公然と論じられる現実の存在性をもっていると見なければならないだろう。このような二つの可能性の取扱い上の差別は、わが国言論界の偏向を見る上で極めて興味あることと言わなければならない。この提案そのものについて見ると、これは降服する相手としては最も悪い相手を選ぶことになるのは、さきに見られた通りである。終戦のとき鈴木貫太郎も近衛文麿もとんでもない相手に和平の仲介を頼もうとしたが、わが国にはソ連に対する甘い幻想があるようだ。しかしそれはそれとして、この提案は果してわが国の安全と平和を保障するものだろうか。

武器をとって自分の国を守ることを教えられなかった若者たちは、いまや他の国の独裁者の利害を守るために、武器を担がされて奴隷として戦場へ駆り出されなければならないというのが、この提案者の言うところでは、反戦と平和の歌を歌う青年たちの行きつくところのようである。またそれだけでなく、われわれはこれによって核攻撃から安全となり得るのかどうか。パリ陥落後のフランスはナチスの陣営に属しなければならなくなったとき、イギリス海軍はフランスの艦船を攻撃して、これを撃沈するの挙に出てわれわれを驚かしたが、フランスの海軍力をヒトラーの手に渡してはならないという作戦上の必要がこの非情の行動を命じたのである。アメリカもまたソ連の戦力に日本が現在もっている巨大な力が加えられるのを手をこまねいて見ているとも考えられず、さきのイギリス海軍の例、遠くはナポレオン戦争の時、モスクワを焼き払ったロシア軍のやったようなことを日本に対しても敢行すると見ておかねばならないだろう。いずれにしても核攻撃を受けることは必定で、一国の安全と平和を守る確実な方法というようなものは、そう簡単に見つかるものではなさそうである。

六

こうして見ると、われわれは現実性に欠けるところの多い両極端の仮定をやはりおあずけにして、その中間の充分とは言えないけれども、もっと現実に即した平凡な道を選ぶほかはない。現体制のなかで、いろいろな法律的制約などを顧慮しながら、安全と平和のための次善の道を選ぶということである。それは平和国家とか福祉国家とかいう一画的な形容詞のついた特殊国家としてではなく、まず何よりも普通の国家として、一般に国家が持つものは一応具備した上で、全体としてのバランスを保ち、生長発展することを考えればいいわけだ。防衛や軍備についても、対ソ戦略のこまかい点についていろいろの想定をして、この場合はどうする、あの場合はどうだなどと議論する必要はなく、いわゆる自由諸国の全体としての抑止力を向上させることを主眼として、出来るだけの、時には多少無理な努力もしなければならないというだけのことである。しかしわが国の議会では例によって法律論が優勢で、こまごました場合の想定にもとづいて、それが憲法に違反してはいないかとか、議会決議に合わないのではないかというような、議会と裁判所の区別がつかないような法廷弁論が聞かれるばかりで、政治論らしいものは一向に聞かれないのである。

本来的には、法律というものはその時その時の必要によって、まずは次善の策として定められたようなものが多く、決して絶対至上のものではない。プラトンは学問研究のこまごました点まで法律によって規制するとしたら、学問研究は止まってしまうだろうということを注意しているが、それは何も学問だけに限られるのではない。法律や何々原則を至上とする立場は「何人も法律より賢くあってはならない」という立場であるが、政治は政治家が法律よりも賢明であることを要求するものなのである。過去がいつまでも現在を支配するということ、死んだ人間が生きている人間を支配すること、これが法律だけで政治を考えようとする人たちの立場なのである。憲法をはじめ、すべての法律は本来的には時限的なもの、時効のあるもの、これを延長すべきか否かは、時間をおいて考え直す余地のあるものでなければならないのである。中共政府の言うことは前に言ったことといろいろ違ったところが出て来ているが、わが国の議会のように前に言ったこととの不一致をせめたてられることもないようである。

　いずれにしてもわれわれが選択を余儀なくされている道は、絶対安全と言えるものではなく、戦争前夜の中途半端なところにあると言わなければならない。われわれは不安と恐怖に堪えなければならない。そしてヨーロッパの自由諸国もイスラエルも、もっときびしい状態にあると言わなければならない。むかしのエジプトかどこかの話で、敵の来襲を急報した者を怒って殺した王があったことをヘロドトスは語っている。わが国でも核とか戦争とか聞くとすぐに逆上する人がいたり、自衛隊はわれわれの平和な生活を脅やかすと裁判に訴えたりする人もあるようだが、もっと冷静に、むしろ自由に考える正気だけは失わないようにしたいものである。

（『文藝春秋』一九八三年六月号）

解説　真理は静かに語られる

猪木　武徳

田中美知太郎は、日本におけるプラトン研究の基礎を築いた哲学者、西洋古典学者である。専門のギリシア哲学をベースに書きのこした数多くの政治評論・時論も、すでに古典的価値を持つ。その学問と人格を慕い、彼のもとに集まった後進の西洋古典研究者を育てた教育者としての貢献も大きい。

「政治・哲学論集」と題して本書に収められた文章は、田中が一九四〇年代から八〇年代の半ばにかけて主に論壇誌に寄稿した論考の中から選ばれた。編集部による選択・配列の原案に、わたしも意見を加えるという形の共同作業で本書は出来上がった。いずれも、いぶし銀の如き静謐《せいひつ》な輝きを放つ作品といえよう。

田中自身、学術論文だけではなく、新聞や論壇誌への寄稿も自分の重要な仕事と位置付けていたため、収録された文章のほとんどは一般読者を念頭において書かれている。従って読者は解説なしに、偏りのない気持ちでこれらの論考に直接向き合うのが本筋であろう。

ただ田中の賢慮に満ちた平明な文章は、ある種の「外見上の単純さ（deceptive simplicity）」をもつ。読者がそれぞれの関心と知識欲に応じて行間を読み取れるように、論考の時代背景について多少の解説を加えた方が、文章の静かな迫力をより一層感じ取れるのではないかと考えた。

この解説文では、田中美知太郎が四十年を超える論壇での執筆活動において終始一貫何を問題としたのか、これらの文章に共通する視点と論の進め方の特徴はどこにあるのか、そこにはどのような精神的な構えが伏在するのか、を示すことができればと思う。田中のゆるぎない考えを、ここに収録された作品の執筆の流れに沿いながら振り返っておきたい。

I　幸福の追求を日常の言葉で語る

日本人は新しいものが好きで、飽きっぽい性格の人が多いと田中は指摘する（「保守と革新」）。革新や改革という言葉が好きなため、どうしても言論が当面の課題や舶来の新説に目を奪われることになる。政党名も「新」の字が入ったものが目に付く。当面の課題解決に目を奪われ、識者は絶えずそれに反応すべきだという強迫観念からか、展開される議論は自ずと思い付きや流行に左右されてしまう。

田中の場合、思考の原点はプラトンにあった。それも博物館に陳列されているようなプラトン作品の釈義ではなく、プラトンの提示した問いに、現代のわれわれがいかに応えるのかという、生きたプラトンとの対話から生まれた思想であった。

この点は、晦渋《かいじゅう》な概念を操作する体系性と徹底性を特徴とするドイツ観念論哲学に対する田中の厳しい評価にもあらわれている（「自主性の問題」参照）。哲学は非日常的な概念で読者を遠ざけるものではなく、その語源が示すように、知への愛、理解への熱烈な欲求を日常の言葉で語ることにより、永遠の層における事物の理解を深める営為であると教えてくれる。

プラトンの『パイドロス』（265b）では、ソクラテスが理解したいという強烈な熱望を神に憑《つ》かれたような「恋の狂気」に譬《たと》え、狂気の中でも最もよきものと語っている。田中の場合、そうした精神は自分の敵に対しても貫かれ、素朴な倫理的ドグマに浸るだけの安易さが微塵《みじん》もないところに、その強さと高貴さが認められよう。

周知のように、ソクラテスにとって、哲学は「ただ生きる」ためではなく、「善《よ》く生きる」ための実践知の探究でもあった。肉体に日々のケアが必要なように、魂にも「世話」が必須だというのが、ソクラテス＝プラトンが考える哲学の役割であった。「魂の世話」によって人間は、真の幸福とはつまるところ何かを見失ってしまう悲惨さから救われる、と説いた。

本書に収められた論考は、いずれも新奇さを誇示することなく、長期的な視点から人間の幸福と政治の問題を明晰《めいせき》な言葉で語っている。そこに田中の文章の、一般の時論や政治評論とは一線を劃《かく》した、現代でも読み返されるべき「生きた古典」としての価値の源泉がある。

Ⅱ　戦争について

本書の冒頭におかれた「道徳問題としての戦争と平和」で、田中は戦争が多くの人々に悲しみと不幸をもたらし、多数の人を殺し、また傷つけるものであるから、戦争を罪悪として告発しなければならないと明言している。しかしそうした道徳的な主張は、「自分だけのアリバイ証明と自己弁護、そしてただ他を非難するための手段として」のみ利用されているのではないかと問い直し、政治論や道徳論の本来性を回復するための努力の必要性を指摘する。

道徳論からだけの平和論が何故十分な説得力を持ちえないのか。戦争が罪悪であり犯罪的であるのは、正と不正だけを問うているからではないか。田中はヘロドトスの『歴史』の中の短い文章に注目して、正邪はそのまま善悪（幸・不幸）と重なるものではないと指摘し、戦争を絶対の罪悪とする論告は案外難しいと考える。

こうした論考にも、正義の貫徹だけでは（愛の欠如があっては）人間は滅びに至ることもあり、幸福にはなれないという「正義と幸福の不一致」「正邪と幸福との結びつき」をめぐる田中の果敢な粘り強さと緻密な思考が読み取れる。言論や活字の世界では、粗雑に繰り返し唱えられてきただけで、いつの間にか真理を僭称《せんしょう》するような感情論や俗説がある。自分の文章ではそうした空虚な論理を退けるための「若干の区別をするにとどめなければならない」としつつも、「平和というものは、われわれが平和の歌を歌っていれば、それで守られるというようなものではない。いわゆる平和憲法だけで平和が保証されるなら、ついでに台風の襲来も、憲法で禁止しておいた方がよかったかも知れない」と書き記す（『敢えて言う』所収の「今日の政治的関心」より）。

Ⅲ　愛国心とナショナリズム

今日、地球上の至る所で戦争と殺戮《さつりく》が発生し、解決への道を見出しにくい悲惨な状況は絶えることがない。戦争が「ナショナリズム」を遠因とするのであれば、ナショナリズムの普遍性と特殊性の関係に目を向けねばならない。田中の論点のひとつを要約的に述べれば、「普遍性のない特殊」なナショナリズムの価値を認めないということになる。

「もはや戦後ではない」と言われ始めた頃に執筆された「愛国心とナショナリズム」は鋭

い政治評論として未だその新鮮さを失っていない。この論考では、「愛国心の名の下に行なわれた非行の数々が、愛国心そのものの罪とされ、不幸な結果のすべてが愛国心のためである」とする「利口ぶった感情論」が生み出した悲しむべき誤解を解きほぐすための見事な論の展開を見せている。愛国心が国民の心情に関わるとする一方、それと区別すべきナショナリズムはむしろ「外に現れた運動」あるいは行動だとし、混同されがちな二つの概念を切り分ける。両者を区別し、時にナショナリズムが防御《ぼうぎょ》的なものからやがて攻撃的なものに転ずることを指摘し、反米運動、中立主義、国連中心主義等々が唱えられている日本の実情に疑問を呈している。自分自身の立場を放棄して、グローバリゼーションによって世界の中に没入してゆくことと感傷的平和論は、一億総玉砕の空論と同じようなものだという田中の洞察は、現代にあっても傾聴すべきであろう。

日本の識者は戦争が祖国を破滅させることを見ながらも、聖戦の狂信者に対抗すべき現実の手がかりを見出し得なかった。こうした識者を単なる無力な傍観者と断ずることもできよう。しかし、田中は傍観者を肯定する。田中は傍観者をどのように肯定するのだろうか。公共のためという名目の危うさを論じた（本論集に所収の）「今日の政治的関心」では、次のようなプラトンの書簡が引用されている。

「もし自分の国の政治がよくないと思われるなら、言っても効《か》いがないとか、言えば殺されるというのでは仕方がないが、そうでない以上は、そのことを言うべきである。しかし人を追放したり、殺戮したりするのでなければ、理想の国家は出来ないような場合でも、祖国に暴力を加えて、政治革命を行なうようなことは避けなければならぬ。むしろそのような場合には、わが身のためにも、国のためにも、ただ静かに善福を祈るよりほかはない」

続いて田中は、プラトンが暴力革命を絶対に避けねばならぬと説くところに、「脱獄を拒否した」ソクラテスの教えを読み取り、そのような弱い心を嘲笑《ちょうしょう》することも可能かもしれないと一旦は譲歩する。しかしその嘲笑は、神聖な目的のためにどんな犠牲も当然であり、安価な感傷は許されないと考える「聖戦心理」と同じだと言う。「むしろ真実に正義のために戦おうとする者は、少しの間でも身を全うしようとするならば、私人としてあるべきで、決して公人となってはならないのである」と『ソクラテスの弁明』を引用する。わが身の安全のために形勢を傍観する（私）のではなく、静観しつつ時機を待つ（公）ということなのだ。

すでに戦時中に出版社に手渡された「ソクラテスの場合――愛国心について」において、忌憚《きたん》なき批判者ソクラテスの愛国心が、「憂うべき現実を美辞麗句で飾り立てたりして、国民の低調な虚栄心に阿諛《あゆ》するデマゴーグ的行為を許し得なかった」ことを田中は強調している。この文章の末尾でも、「私利私欲と知って、これを追求する人間はまだ救われる。それを国家のためであると信じ込む人間は、国の災であり、呪いである」という同趣旨の強い言葉を書き記している。田中の政治哲学の首尾一貫性は見事というほかない。

Ⅳ　静観もまたひとつの断乎たる行為

日米開戦から一年足らずの間に執筆された「サルディス陥落」「ソクラテスの場合――愛国心について」「公共体国家としてのポリス」の三篇は、いずれも出版社の手に渡りながら発表は中止され、終戦を経て初めて日の目を見た文章である。これらの論考が、どのような経緯で発表中止に至ったのか。田中の時代観察の書でもある自伝『時代と私』（文藝春秋、一九七一年）に、その経緯の簡単な記述がある。「サルディス陥落」は、一九四一年十二月発行の『倫理学』（岩波書店）に掲載予定であったが、「日米開戦当初の赫々《かくかく》たる戦果を皮肉るような意味になりそうだ」というので中止となった。しかし物情騒然たる時代に生きたイオニア哲学者たちが、危険や不安のうちに自己を見失うことなく彼らの学問を築き、イオニア科学の今日の光輝に思いをはせるとき、「静観もまたひとつの断乎《だんこ》たる行為であったと言わなければならない」とする田中の言葉が、いかに世界史的なスケールでの思考から発せられたものかが分かる。

また『中央公論』に掲載予定だった「公共体国家としてのポリス」も編集者の心づかいで発表中止となった。確かにこの小論で、都市国家が公共体であることを強調し、「私たちは愛国心に訴えて、人々の公共心を呼び起こそうとしている。しかしギリシア人にとって、愛国心はむしろ公共心の結果」であり、「自己の文化を固執して、そこから脱け出すことのできなかったギリシア都市は、ついに帝国（imperium）を建設することができなかった」と述べているあたりは、当局の感情を逆撫でしたはずだ。こうした出版社側の「自己検閲」によって公表されなかったことに対する田中の泰然自若とした姿勢に、言論の自由が侵されても、国家によって不正義が行なわれても、正しい人はそのまま正しい、という彼のソクラテス哲学の実践があらわれている。

Ⅴ　六〇年代以降の政治論

日米安全保障条約改定問題や三井三池争議などによって世情騒然となった一九六〇年が明けてからの田中の知的エネルギーは、やはり政治哲学を通して同時代の政治を論ずる仕事へも注がれた。「政治における非合理的要素」では人間の悪について正面から論じている。人間は利欲とか虚栄心のためにとんでもない行為に出ることもあり、また恐怖から理性を失って考えられないような愚行を犯すことがある。あらゆる悪の可能性がわれわれ自身にあり、われわれのうちには実は恐ろしい可能性が眠っていると指摘する。政治論の領域では、このことが時にすっかり忘れられている。悪は何もナチスだけに特有なものではない。「われわれの住む社会は、われわれ自身が自分自身について知っているように、非合理的なもの、人間の悪をうみ出すものを多分にもっているのだ」と注意を促す。

さらに「戦後二十年の反省――戦前と戦後の連続と相違」では、戦後二十年、内乱もクーデターもなく、一応政治は安定的に推移し、日本の国際的な地位も向上した。ただ新憲法の「戦争放棄の規定」は戦前との連続性のない、新しい異質なもののように語られることへの違和感が示される。戦前、一九二七年に日本は「戦争放棄に関する条約」（不戦条約）を批准しており、美濃部達吉が論じたように旧憲法の下でも適正に解釈すれば、われわれの権利や自由は保証されていたのであるから、戦後の二十年が特に歴史的な新しい時代を切り開いたとは言えない。そこに何か特別の歴史的意味を見出せるかどうか、その判断や評価は時期尚早だと見ているのだ。

ただ田中は、決して戦前と戦後を簡単につなぐようなことを説いているのではない。国家権力を極度に弱めながら、しかも国家からあらゆることを要求しようとする日本の戦後を、田中がどう見ていたのかを理解するための重要な論考となっている。

＊

わたしは京都大学の学生時代、友人のすすめもあって、田中美知太郎『敢えて言う――政治・哲学論集』（中央公論社、一九五八年）を読んだ。一九六六年ごろであっただろうか。マルクス、あるいはマルクス主義を論じなければ「知識人」ではない、といった当時の大学内の一本調子な雰囲気の中にあって、自分が求めていたノーブルな精神（魂）に出会い、感激したことを思い出す。それは、真理は静かに語られるのだという実感を伴った記憶となった。

一九七〇年に刊行された大著『ツキュディデスの場合――歴史記述と歴史認識』（筑摩書房）も忘れることのできない一巻である。同書は、「ツキュディデス自身が書いている言葉そのものに即して、かれの見た二七年にわたるアテナイ人とペロポンネソス人の戦争が、どのようなものであったかを出来るだけ正確に、また精密にとらえること」を目的として書かれた。それは古典研究の領域におけるツキュディデス解釈の徹底であり、いろいろ他の文献を読んで、その間で自分の考えをまとめるといった研究書ではない。そこにこの本の独創性と面白さがある。

田中美知太郎は質量ともに他の哲学者の追随を許さないような作品を残し、それらは

『田中美知太郎全集』（増補決定版、全二十六巻、筑摩書房、一九八七〜九〇年）に収められている。しかし対話で活字になったものはこの全集には含まれていない。阿部林一郎氏が編集した『プラトンに学ぶ——田中美知太郎対話集』（日本文芸社、一九九四年）は、田中の少しくつろいだ姿を窺い知ることができる。そして対談相手が意図せずして引き出した田中の精神的な粘り強さには格別のものがある。巻末には「田中美知太郎全対話記録」として、対談、鼎談、座談、共同討議・シンポジウム、インタビューの一覧が周到に整理されている。

　哲学者田中美知太郎の言論人としての姿勢が、没後ほぼ四十年を経た現在も、なぜわれわれを覚醒させる強い力を持つのか。その理由をこれらの対談からも読み取ることができよう。田中のひとつの重要なメッセージは、わが国の議会には、「それが憲法に違反していないか」「議会決議に合わないのではないか」といった法律論や法廷弁論ばかりで、政治論らしきものはまれだという日本の政治の現状への危機感だとわたしは思う。「政治は、政治家が法律よりも賢明であることを要求する」（「革命前夜から戦争前夜へ」）という田中の命題がそのことを端的に示している。

（大阪大学名誉教授）

編集付記

一、本書は『田中美知太郎全集』(増補決定版、全二十六巻、筑摩書房、一九八七〜九〇年)を底本とし、独自に編集したものである。編集にあたっては、『古典的世界から——解説と評論』(中央公論社、一九四六年)、『政治的関心』(思索社、一九四八年)、『敢えて言う——政治・哲学論集』(中央公論社、一九五八年)、『今日の政治的関心』(文藝春秋、一九八六年)を参考とした。

一、本文中、今日の人権意識に照らして不適切な語句や表現が見受けられるが、著者が故人であること、発表当時の時代背景と作品の文化的価値に鑑みて、原文のままとした。また、明らかな誤記と判断されるものについては、これを訂正した。

中公文庫

戦争《せんそう》と平和《へいわ》
——田中美知太郎《たなかみちたろう》 政治《せいじ》・哲学論集《てつがくろんしゅう》

2024年1月25日　初版発行

著　者　田中美知太郎《たなかみちたろう》

発行者　安 部 順 一

発行所　中央公論新社
〒100-8152　東京都千代田区大手町1-7-1
電話　販売 03-5299-1730　編集 03-5299-1890
URL https://www.chuko.co.jp/

ＤＴＰ　市川真樹子
印　刷　三晃印刷
製　本　小泉製本

Published by CHUOKORON-SHINSHA, INC.
Printed in Japan　ISBN978-4-12-207468-2 C1131

中公文庫既刊より

各書目の下段の数字はISBNコードです。978－4－12が省略してあります。

み-39-1
哲学ノート 三木 清
伝統とは？ 知性とは？ 天才とは何者か？ 指導者はどうあるべきか？ 戦時下、ヒューマニズムを追求した孤高の哲学者の叫びが甦る。〈解説〉長山靖生
205309-0

み-39-2
三木清 戦間期時事論集 希望と相克 三木 清 長山靖生編
不況にあえぐ国民が軍部の暴走に同調する中、現実に寄り添いながらも理想を捨てなかった三木清の時事随想を収録。気骨のある精神と生き方に学ぶ。
207184-1

よ-56-1
憲政の本義 吉野作造デモクラシー論集 吉野作造
憲法、民主主義、ポピュリズム……大正デモクラシーを唱道し、百年前から私たちの抱える課題を見通した吉野の代表論文6篇を収録。〈解説〉苅部 直
206252-8

な-68-1
新編 現代と戦略 永井陽之助
戦後日本の経済重視・軽武装路線を「吉田ドクトリン」と定義づけた国家戦略論の名著。岡崎久彦との対論を併録。文藝春秋読者賞受賞。〈解説〉中本義彦
206337-2

な-68-2
歴史と戦略 永井陽之助
クラウゼヴィッツを中心にした戦略論入門に始まり、愚行の葬列である戦史に「失敗の教訓」を探る。『現代と戦略』第二部にインタビューを加えた再編集版。
206338-9

ほ-19-1
正統と異端 ヨーロッパ精神の底流 堀米庸三
キリスト教会をめぐる様々な異端抗争を解明し、ヨーロッパ人の精神的形成に大きな影響を与えた、宗教と政治の緊張関係を劇的に再現する。〈解説〉樺山紘一
205784-5

い-83-1
考える人 口伝《オラクル》西洋哲学史 池田晶子
学術用語によらない日本語で、永遠に発生状態にある哲学の姿をそこなうことなく語ろうとする、〈哲学の巫女〉による大胆な試み。〈解説〉斎藤慶典
203164-7